重度・重複障害児の学習とは？

― 障害が重い子どもが主体的・対話的で
深い学びを行うための基礎 ―

編著　樋口 和彦

発刊に寄せて

白百合女子大学生涯発達研究教育センター研究員
白百合女子大学・東京外国語大学名誉教授　田島　信元

はじめに

　20数年前に、当時、本書の編著者である樋口和彦先生が勤務しておられた横浜市の特別支援学校で初めて出会った重度・重複障害をもつ子どもたちは、小生が見知っていたダウン症児やASD児に比べて、生活年齢とはほとんど関係なく、先生方の働きかけに対する情動反応は無に近く、あたかも生命維持のために受身で受け入れている状況にしか見えなかったことを、驚きとともに鮮明に憶えている。その日、子ども達との出会いのあと、先生方と子ども達に対するコミュニケーションのあり方についての勉強会をする予定であった小生は、急に不安が大きくなった。

　小生は、当時、「文化的発達理論」の創始者で、ロシアの発達心理学者L.S.ヴィゴツキーが主張するところの、"障害を持たない子どもも、障害をもった子どもも、共に、同じ発達の原理（仕組み）で発達する"（ヴィゴツキー,1970）という「文化的発達の一般的発生原理」の概念を基盤に、子どもは大人とのコミュニケーション、ないし、大人と子どもの対話を介した共同行為を通して、文化的環境の諸現象を理解し、獲得していくことで発達していく、という考えに組しており、非障害児と障害児を一緒に保育・教育する「統合保育（教育）」の実践現場に出入りしながら、そのあり方について研究していた。しかも、ヴィゴツキーは世界で初めて障害児教育に関する研究所をモスクワに設立し、「欠陥学」という当時の概念を打ち立てた先達でもあったこともあり、子どもの持つ欠陥（障害）を周りから補完して、障害児とのコミュニケーションをとることが、障害児教育の基本であるとの確信はもっていた。事実、ヴィゴツキーが主に対象としていた盲児、聾児では多くの実践的成果を達成していたのであるが、上記のような状況を示す重度・重複障害児たちから、先生方の働きかけに対する主体的、積極的な反応を引き出すためには、どのような補完的働きかけが必要なのか、その時は、まったくわからなかったのである。

　ところが、午後の勉強会で、上記のような午前中の観察の感想を述べたところ、先生方から、「この子ども達にも、よく観察すると能動的な動きや感情表出があり、1年前に比べると、確かに変化、発達しているのです！」という反応が返ってきて、本当に驚き、感動したことを憶えている。まさにそこから、先生方の自主研究グループで収集された先生と重度・重複障害児とのコミュニケーション場面を記録したビデオを教材に、彼らとのやりとりのあり方を分析する勉強会が始まったのである。そして、その中心人物が本書の編著者である樋口先生であった。

　以後、この20年の間に樋口先生は島根大学に移られ、地域の、そして島根発の広域現場で教育と研究を続けられ、その成果の一端を本書にまとめられたのであるが、その理

論的根幹は、その土台となった実践上の発見に裏打ちされた形で、すでに当時から萌芽的に語られていたものが、ヴィゴツキー理論やトマセロ（2006）の共同注意論・模倣論を中核とした文化心理学的発想、そして対人関係の発達を中核とするブロンフェンブレナー（1996）らの生態学的発達論などにより明確に整理され、提示されていると感じた。しかも、全てが、小生が驚き、感動した重度・重複障害児へのアプローチの文脈で語られており、改めて、学ばせていただいたところである。

そんな小生が、本書の「発刊に寄せて」の執筆を仰せつかったのであるから恐縮至極、当然、小生の役割は限りがあるのであるが、しかし、本書の主題のひとつである重度・重複障害児の「主体的・対話的で深い学び」とその支援という概念の出自、および、中核的理論の一つである文化心理学における実践的アプローチを易しく説明した子どもの「越境的交流」活動の支援のあり方について述べさせていただくことで、本書の方向性を支持する役割の一端を担えるかなと思い、お受けした次第である。

「主体的・対話的で深い学び」概念の出自について
認知能力支援の限界を悟り、認知能力の基盤となる非認知能力の養成こそ支援の根幹！

最近、学校教育の現場で、"自主的で、対話的な、深い学び（Active Learning）"の効用について多くの議論がなされている。これまでの学校教育で目指されてきた知識・技能の養成が、彼ら自身にとって意味のあるものになるためには、子どもたちが自主的、自発的に知識・技能を獲得したいという思いのもと、大人から子どもへの一方向的な情報の流れを否定して、個人の"思い"を周りの人々との"共有の想い"にするべく、大人と子どもの間で、あるいは子ども同士での情報の共有のもと、しっかりと視点の交換が行える対等な対話過程を経ることで、その結果、複数の視点を学び合い、統合していく深い学習が可能となる、ということであろう。

この過程で、「自主的で、対話的な」プロセスを成立させるのに必要な子どもたちの能力を「非認知能力」とか、「非認知スキル」という概念で表されることが多くなった。

非認知能力という概念は、最初、世界の社会経済的状況の困難を克服し、さらなる向上を期して、教育の役割を重要視してきた経済学において提起されたものである。米国の経済学者J.J.ヘックマンが、貧困層の幼児が成人期（40歳）の段階で社会経済的状況において成功を収めたのは非認知能力の支援を受けた幼稚園児であったという1960年代から40年の比較・縦断研究の結果を得て、2001年に提起したのである。20世紀の、とりわけ学校教育においては、目覚しい技術革新の波を推進するべく、個人の知識の取得・活用を中核とした論理的思考・判断力を指す「認知能力」形成が教育の中心であったのだが、技術革新がもたらした諸矛盾に悩む21世紀の社会において、「非認知能力」形成の支援に舵を切るべきだ、という主張がなされたのである。

「非認知能力」とは、「認知能力」に対するアンチテーゼであることを強調した経済学者らしい発想からきた用語であるが、発達心理学界では、1980年代から認知発達の基盤

となる社会情動的発達として重点的に研究が積み重ねられてきたもので、個人の対人関係調整、情動制御、達成動機、知識の共有・共創活動を含む「コミュニケーション力・社会力・言語力」を指すと考えられている。2015年には、国際学力到達度調査（PISA）で知られる経済協力開発機構（OECD）が、"社会情動的スキル"という言葉で非認知能力の重要性を説明した報告書を出している（ベネッセ教育総合研究所，2018）。

　発達心理学においては、1960年代にR.W.ホワイト（1959）が示唆したように、いわゆる認知能力も非認知能力も、ともにヒト（ホモ・サピエンス）が潜在的に持って生まれてくる力であり、外に現れる能力とは、環境に合わせて潜在力を発揮した成果であると考えられている。そのため、環境適応力が必要ということで、発達的にはまず、L.S.ヴィゴツキーが提起した親子関係などの対人関係の中で非認知能力が発揮され顕在能力化したうえで、非認知能力を発揮した主体的な活動が必須であり、J.ピアジェ（1978）が強調したように認知能力（思考力・分析力・判断力）そのものは子ども自身が主体的に自ら身につけていくものと考えられるようになってきた。ピアジェが示唆したように、真に認知能力を高めるためには、決してしつけ、教育等の外からの関りでは支援できず、ヴィゴツキーが示唆するように、子育て（子育ち支援）活動を通した非認知能力の十全な養成が欠かせない、というわけである。ここに至って、ようやく発達心理学を築いた二大理論家の理論が統一的に理解されるようになったといってもよいと考えられ、発達心理学徒としても感慨深いものがある。

　さらに、20世紀中葉までは認知能力は個人に所属すると考えられてきたが、近年、"能力は個人と個人の間に存在する"という「状況的認知理論」（上野，1999）さえ提唱されるようになってきた。当時は、研究者の間ではちょっとしたショックが走ったのであるが、個人の認知能力は、非認知能力の発揮のもと、他者とのやり取りを通して獲得され、発揮される過程で身につくものと考えると、今となっては、当然のことかもしれない。実際、世界の学校教育の現場では、これまでのような個人活動に重点をおいた教育活動の中のみでは認知能力は育たないという反省が出ており、複数の学習者が、対話的活動を通して共創的に学習を進めていく実践の試みがなされてきた。さらにその過程で、学校の中だけの教育改革に留まらず、家庭、学校、地域といった共同体システムを構築していくことの必須性が強調され始めているのである。まさに、子育ては、子どものためだけに行うものではなく、子育て（子育ち）を通じて、親、大人育ちという、"ともに育ち合う"、生涯発達的実践の視点が取り込まれているといってもいいであろう。

　以上のような子どもの発達支援、子育て、教育のあり方は、乳幼児期においては、割合受け入れやすいものだと思われるが、現在、世界の現場では学校教育においても採用され始めているのである。日本でも、2020年度から2022年度にかけて、"自主的で、対話的な、深い学び"を目指した文科省の新学習指要領の実施が小学校〜高校において開始ないし開始されることとなっており（幼稚園では2018年度からすでに開始）、非認知能力の養成を目指す流れにあるといえるであろう。

　一方で、重度・重複障害児の教育においては、どのように対処すればよいのであろうか。

非認知能力が学習、発達の基盤であるとすると、彼らにとって、最も不得手な領域であり、すると認知発達も限定的にならざるを得ない、ということになる。ヴィゴツキーが示唆したように、非障害児も障害児も、発達の仕組みは同じだという理論に基づくと、どうしても非認知能力の養成こそ障害児教育の根幹となるので、彼らの居場所を構成し、教育者とのコミュニケーションを介した共同行為の進展こそ、支援の中核にならざるを得ない。この点で、本書の展開が大いに期待されるところである。

子どもの「越境的交流」活動と支援について

「発達・越境・子どもたちとの共生」―支援込みの発達観に立ち戻り、重度・重複障害児への支援に"正しく"対処しよう―

　ここで、改めて、「支援あっての発達」を強調するヴィゴツキー理論をもとにした発達と支援の原理に立ち戻り、筆者の方でも、重度・重複障害児への教育のあり方につながる基本的概念について考えてみたい。なお、あえて箇条書きにすることをお許しいただきたい。
（1）発達とは何か
　　＊発達とは、生涯における、社会的対話活動と社会的役割、その結果としての個体における自己内対話活動としての思考の枠組みの"変化"過程である！
　　＊まず、社会的対話活動・役割の遂行と、成果としての非認知能力（対人関係能力、自己コントロール力、言語能力、自尊感情：学習に向かう力）形成が果たされる。すると、個体内での社会的対話活動である認知能力（思考・分析・判断能力および社会的認知能力）が、自立行動・自力学習という形で追従してくる。
（2）発達の仕組み
　　＊その仕組みは、大人と子ども、子ども同士といった社会的相互交渉過程における、"他者領域と自己領域間の相互越境活動"である。
　　＊乳児期には「垂直的越境活動（大人の領域に越境し、大人の支援役割の取得・交代体験）」が主流、幼児期からは、徐々に「水平的越境活動（家庭・地域・施設といった異なる活動領域間における異文化体験に基づく再学習体験）」が伴い、個体における思考の枠組みが拡大・深化してくる。
（3）発達の様相（と仕組み）
　　＊生涯発達における発達段階は、新しい社会的集団との出会い、新しい社会的活動における越境活動を介した社会的な発達課題の達成に基づく。
　　＊乳児期は、垂直的越境活動のための社会関係の構築を主養育者との間で具現化する。
　　＊幼児期は、水平的越境活動のために主養育者とともに新しい社会関係の場の構築を行い、新しい社会関係、社会的役割の推進を果して、新しい大人や仲間と垂直的⇔水平的越境活動を実践していく（児童期以降も、基本、同様である）。
（4）発達支援のあり方

＊子どもの越境活動を促進することが基本である。

＊そのためには、子どもの越境活動とともに、大人自身の子ども領域への越境活動が必須である（大人も発達していく）。そうでないと、子どもにとっての適切な支援とならない。

＊具体的には、大人と子ども、子ども同士で「コラボ（共有活動を楽しむ）」⇒「ネゴ（話し合いのもと子どもにとっての新しい視点の提供：ヒント・モデル・激励)」⇒「ウォッチ（子どもの自立的、自己内対話活動の見守り）⇒一段上がった「コラボ」…のスパイラル的展開を遂行する。

＊発達は、「支援込みの現象」である。支援は、越境活動支援という非認知能力形成支援に焦点化するべきである。

　要約すれば、重度・重複障害児に対する教育のあり方は、①発達の原理（仕組みと様相）、②発達の原理に基づく支援の原理、に沿った上で、調和型社会的、越境的相互交渉のあり方に、これまでにない工夫を凝らしていく必要があるということである。

　例えば、子どもに対する大人の支援は、発達初期は必ず、「（子と共有課題を）楽しむ、共感する」、「（大人から見たこどもにとっての新しい視点について）話し合う」を導く対面的越境活動が必須であるが、徐々に、その成果としての「（子の自立的・自己内対話活動を）見守る」という形に支援そのものが発展していくわけで、「自立化」、「遠隔化（distancing）」へとつながっていくことこそ支援込みの発達過程であるから、時系列的に、対面型と遠隔型を使い分ける（統合する）支援のあり方が工夫されてよい。

　教育の世界は、近年の政治的流行のように、右か左か、という形では動いてはいないはずである。うまくいくときもあれば、うまくいかないときもあることは承知の上で、しかし、子どもの発達原理にそった支援目標に向かい続ける限り、必ず、成就するはずである。教育の世界に立ち向かうためには、最適な相互性（共感・つながり・支え合い）」の達成が求められている。

【引用文献】

ベネッセ教育総合研究所．（無藤隆・秋田喜代美監訳）．（2018）．社会情動的スキル：学びに向かう力．ベネッセ教育総合研究所．

ブロンフェンブレナー，U．（磯貝芳郎・福富護訳）．（1996）．人間発達の生態学：発達心理学への挑戦．川島書店．

ピアジェ，J．（谷村覚・濱田寿美男訳）．（1978）．知能の誕生．ミネルヴァ書房．

トマセロ，M．（大堀壽夫・中澤恒子・西村義樹・本田啓訳）．（2006）．心とことばの起源を探る．勁草書房．

上野直樹．（1999）．仕事の中の学習：状況論的アプローチ．東京大学出版会．

ヴィゴツキー，L.S．（柴田義松訳）．（1970）．精神発達の理論．明治図書．

White,R.W．（1959）．Motivation reconsidered: The concept of competence. Psychological Review,66,297-333.

目　次

総論

重度・重複障害児の学習とは？

　重度・重複障害児（以下、重度の子とします）は、障害が非常に重く、複数の障害が重複しています。私は、教員として肢体不自由特別支援学校に勤務している当時、重度の子の学校での活動は、身体の変形や拘縮への対応・医療的ケアの問題等に注目が行くことが多いように感じていました。しかし、学校における主たる養育者である先生との関係を構築し、彼らの活動したいと思う環境を整えると、重度の子が主体的に行動するようになり、大きく成長する姿をたくさん見てきました。

　私が、重度の子と初めて出会ったのは、約20年前です。市からの派遣で大学院を修了し、小学校に勤務しながら「読み書き障害の研究」をしていた私が、肢体不自由特別支援学校に転勤しました。それまでは、発達障害の子どもを中心に境界線から中等度の障害を有する子ども達とかかわってきました。初めて重度の子と会ったとき、その障害の重さと、重複の状況に驚きました。そして、重度の子に、どうやってかかわったらよいのか全くわかりませんでした。教員として彼らに何を学ばせればよいのか予想もつかない状況でした。

　配属されて1カ月もすると、私の気持ちも落ち着き、あたりを観察する余裕が出てきました。そのとき、学校の様子を観察してわかったことは、次のようなことです。朝の会等は、Ⓐ知的障害の子どもの特別支援学校と同等の内容を行っている、Ⓑ活動の流れは文字で提示されている（ほとんどの子どもは文字を理解していない）、Ⓒお天気調べを行っている（車椅子を窓のところまで移動させて、子どもに外を観察させている。しかし、ほとんどの子どもが、天気を理解しているとは思えない）、Ⓓ朝の歌は子どもではなく教師が歌っている、Ⓔ子どもは鈴がたくさんついている1本のひもを握り、歌に合わせて教師が振っている（自力でひもを握ることができる子どもはわずかで、教師が子どもの手をもって振っている。その活動の意図を聞くと、一本のひもで子ども同士つながっているので、子どもは他者との共同の活動をしているとのことだった）、Ⓕ午後は、「子どもは体力がない」という理由で、教師と並んで臥位になり、本を読み聞かせていることが多かった、Ⓖ午後の時間は個別で行う授業が設定されているが、授業をせずに連絡帳を書いている教師が多かった、Ⓗ子どもはダイナミックな活動が好きだと説明し、「教師が子どもを抱きかかえて大きく揺らす」「トランポリンに横になった状態で、教師がジャンプし、トランポリンを大きく揺らす」などの活動をしている、Ⓘ光る教材や回転する教材にスイッチをつけ、子ども達に何度も押させる、Ⓙ交流及び共同学習では、重度の子ではなく、先

生が子どもの紹介をして、先生が交流を行う学級の子どもとかかわっている…
のような行動が、多く観察されました。私自身も初めの頃は、同様の活動を何
の疑問も持たず行っていました。

　その当時、私がハッとした出来事がありました。国立特別支援教育総合研究
所（以下、国総研と記述）のH先生が学校にコンサルテーションに来てくださ
ったときのことです。ある授業の終了時に、「その活動でがんばったこと」を重
度の子が発表するときです（もちろん、子どもは音声言語は使えません）。活動
を終えたNさんの横についていた私は、Nさんに代わって「今日は、K先生と
○○をがんばりました。楽しかったです。」といいました。つまり、Nさんにな
り代わって、Nさんが思っていると推測することを大きな声で代弁したのです。
傍らで見ていた国総研のH先生は、不思議そうな顔をして私を見ました。私は、
H先生が「なぜ不思議そうに私を見たのか？」わかりませんでした。

　それから、私は何度もこのことを思い出しては考えていました。そして、数
日後、その理由に気づきました。

　「H先生は、Nさんが報告することを教員である私が代わりにやっていること
を、不思議に思っていたんだ」と。私は、重度の子の動きが微細で少ないため、「教
師が代弁するのは当たり前だと思っていた」のです。

　すると、私がしていた「重度の子への支援」「重度の子とのかかわり」が、フ
ラッシュバックのように頭に浮かびました。「教師の代弁」「教師が代わりに行
う行動」「教師が一生懸命代わりに行っている活動の横で、重度の子がうかない
顔をしている様子」が思い出されました。それは私だけでなく、多くの教員が
当たり前に行っていることでした。

　そして、私は考えました。「教師が、重度の子が思っていることと違うことを
代弁している時」や「教師が、重度の子がしてほしいと思っていることとは異
なる支援をしている時」はたくさんあるだろう。「私たちが彼らの意図に合わな
い支援をしていたら、どんな気持ちでいるのだろう？」と。また、同僚のある
先生が言いました。「私たちが、車いすに乗せられ、私たちが今行っているよう
な支援」をされたら、「先生それは違うよ。そんなこと思っていないよ」「どう
して、自分でやらせてくれないの？」などと、イライラすることばかりだろう
ねと。

　音声言語での意思表示や明確な表出ではなくても、子ども自身の微細な、し
かし、一生懸命な行動に我々が応えなかったら、子どもたちは私たちに気持ち
を伝えようとは思わなくなると思います。一度、子どもたちと同じように、「車

いすに乗って、担任の教師に補助でついてもらった状態で、授業を体験してみる」とよいと思います。

大学職員として、多くの学校に訪問する際、同様の事例に多々出会います。この事実を私たちが受け止めて、真に、子どもの視点で改善しようとしなかったら、重度の子の、活き活きとした学校生活はありません。多くの困難を有する重度の子に、主体的に活き活きとした活動をしてほしいのです。そして、たとえ微細な動きだとしても、子ども自身の能動的な行動を通してでしか、学び（学習）は成立しないことを考えて欲しいのです。

そこで、この本を書くことを思い立ちました。

❷ 重度・重複障害児の「主体的・対話的で深い学び（アクティブ・ラーニング）」

学習指導要領が改訂されました。主体的・対話的で深い学びを実現させるために、「アクティブ・ラーニング」の視点からの授業改善が基板となっています。様々な雑誌や書籍には、学習指導要領の改訂の経緯・改訂の要点、カリキュラム・マネジメント等の情報が掲載されています。また、目標設定の仕方、資質・能力の育成のポイント、主体的・対話的で深い学びを実現させるためのポイント等が示されています。

しかし、書籍やインターネットを探しても、Ⓐ目の前にいる子どもの行動の評価の実際、Ⓑ真に子どもの意向を大切にした具体的な学習の進め方についての情報はなかなか見つけられません。

また、教育課程部会 特別支援教育部会における審議の取りまとめでは、『3.特別支援学校（6）指導方法の改善・充実』で、『指導方法の質的改善の方向性は、特別支援学校においても同様』であるとし、『アクティブ・ラーニングの視点からの指導方法の見直しについては、障害のために思考し、判断し、表現することへの困難さのある子どもたちについても、障害の状態等に留意して、「主体的・対話的で深い学び」の実現を目指し、これらの困難さに対応しながら、学びの過程の質的改善を行うことが求められる』と報告しています。しかし、具体的な方法は明確ではありません。

これらの状況に対し、私は、心理学のエビデンスに基づき、子どもの実際の学習をどうするか？という視点で検討したいと考えています。

まず、本書の「主体的で対話的な深い学び（アクティブ・ラーニング）」の捉え方について確認しておきたいと思います。

主体的・対話的で深い学びは、今回の学習指導要領の改定において、大きな

柱に位置づけられています。そのため、学習指導要領の改定後しばらくの間は、この概念の捉え方や学校の教育での活かし方、そして、その概念の基での授業の組み立て方についての検討が大々的に行われると予想されます。

　主体的・対話的で深い学び（アクティブ・ラーニング）については、まず、2012年に、大学の講義でのアクティブ・ラーニングの推進が言及され、2014年12月の「新しい時代にふさわしい高大接続の実現に向けた高等学校教育、大学教育、大学入学者選抜の一体的改革について」という答申で、高校においてもアクティブ・ラーニングが言及されました。そして2017年の学習指導要領で、アクティブ・ラーニングの考え方が、「主体的・対話的で深い学び」として示されて、小中学校、特別支援学校でも授業改善に活かしていく必要性が説かれています。

　そもそも、アクティブ・ラーニングは、ヴィゴツキーの「構成主義的学習観」が基礎にあるといわれています。「構成主義的学習観」というと、すごく難しく聞こえますが、「学習する子どもたちが、学習する内容について、自分自身のやり方で理解を組み立てるかたちで教育すべきである」という考え方です。この考え方に基づいて学習を考えると、子どもは、一人ひとりがもっている個々の考え方や知識を基に学習していけるようにすることが重要です。つまり、学び方は一人ひとり異なり、個々の学び方を活かして授業を組み立てる必要があるのです。教師の役目は、子どもが事実や考えを見つけるのを手助けすることです。構成主義的学習観の基に、主体的な活動を大切にして、個々の子どもがもつ知識や学習のやり方をお互いに活かし合って学習するのがアクティブ・ラーニングであると考えます。

　主体的・対話的で深い学びとアクティブ・ラーニングは、ほぼ同義の扱いを受けて取り入れられてきたように思います。しかし、学習指導要領や教育への学問の応用は捉え方が変化していく可能性があります。主体的・対話的な学びについては、小中学校の各教科の学習での研究が進んでいますが、その捉え方は、今後少しずつ変わってくることもあると思います。

　本書では、子どもの主体的・対話的な学びを、本来心理学や教育学で捉えてきたアクティブ・ラーニングの概念を基に考えていきたいと思います。

　次に、本書で取り上げる「学習」ということばの捉えを確認しておきたいと思います。

　学習は、様々な視点で定義づけがなされています。一般的な定義としては、経験により比較的永続的な行動変化がもたらされること、およびそれをもたら

す操作、その過程（山田, 1999）であるとされています。言い換えると、子ども
が「経験や自ら探索したことにより学んだ知識」と「何かを経験、探索してい
る状況」のことを指すと考えるとよいと思います。

　学習というと、学校での授業が思い起こされますが、心理学の立場からは、
学校での学習はいろいろな要素が入ってしまっているため、純粋な学習として
捉えることは難しいと考えられています。

　例えば、Lave & Wenger（1991）では、学校教育については論じていません。
その理由を次のように述べています（重度の子のアクティブ・ラーニングに関
連しそうな部分だけ言い回しを少し変更して引用します）。

　①人の文化では、学習と学校教育は相互に深く結びついており、得られた知
識は学校以外でも使うことができるという考え方に結びついている。しかし、
学校は社会制度で、学習の場としてはきわめて特殊な状況である、②学校での
学習を分析すると、知の営みと学習が社会的実践であるかについて多層的な見
方を必要とする、③学校教育では、必要と考えられる知識を限られた時間で効
率的に習得せざる得ない、④学校教育を再考することは、実りのある演習にな
ろう。カリキュラムや教育実践そのものを研究するよりも、生徒が何を学ぶか、
何を学ばないのか、何が彼らにとって意味あるものになるかを明確にすること
は重要である。

　①〜④をまとめると次のようになると思います。

　学校での子どもの活動は、教育制度である学校の中での活動であり、心理学
等が指す学習とは、異なる部分が含まれている。それは、子どもの求める内容
だけではなく、社会や学校が求める内容を子どもに習得させようとする意図が
根底にあるためである。そのため、学校での子どもの行動をすべて心理学でい
う学習と捉えることはできない。しかし、学校での活動で、「子どもが何を学ぶか、
何を学ばないのか、何が彼らにとって意味あるものになるか」を検討すること
は意義があることである。

　Lave & Wenger の視点は、非常に参考になると考えられます。特に、教師が
努力したとしても「子どもが学ばない内容」を知ることは重要だと考えます。
学習指導要領に基づいた主体的で対話的な深い学びをめざして行う実践を、心
理学でいうアクティブ・ラーニングの視点で考えていきたいと思います。

　その結果、子ども本来の学習の知見を示すことにつながり、学校の授業での
主体的・対話的で深い学びへ活かすことができると言えます。

　重度の子は、表出が微細で運動障害を有しています。そのため、彼らが「主

体的に学びたい内容」を、把握するのは難しいことです。この問題をクリアする具体的な方法を先生たちが知りたいのではないかと、考えています。

　また、そもそも、人は「協力したい」「他者とかかわりたい」という性質をもって生まれてきます（この点については、詳細に後述します）。人は、人とかかわることで、文化的に発展しました。人本来の性質を活かせる状況を設定することが、「対話的な学び」につながると考えます。そこで、本書では、重度の子と「対話」するための重要な視点も提示したいと考えています。

　これらの内容を先生方と共有することで、自立活動の内容を主に学ぶ重度の子も自然と「深い学び」をしてくれるようになると考えています。

③　本書の学習観

　ここで本書を執筆する際、筆者が考えたことをお伝えします。

　まず、本書は、すぐに授業に取り入れられる例を示すことを目的としていません。重度の子とのかかわり方の基礎をお伝えしたいと考えています。

　最近出版された図書には、指導案の組み方や具体的な指導内容を明確に記しているものが多いと感じています。これらの図書は大変参考になるものだと思いますが、重度の子の特性、特性に合わせたかかわり方を、明確に理解した後でなければ、形だけまねて目標や指導内容を決めてしまう懸念があります。そして、「授業という形式」ばかりに注目してしまうのではないかと、心配しています。子どもとじっくり付き合い、子どもとともに「学習したい内容」を見つけなければ、重度の子が活き活き活動する姿が、なかなか出てこないと考えています。

　そこで重度の子の理解を十分行い、先生方が、彼らと気持ちを共有して授業を進められる基礎を押さえることを目指しました。

　本書は新しい学習指導要領の基盤にもつながる、新しい発達観に基づいて授業を考える基盤として、「重度の子の学び（学習）」とは何か？を常に問いながら執筆しました。

　本書の具体的な特徴（執筆の目標）として、次の４点が挙げられます。

(1)　微細な行動や発信だとしても重度の子自身の能動的な動きや表出に応えていくことを教育の基盤にしていること

　これまで、現場では、「授業づくり」という視点で、「いかによい授業をつく

るか？」が、ひとつの大きな目標だったと思います。しかし、「授業をつくる」という視点で重度の子の教育を考えると、なかなかうまくいかないことが多いのです。前述のように Lave & Wenger（1991）でも取り上げられていますが、学校の授業での活動は、子どもの純粋な学習とはいえない要素（様々な観点から国や私たち教師等が必要と考える内容）が含まれています。よって、子どもの興味・関心を重複しつつも、「これは学んで欲しい」という内容も学習させることになります。

　しかし、重度の子は、初めから「大人の意図が含まれる活動」には、乗ってきてくれない場合が多いのです。

　また、どんなに障害が重い子どもたちに対しても、先生は「授業の典型的なイメージ（授業らしい授業）」に合った授業を求めやすいと思います。例えば、私が勤務した肢体不自由特別支援学校では、朝の会を知的障害のある児童生徒が通学している特別支援学校と同様の方法で行っていました。ほとんどの子どもが理解できていないのにもかかわらず、「文字表示されているその日の予定表」を使用していました。また、当番の子どもの障害が重度なため、司会をするのが難しいときには、隣に担当の先生が立ち、「子どもの代わりに司会をする」などが日常的にありました。

　「本来の学習」は、「子ども自身が能動的に取り組む」「子ども自身が学びたいことを積み重ねていく」という状況でないと、起こりません。また、重度の子の多くが、重い知的障害と重い身体障害、視覚障害等を併せ有しているため、彼らが学習できる状況は、先生が想定するような「授業らしい授業」の形態にはなりづらいのです。

　そして、重度の子が理解ができて、興味を持つ活動は、教師が、授業として価値を見いだすことが難しい活動のことが多いのが実際であると考えています。つまり、テープを貼ったり剥がすことの繰り返し（中村・川住, 2007）や、教師の手を持って振り歌を歌ってもらうこと（菅・樋口, 2017）などの活動を繰り返すことだったりします。そして、それらの活動は、「授業らしい授業」を行うという視点からは、とても離れています。

　しかし、私は、重度の子と関係を成立するには、私たち教師の側が、真に重度の子が好んで行うことに付き合うことから始めないといけないと考えています。

　そして、その後に、重度の子たちの能動的な活動が育っていくでしょう。

　本書では、Ⓐ子どもの自発的な行動を教師が受け止めて、Ⓑそれに教師が応え、

Ⓒ子どもが教師の応答に気づき、Ⓓ自ら教師に向かって意思を伝えるようになったうえで、Ⓔ信頼関係を基盤に学習を行えるようにするための視点を考えます。

(2) 新しい心理学（文化心理学・生態心理学）の考え方に基づいて重度の子の学び（学習）の再検討をすること

　これまで、特別支援教育では、子どもの思考力や認知の発達に関して、ピアジェを代表とする「認知の発達段階説」を想定して指導に活かしてきました。認知の発達段階説では、すべての子どもは、早い遅いはあるにせよ、同じ順序・同じ方向性で発達するという考え方を取り入れています。私自身も、教員時代、ピアジェの発達段階（健常児の発達）を参考に教育に携わってきました。

　発達段階説は、我々子どもの支援にかかわるものにとって、非常に都合がよい考え方です（無藤 , 1990）。なぜなら、子どもの発達段階の状態が把握できれば、準備すべき課題がわかり、ある発達段階で特徴的に見られるといわれる行動が観察されたら、次の段階の認知や思考に適した学習活動を考えることができます。先生は子どもの発達段階を基盤に、「今、行うべき課題」と「今後の指導の計画」が立てやすくなります。発達段階を知ることは、特別支援学校等において、個別の指導計画の目標設定や具体的な活動内容を考える際の強力なツールとなってきました。

　しかし、ある時期の子どもは、特定の発達段階に属していて、その発達段階の特性はさまざまな側面に現れてくることはありません。発達は「知識の個別の領域」ごとに起こります。これは 1980 年代から盛んに言われてきたことです。

　「個別の領域」ごとの発達というのは、例えば、ことばは 3 歳程度の力を有しているが、数については 5 歳程度の力を有しているというように、個別の領域で発達の程度が、異なることを指しています。ある知識領域が、伸張していても他の領域が同じレベルに発達していないということが、普通に起こります。これは、子どもの発達は、その子どものよく使う領域が伸びるということが理由のひとつです。子どもの発達は、環境要因に大きな影響を受けるのです。

　また、発達段階で子どもを見ていくと、「同じ段階に属す子どもには、共通して活用できる教育内容があるのではないか？」という考えが想定されます。もちろん、ある事柄に対して、共通性を見つけて、それを他でも活用できるようにするということは非常に重要なことです。そして、発達段階表を参考にして指導している先生方も、子どもの興味関心等に基づいて、指導内容を変更したり、

指導時のかかわり方を子どもの状態に合わせたりしてきたと思います。つまり、発達段階という考え方では、参考として利用できるところと個に合わせて対応すべきところの見極めが大切なのです。そのためには、発達心理学分野で盛んにいわれている、「環境と文脈」の重要性について考える必要があります。「文脈」は子どもにとってのその学習の必然性と言い換えることができます。

支援が必要な人や子どもにかかわる時には、「発達的視点」として、人間の機構を④「個体内的側面と社会・文化的側面」、⑧「発達の定型性や障害」という二分法で捉えないことが重要です。

人がみな同じ発達の順番をたどり、同様に発達するという考えを基にかかわるのではなく、個の状況に合わせて対応を考える必要性があります。障害を有していても有していなくても、かかわる人を含めたその人の取り巻く環境（社会・文化的側面）により、人の障害や心理的な状態は変わってくるのです。つまり、子ども自身の発達だけではなく、周囲の環境や私たち大人のかかわり方が、子どもの成長に大きな環境を与えているということです。

ここまで述べてきたことから、本書では、人はその時に置かれた環境や所属している集団に大きく影響を受ける、「状況的存在」である点を重視しています。

子どもの発達は、どのような人（学校でいえば、そのときかかわっている先生の意向・信念等）とかかわり、どのような状況（環境）で生活しているか（学校でいえば、そのときのクラス運営の指針・子どもの構成）によって変わってきます。そのため、本書では子ども自身の発達だけではなく、周囲の人（先生・子ども等）や環境（クラスの生活環境・構成・学習環境等）が与える子どもへの影響も重視していきます。この考え方は、文化心理学や生態心理学の考え方を基盤としています。

文化心理学とは、その人が生活する文化に人間の行動や心情がどのように影響を受けるか、もともと人がもっている力と文化がどのような相互作用を及ぼし合うかを探求します。文化的要因には、特に重度の子の生活では、先生や友だちとの関係、学習の仕方などが含まれます。

また、生態心理学では、人と環境との関係を研究します。これまでの心理学では、人を研究対象とし、「その人がどれだけ発達したか？」が重要でした。しかし、人の発達には、その人自身の変化だけではなく、環境の与える要因が大きいのです。人は、我々が考えている以上に、環境からの情報で、行動を大きく変えます。この視点から、子どもたちの行動を考えることは、非常に有意義だと考えています。

　重度の子は、行動や表出が微細な子どもが多く、微細な表出を受け止め、対等な関係でやりとりして、彼らの能動性を引き出すことが重要です。子どもの力を引き出す環境（先生のかかわり方を含めた）を準備することで、微細だった表出も、どんどん明確になっていくでしょう。子どもの行動の変化だけに目を向けるのではなく、先生のかかわり方や学習するための環境も、評価の対象として考えていかねばなりません。

(3)　学校の現状を子どもの視点から捉え、批判的思考（クリティカル・シンキング）を行い、具体的な改善点を明確に提示することを試みること

　私は、小学校教諭として11年、肢体不自由特別支援学校で14年間勤務後、肢体不自由教育担当の大学教員になりました。肢体不自由特別支援学校での教育経験があり、そこで数多くの授業を見てきました。本書はそこで得た知見を基に執筆しています。

　これまで、ほとんど指摘されてきませんでしたが、改善が必要であると考えられる内容を挙げ、肢体不自由特別支援学校の現状を評価し、批判的思考で問題点を挙げ具体的な改善点を示します。

　これまで、授業について、改善の提案をする書籍は多く出版されてきましたが、肢体不自由特別支援学校の教育の実態について詳細に書かれたものは少なかったと思っています。

　本書では、重度・重複障害児教育の現状で「よく行われている改善が必要な部分」も取り上げました。子どもの表出や応答が弱いがために、先生が頑張りすぎたり、先生の意図に添った一方的な子どもへのかかわりを行ったりする例がよくあります。これらをきちんと評価して、改善が必要な点には、Ⓐ原因、Ⓑ改善方法を考える必要があります。

　「改善が必要な部分」の原因の多くは、子どもの特性や子どもへのかかわり方をよく理解していないにもかかわらず、授業を行わなければならないことだと考えています。そのため、授業を考える上で必要な基盤となる子どもの捉え方とかかわり方、障害の捉え方と対応方法等について考えていきたいと思っています。

(4)　具体的な授業を考える基礎となる、子どもを捉える視点の提供を目指していること

　学習指導要領が改訂され、今まさに盛んに行われていることは、「新学習指導

要領に基づいた授業をどうすればよいか？」の検討だと考えます。しかし、まず第一に、授業を考える上で必要な基盤となる子どもの捉え方とかかわり方、障害の捉え方と対応方法等に関する知識が必須だと考えます。

　そこで本書は、授業を「直接的にどう変えるか？」という視点で執筆せず、よい授業を行うために、子どものことをよく知ることを目指しました。

　そのため、私が普段考えている心理学の理論の活用、障害の捉え方と対応方法をお伝えすることを目的として筆を進めています。重度の子が有する障害の特性とそれに対するアプローチ、重度の子と関係を深めていくための方法を広い視点で検討します。

　すぐに使えることを求めている先生にはお応えできないかもしれませんが、重度の子とかかわったり、共に学習したりする際に、とても重要な内容であると考えています。

　これまで、重度の子の理解や基本的なかかわり方については、実はあまり語られてきていないと思っています。また、様々な基礎となる理論等が存在し、どの考え方に基づいてかかわるべきなのか迷うこともあると思います。そこで、Ⓐ最近の研究成果や知見で、重度の子とかかわる際に有用であるという内容、Ⓑ発表されてから時間が経っているが是非知っておいて欲しい内容を選択して紹介しました。

第Ⅰ章　重度・重複障害児の学習（学び）の難しさ

重度・重複障害児教育の現状

① 養護学校義務化から現在まで

　重度の子の学び（学習）を成立させることは非常に難しく、中島（1979）は、「教育現場では、在籍する子どもの重度化、重複化のために『どこから手をつけてよいのかわからない。働きかけても変化が起こらない。何をしているのかわからなくなり、疲れ果てた』という教師の声が多かった」と報告しています。今から50年以上も前から、先生たちは重度の子にとっての学習（学び）とは何か？という大きな悩みをもっていました。

　また、学習指導要領の改訂と養護学校（当時、特別支援学校は養護学校とよばれていました）の義務制も重度の子の学び（学習）のあり方に大きな影響を与えたといわれています。1971年（昭和46年）及び1972年（昭和47年）の改訂で、学習指導要領に現在の自立活動の前身である「養護・訓練」が新設されました。

　「養護・訓練」が新設されて、「救われた思いをした」というベテラン教諭の逸話（大沼，2002）があります。それは、重複障害者等に対して、教育課程編成が弾力化（下学年の内容の代替、各教科等の一部に代えて「養護・訓練」を主として授業を行う等）がなされて、子ども一人ひとりに応じた自由な発想で授業の対応が行えるようになったからです。先生たちは自分がかかわる子どもに合わせて、学習内容を選定できるようになり安堵したのです。

　しかし、昭和54年の養護学校の義務制実施で、ピアジェ発達の段階でいうと1歳前後の感覚運動期にあたる重度の子が在籍するようになると、状況が一変します。重度の子は、障害の状況が複雑で多様であり重篤なため、教育内容の選択が難しく指導方法が不明確で（中山，1978）、適切な学習が保障されない状況（中山，1979）になりました。個に応じて対応できると期待された「養護・訓練」でしたが、障害が重度で重複している子どもに対して「何を学習させればよいかわからない」状況になり、先生を混乱させる要因になりました（大沼，2002）。

　1999 年の学習指導要領の改訂で「養護・訓練」が「自立活動」と名称が改められましたが、重度の子の学習に対する先生の混乱は続いているといえるでしょう。

❷ 子どもの能動的な動きや表出を活かした学習が準備できていない状況

　行動や表出が微細な重度の子についても、彼らの意図や動きを活かした、主体的な活動を支援することが重要です。それが十分できていないのが現状であると言えるでしょう。

　それを示すように、これまで刊行された論文等にも、次のような内容が記載されています。Ⓐ「楽しませる」「味わわせる」「経験させる」という内容が授業の多くを占めている（田中・川間・川間, 2003）、Ⓑ工夫して自立活動を行うが「指導者が歌うだけ」「腕や脚の屈伸をさせているだけ」「子どもを揺らしているだけ」「スイッチをオン・オフさせているだけ」「ひたすら紙をちぎっているだけ」と思われるような授業が行われている（緒方, 2014）、Ⓒ「教師が手をとって友達と他動的にかかわらせる」「代弁と称して、教師が子どもに成り代わって話す」「教師同士が子どもの代わりにやりとりする」「子どもを間において、教師同士がやりとりしている」授業が多く見られる（樋口, 2008, 2015, 樋口・三島・児山, 2015）などです。

　このⒶ〜Ⓒについて解説したいと思います。Ⓐについては、目標をもって学習させるのではなく、活動を経験するだけで終わっているということだと思います。私が見た個別の指導計画にも「〜を体験させる」「経験をひろげる」という目標がよく書かれていました。Ⓑについては、先生が重度の子の自発的な行動に応答するのではなく、一方的に歌いかけたり、子どもの自発的な動きを待つのではなく、他動的に子どもの身体を動かしたりしていることを述べているのだと思います。Ⓒについては、子どもが行うべき活動を、先生が代わりに行ってしまっていることを示しています。このような肢体不自由特別支援学校での授業の状況は、決して稀な例ではありません。

　また、川間（2006）は重度の子の集団の指導について次のように述べています。「多く見られる授業の様子は、メインの教師の前に車椅子に乗せられた子どもたちが 5 〜 6 人並べられ、3 〜 4 人の教師が車椅子のそばについているものである。メインの教師が発言しても反応のない子もおり、ましてや子ども同士のやりとりもまったく見られない。サブの教師が子どもの代わりに発言をし、授業は進んでいって、教師が歌をうたって終わる。その授業で子どもたちが何を学んで

いるのかまったく分からない。しかし、*教師は様々な工夫をしていて、指導案も詳細に書かれている。これが、重度・重複障害児の授業を集団で行う難しさである*」。

　子どもの能動的な動きや表出を活かした学習が準備できていない理由として緒方（2014）は、重度の子の「指導目標設定と指導内容・方法の困難さ」と「子どもの意図・意欲の読み取りの困難さ」を挙げています。そして、樋口（2018）は、「『重度・重複障害の子どもが学習することとは何か？』と悩む状況（樋口, 2012, 2014）が、養護学校義務化から現在まで続いていると考えられる」と述べています。重度の子は、ⓐ表出が微細で、先生や養育者（以後、他者と記述）が気持ちを読みとることが難しく、ⓑ身体の動きの重篤な問題を有しています。そのため、先生にとって能動的な動きを活かした活動の具体的なイメージがもちにくく、このような状況に陥っているのではないかと考えています。

　特別支援学校の教員時代の私の経験をお話ししたいと思います。

　私は特別支援学校教育研究会の役員を長年務めていました。その研究会は、教員の自主的な研究会で、いくつかの専門の部会に分かれ、月に1回の割合で、部会ごとの活動をしていました。私の属した専門の部会は、各部員が順番で事例を提供し、検討を行っていました。私は、ある回で、重度の子のかかわりの状況や学習内容をまとめて発表しました。

　ある重度の子の4月の担当を受け持ったばかりの時期と指導を4ヶ月くらい行った後の時期の様子について報告し、目標に対する子どもの変容、学習時の動画も提示しました。

　私は、部員ではない同僚の先生を活動に誘いました。その先生は、初めて事例検討に参加しました。その先生の感想は、「重度の子が、ちゃんと成長し、いろいろなことができるようになるということを、初めて知りました」ということでした。

　そこで初めて私は、先生たちが「重度の子は、障害が重いから発達を促すのは難しいと考えている」ということに気づきました。そして、その根底には、重度の子の評価の難しさや指導計画をつくることの難しさがあるのではないかと思いました。

❸ 現状に対する本書の視点

　ここまで述べてきたように、現在の特別支援学校でも、重度の子の授業で何をすればよいか悩んでいる先生は多いと思います。

　本書では、授業を考える基礎として、重度の子の理解を深めて、彼らと対話的に活動を進め、彼らが学習するための要素について考えていきたいと思います。その際、次の視点を重視します。

　How to 的に、すぐに使える内容を求める先生は多いのですが、重度の子を理解するには、じっくり考え、重度の子をよく観察し、彼らの心理を理解することが重要です。子どもの行動の意味を探究します。

　また、学習指導要領が新しくなると、「新しい学習指導要領の内容に合わせた学習内容をどうするか？」という議論が盛んに行われています。しかし、内容を検討する基板として、子どもを理解する視点をしっかりもち、子どもの状態に合わせた学習内容を準備することが重要です。まず、子どもに最良な学習を考えます。

　そのためには、重度の子の有する障害の特性を捉えたうえで、重度の子の学習を考えていくための心理学や教育学の基礎理論を理解することが重要だと思います。学校での忙しい仕事の中、なかなかゆっくりと考えることが難しいことです。

　次節から、私が、重度の子の学習を検討する際に活用している「障害特性に関する理論」や「学習を検討する際に基盤としている心理学の理論」等について述べていきたいと思います。これから記述する内容は、私自身が重度の子とかかわる際に参考にしているものです。これらの理論を知らなかったら、彼らとの関係は深まらなかったと考えています。授業や学習内容を考える際の基盤となる考え方です。

重度・重複障害児の教育の難しさ

❶ 運動の問題とその対応

　重度の子の運動の発達と障害の状況は、かなり個人差があります。そして、運動面での問題は、様々な面での困難を引き起こします。重度の子の運動の問題については、通常、姿勢・操作・移動等について問題を検討する場合が多いのですが、ここでは、学び（学習：特に認識に関すること）の視点から、（1）見ること、（2）探索すること・操作すること・認識することについて、述べていきたいと思います。

（1）　運動の問題が見ることに及ぼす影響

　次項、「❷視覚の問題とその対応」で、重度の子の視覚の特徴や見づらさについて取り上げます。ここでは、運動の視点から、「見ることが難しい状況」を考えていきたいと思います。

　運動の問題が見ることに与える影響では次の点が挙げられると考えています。Ⓐ体幹の支持が難しいため、見たいものの方向に頭を向けて保持することが難しいこと、Ⓑ見たいものが動いている場合、動きに合わせて頭や眼球を動かして追視することが難しいこと、Ⓒ手の動きと目の動き・頭の動きを協調させることが難しいことなどです。しっかり対象を見てその後の活動につなげたいのですが、それが難しい状況です。難しい中でも、姿勢を調整して見ることができるようにしたいものです。そのため、体幹の支持を含めたポジショニングが重要となります。

（2）　運動の問題が探索すること・操作すること・認識することに及ぼす影響

　運動の問題によって探索できないことは、重度の子の学び（学習）に、非常に大きな影響を及ぼします。『心理学事典』（有斐閣）では、探索行動を「見慣れぬ状況や新奇な'刺激'に対して個体が接近し情報を得る一連の行動である（橘

28

, 1999）」と説明しています。乳幼児を思い浮かべながら、「個体（子ども）が接近し情報を得る一連の行動」を考えてみましょう。子ども自身が、興味や関心に基づいて自分から動き、ものに手を伸ばして触れて、持って、振って、投げて…などをする様子が思い浮かびます。探索することで、子どもは、おもしろいものは何か？それはどこにあるのか？どうやって遊ぶともっとおもしろいか？誰と一緒に遊ぶとそれを使っておもしろく遊べるか？などを知ります。つまり、自発的な探索により、いろいろなことを知るのです。これらは、「探索して、操作して、認識すること」により学び、子どもが自ら行動することにより力を伸ばす最も重要な活動です。

（3）　運動の問題への対応

　重度の子は、自ら探索して、操作して、認識する機会を持つことが困難な状況で生活しています。つまり、能動的に動き、手を伸ばして触れて、持って、振って、投げて…が難しいのです。そのため、子どもの状態に合わせて探索活動が可能な状況を設定することが重要です。

　ここで、注意しなければならないことは、重度の子の自発的な行動の捉え方です。私が、教員時代に見てきたことを思い出しても、「重度の子の自発的な行動」を健常児の行動をイメージして捉えている先生が多かったように思います。

　健常児では、行動は明確なかたちで表れます。そのため、ついつい先生が手を取って健常児と同じような行動を、他動的にさせてしまうことがあります。しかし、能動的に動かされても、自分の意図は反映できず、他者に動かされた行動からは、学習は生まれません。

　重度の子の場合、Ⓐ特定の指先だけが動かせる、Ⓑ不随意な運動のようにも思われるが足が時々動く、Ⓒ顔の一部が動く、Ⓓ頭がある方向に動く、Ⓔ眼球が動くなどの行動がよく観察されます。

　その子特有で、他の子では見られない行動であっても、活用できる環境をつくることが、彼らの能動性を促すことになります。特に、Ⓐ、Ⓑは、その後の探索活動に発展させられる可能性があります。

　例えば「Ⓐ特定の指先だけが動かせる」では、子どもの指を動かす行動に、必ず応えていってみたらどうでしょう。「指を動かしたら、必ずその指を触って応える。重度の子が再度動かしたら、応答的に再度応える」そんな行動を繰り返していたら、「もともと、やりとりを意識せずに指を動かしていた子が、相手を意識して動かすようになる」かもしれません。

「⑧不随意な運動のようにも思われるが足が時々動く」についても、同様に接してみたらどうでしょうか。足を介してのやりとりが成立するかもしれません。

　そう考えると、Ⓐ～Ⓔすべてが、重度の子の能動的な動きやコミュニケーションにつながる重要な役割を果たす可能性があると思います。

　子どもの手や足をとって、他動的に動かすのではなく、子どもの動きに応えていくのです。粘り強くかかわることが必要ですが重度の子が、先生がかかわってきていることに気づいて、やりとりの関係に発展する可能性は高いと考えています。

❷ 視覚の問題とその対応

(1)　視覚の問題

　国立特別支援教育研究所の「重複障害児のアセスメント研究」では、研究に協力した肢体不自由特別支援学校3校で、約半数の児童生徒に視覚に何らかの課題があると推測されると報告されています（齊藤・大崎, 2008）。その内訳は、A校:57人中33人（57.9%）、B校:20人中9人（45%）、C校:37人中18人（48.6%）でした。このデータから、重度の子で、視覚の問題を有している子どもが非常に多いことがわかります。重度の子の視覚の問題となる原因疾患も多岐にわたり、見え方も個々の状態がかなり異なります。そのため、子どもの状態に合わせて支援を考える必要があるでしょう。

　国立特別支援教育研究所（2008, 2009）を引用して、重度の子の視覚の問題に対する有効な支援方法を考えていきたいと思います。

　中澤（2008）は、重度の子の視覚の問題について、中枢性視覚障害への対応の視点から論じています。視覚障害には、大きく分けて「Ⓐ眼球周辺の機能障害」と「Ⓑ脳へ情報を伝達する部分や脳に問題がある中枢性視覚障害」があります。Ⓐ眼球周辺の機能障害では、中心暗点、視野狭窄などのロービジョン等が考えられます。また、Ⓑ中枢性視覚障害は、眼球周辺の光学的な機能には問題がないにもかかわらず、認識できない状態です。中澤（2008）は、重度の子はⒶを有する場合も多いとしながらも、中枢性の運動障害を有する重複障害児の中には、Ⓑ中枢性視覚障害を有している場合が多いとしています。

　中澤（2008）は、Jan（1993）・今野（2005）・Roman-Lanzy（2007）を引用して、中枢性視覚障害の特性を整理しています。中澤の示した中枢性視覚障害の特徴を、私なりに、教育に役立つという観点から説明を加えて、表1にまとめてみました。

表1　中枢性視覚障害の特徴

	状　態	説　明
①	完全に視覚がないことは稀であること	全く見えないわけではない
②	羞明（まぶしさ）がある場合が少なくないこと（3分の1）	まぶしさを感じやすいので、環境設定が重要である
③	色知覚が比較的良いこと：特に赤または黄色	見えやすい色があるので、活用する
④	動くものへの反応が比較的良いこと	静止しているものより、動いているものを認識しやすい
⑤	周辺視野の反応が比較的良いこと	見えている範囲の中心より、周辺にあるものの認識がよい場合がある
⑥	空間認知が困難	もの等の位置情報の認識が難しい
⑦	視覚的な反応に時間がかかる	見えたとしても、それに応答するのに時間がかかる
⑧	視覚的疲労が大きい	視覚を活用していると、すぐ疲れてしまう
⑨	視覚的新奇性への困難	これまで見たことがない新しいものが現れると認識しづらい
⑩	視覚に導かれたリーチングの欠如	見えたとしても、それに手を伸ばすことが少ない

（中澤（2008）に引用されているJan（1993）・今野（2005）・Roman-Lanzy（2007）を元に作成）

　前述のように、肢体不自由特別支援学校に在籍する重度の子のうち、5割前後が視覚に関する問題を有しています。その中でも、中枢性視覚障害を有している子どもが多く、視覚の特徴が表1のようにあります。私たちは、彼らの実態を把握して、個々の有する特徴に応じた対応を行う必要があります。

　特性の一つ目にあるように「①完全に視覚がないことは稀である」ので、視覚が少しでも利用できるなら、重度の子にとって非常に有効な情報源になるのではないかと思います。しかし、子ども自身が目から入る情報の重要性に気がついていなかったら、利用するようにはなりません。「子ども自身が、視覚の情報は有益である」と考える状況にできるかどうかが重要です。そのためには、先生自身（私を含めて）が、個々の子どもの視覚の状態に合わせた「視覚の活用方法」を、十分検討する必要があると思います。

　私は学校で勤務している時、様々な工夫をしていました。

　例えば表1の「③色知覚が比較的良いこと」を知った私は、赤の蛍光色のTシャツを着て指導に当たることにしました。すると、当時担当していた視覚が弱いとされるUさんに、次のような変化が起こりました。Ⓐ私が近づいただけで笑顔になる、Ⓑ登校時、スクールバスがまだゆっくり動いている間に、車中から

私を探してバスの外を確認する、Ⓒ私がいるとわかると、自分から手を伸ばしてかかわろうとするなどです。Ｔシャツを購入しただけで、Ｕさんとの関係が、さらに深まり、やりとりも格段に増えました。それと同時に、これまでＵさんが「担任が近くにいても、その人が誰かわからない」、非常に心細い世界で生活していたのだということを痛感しました。

(2)　視覚の問題に対する支援の実際

　中澤（2008）は、表１に挙げた中枢性視覚障害の特徴のうち、「①完全に視覚がないことは稀であること」と「③色知覚が比較的良いこと」に関する支援方法を検討しました。特に「③色知覚が比較的良いこと」については、支援方法を数多く提案しています。主なものとして、「教室の入口に蛍光色の布を垂らす」、「支援者が蛍光色の服を着る」などが挙げられます。

　この報告書には、多くの実践報告が記載されていますが、その中でも私が注目したのは、「アセスメントの結果、蛍光色が見えることがわかり、視覚を使って楽しむ美術の授業を展開していった事例（金子，2008）」です。この事例の対象者は、中学３年生男子、Ｌさんです。Ｌさんは、脳性麻痺による四肢体幹機能障害が主訴で、眼底に異常はないが視力は明暗程度、情報の収集は聴覚がほとんどを占めていました。先生から「明暗はわかるようだ」と評価され、保護者からは「顔を見ていてわかっているようだ」といわれてきました。

　担任の先生は、ある程度見えていると感じながらも、聴覚的・触覚的な情報の提示を主に行って、状況を理解させようとしてきました。Ｌさんに視覚を使った取組をさせたり、視覚を状況理解の手段として意識して使わせたりすることはありませんでした。しかし、特別支援教育総合研究所（2008）で開発された「視覚のアセスメント」を使用してＬさんを評価し、オレンジと緑の蛍光色が見えやすいことがわかったため、視覚からの情報を活かした活動を考えたのです。

　評価に基づき、美術の授業での描画活動で、蛍光色のポスターカラーを使い、黒の画用紙にフィンガーペインティングで描けるように状況設定しました。蛍光色のポスターカラーを使うと、Ｌさんはできあがりつつある作品をじっと見るようになり、手を自分の意思で動かすようになったそうです。

　それまでＬさんは作品ができあがる過程を意識しながら描くことはなく、描くことに対しての能動性は高くありませんでした。手を介助され、先生の意図が入りできあがった作品は、彼の意思で行われたものではなくなっていました。担当の先生は、彼が自分の手だけで、自分の目で見ながら自分の作品を作れた

らさらに能動的に活動することができると考えていました。

　そこで、蛍光色のポスターカラーを使用した、視覚の支援だけでなく、さまざまな視点から彼に合わせた環境の設定を行ったそうです。活動の詳細を、みていきましょう。

（3）視覚の問題の支援に加えて、活動しやすい環境づくりを行うことの大切さ

　Ｌさんへの支援は、「視覚」の問題のクリアだけでは、Ｌさんの能動的な動きを引き出せませんでした。子どもが重複して有する個々の問題を個別に解決するのではなく、トータルで子どもが能動的に活動できるように支援することが重要です。

　この事例（金子，2008）では、視覚の評価を行い、見やすい蛍光色のポスターカラーを使用したため、Ｌさんは、よく見るようになり、手も動かしていました。しかし、能動的な動きが期待していたほど高くありませんでした。その解決のためには、活動の状況設定をしっかり考える必要がありました。

　筆者が行った活動場面の設定は、次の通りです。

　体幹部を安定させ上肢の意図的な動きを導きやすい座位保持いすを利用しました。しかし、テーブルに置かれた画用紙には、描画はできますが見ることは困難でした。そこでテーブルの上に画板を立てて画用紙をセットしました。そして、Ｌさんの身体の特性を考え、体幹を左に傾けたときに、右手の動きと視線が一致するよう調節しました。また、塗ったポスターカラーが、立てた画板からたれないように増粘剤「トロミアップ」でポスターカラーに粘性をつけました。

　これらの設定は、Ｌさんが、先生の補助を受けずに自発的な動きだけで描くことができ、そして、自分のペースで描いていく様子を確認しながら描けるようにするための支援です。その結果、彼は、目の前に並んだ数種類のポスターカラーの中から、好きな色を選んで手を入れ、自分の手についたポスターカラーを、画板にセットされた黒い画用紙に、集中した表情で描いたとのことです。そして、描き終わると、自分が作り出した物をよく見ていました。

　金子（2008）からは、学習時の環境設定が子どもの意思が反映できるものになることで、子どもの行動は大きく変わることがわかります。子どもが視覚を活用できる環境を整えるのに加えて、運動を含めたその他の問題に対して子どもに応じた支援を行い、能動的に活動できるようにすることが大切です。

　健常者の情報収集の8割から9割は視覚を通して行われているといわれています。重度の子は、障害が重くても、全く視覚が使えないことは稀です（表1①）。

重度の子が視覚を活用し、視覚から情報を得ることは必要なことだと、「自ら認識すること」が重要だと考えます。

　視覚の状態は、個々の子どもで異なっています。そこで、子どもの視覚の状態のアセスメントが重要になってきます。その際、国立特別支援教育総合研究所（2008, 2009）等を参考にして、評価を十分行って欲しいと思います。子どもの状態を適切に評価した上で、子どもに合わせて視覚の活用を考えましょう。

(4)　研究機関等から送付されてきた資料の活用を！

　最後に研究機関、大学等から送付される資料の活用について述べます。

　国立特別支援教育総合研究所は、毎年多くの研究プロジェクトを行っており、その成果を各特別支援学校に送付してくれています。本書でたくさん引用させていただいた、「重複障害児のアセスメント研究－自立活動の環境の把握とコミュニケーションに焦点をあてて－（国立特別支援教育総合研究所, 2008）」と「実践につなげやすい重複障害のある子どもの見え方とコミュニケーションに関する初期的な力のアセスメントガイドブック（試案）（国立特別支援教育総合研究所, 2009）」も、勤務していた特別支援学校に送付していただきました。今回、改めてこの2冊を参考に読ませていただくと、10年以上経った現在でも十分参考にできる貴重な研究成果や事例研究の報告がたくさん掲載されていると思いました。

　この2冊は、私が勤務校を辞す際にいただいてきたものです。私の在籍していた学校では、各機関から送付されてきた資料は、定期的に廃棄されていて、非常にもったいないと思いました。しかし、そのおかげで、私はまだこの冊子を手にしていたわけですが、本来なら学校で保管して、日々の指導に活かしていただくべき資料です。是非、研究機関や各大学の附属学校等から送付されて来た資料は、保管場所をつくり、研究部の先生が目を通し、先生方に紹介していただきたいものです。

　先日も、私が訪問した学校で、研究機関から送られてきているはずである研究成果冊子が見つかりませんでした。捜索するとその冊子は、校内のロッカーにしまい込まれていました。管理職の先生も、是非、先生方に紹介をお願いいたします。例えば、先生方のための「図書や資料のコーナー」をつくっていただき、学習を考える際に、ご活用ください。

❸ コミュニケーションの問題

（1）　重度・重複障害児のコミュニケーションの問題とその対応

　重度の子は、表出が非常に微細で、コミュニケーションの成立が難しいといわれています。しかし、表出（動き）は微細ですが、全くないことは稀であるともいわれています。先生が、Ⓐ子どもの微細な気持ちの表出に気づいて理解すること、Ⓑどのように受け止めて応答すればよいか決めることが難しいのです。重度の子に、やりとりをする力があっても、それを見つけられず、やりとりが成立していない状況が多くあります。

　重度の子のコミュニケーションの発達の基盤は、健常児の発達と全く同じです（発達段階があるという意味ではありません）。そして、重度の運動障害や重度の知的障害を有していますが、心の内面で育っている能力の評価をしっかりできれば、成長をサポートしていくことができます。

　重度の子のコミュニケーションの状況を、正当に評価し、彼らの発達を支援するためには、人は、どのように対人関係の能力を発達させ、何を身に付けるのか、十分理解しておく必要があります。重度の子も含めた人とのかかわりの発達は、本書の「第Ⅱ章　重度・重複障害児の学習を考えるための基礎理論　第3節　対人関係（共同注意）の発達」で説明しています。

　ここでは、表出（動き）が微細で、やりとりが難しい重度の子と、どのようにかかわればよいのか考えてみたいと思います。

（2）　重度・重複障害児とのコミュニケーションは、子どもの行動に応答することからはじめる

　コミュニケーションの成立に問題となるのは、よく学校で見かける、次の行動だと思います。Ⓐ子どもの気持ちを代弁する、Ⓑ子どもの代わりに先生がコミュニケーションをとる、Ⓒ子どもの手を取って、教師が動かすなど（緒方, 2014; 樋口, 2008, 2015; 樋口・三島・児山, 2015）です。

　かかわる相手のこれらの行動の問題点は、「子ども自身の自発的な表出に対して応答したり、やりとりしたりしていない」ことです。しかし、どれも先生は、「重度の子とのコミュニケーションを支援するために行っている」と考えているのだと思います。

　樋口・三島・児山（2015）では、特別支援学校で観察した重度の子とその介助者（先生）の活動を報告しています。そこでは、子どもが行うことをかかわる先生が、代行してしまっているケースが多く挙げられています。子どもをはさんで、先生同士があいさつしている状況もありました。子どもの表出に対し

て応えておらず、子どものコミュニケーションの力を伸ばす状況がつくれていません。

　私は、これらの行動を先生たちが行うのは、健常者同士のコミュニケーション（音声言語のやりとり）をイメージしていて、「はっきりとやりとりしている健常者の姿を想定している」からだと思います。健常児のコミュニケーションの発達は、重度の子の指導を行う際の参考になります。しかし、われわれがすべきことは、健常児のやりとりのかたちに近づけようとすることではありません。健常児がコミュニケーションの力を成長させていく際に、心の内面で起こっていること（人との関係を深めていく過程）を理解しつつ、個々の子どもに合ったコミュニケーションの方法を考えていくことが重要です。

　重度の子の状態は、一人ひとり異なっています。そのため、重度の子とのコミュニケーションは、様々な形が想定されます。重度の子一人ひとりに合わせて、やりとりを工夫することが大切です。

　重度の子のコミュニケーション活動の深まりは、『重度の子が「自分の行動」に応答があることを気づき、自分ができるやり方で応答し、他者と独自のコミュニケーションの方法を見つけていく過程』ともいえるでしょう。

　重度の子のコミュニケーションの力を伸ばすには、どんなに微細な表出であったとしても「子ども自身の行動に応答する」ことが重要です。

　例えば、重度の子に、「指先の微細な動き」が見られたとしましょう。先生は、その子が行っている小さな動きに対して応答するのです。けっして、指の動きを介助して、大きな動きにさせようとか、手を取って他動的に動かしてはいけません。あくまで、重度の子の「自発的な発信」とやりとりしましょう。子どもは、その小さな動きを他者を意識して行っていないかもしれません。しかし、自分が指を動かしたら、誰かが必ず指に触れてくれれば、「自分の動きと指を触れられること」が関係しているのだと意識すると思います。まずは、自分の動きに応答があることに「意識を向ける」事から始める必要があります。

　このように、子ども自身の動きに応答していくと、動きは少しずつ明確になっていきます。多くの場合は、ほんとうに少しずつ明確になっていきます。その小さな成長に応えて支えてあげてください。

　その子の動きが、明確になってきたら、その動きに応答する際にことばを添えて返すなど、先生の応答を「少しだけ拡大」していきましょう。

　この時に一番重要なことは、先生と重度の子の行動が、「やりとりの関係」になるようにかかわることです。やりとりの関係とは、重度の子と先生が、代わ

りばんこに「やり－とり－やり－とり：発信→受容・発信→受容・発信・・・」
とキャッチボールをすることです。表2に、その例をいくつか示します。最初
のうちのやりとりは、初期のかかわりに準じます。発展的かかわりにすぐに取
り組むのではなく、「やりとりの関係」が十分できてからにして下さい。

　重度の子とのコミュニケーションは、Ⓐ重度の子が、自分の行動に応答があ
ることに意識を向ける、Ⓑ重度の子が、先生の「応答に対して応答」し、「やり
とりの関係」になる、Ⓒ重度の子の先生に向けた発信が徐々に明確になる、Ⓓ
先生の応答の仕方が自分のやり方と違うことに気づき、それを模倣しようとす
る、のようなかたちで発展していけるようにしたいものです。

表2　重度・重複障害児と他者とのコミュニケーション例

重度・重複障害児の状態	教師の初期のかかわり	発展的かかわり
①ほとんど身体の動きが見られないが時々指を動かす	子どもが指を動かしたときに、手のひらを優しく触れる（または、手を握る）	触れる際に、ことばも添える。音に対しての行動の変化（表情が変わるなど）がある子どもには、触れるとともに歌いかけを加える。指の動きに対して、話しかけや歌いかけで応える（子どもが動きで表出するのに対してかかわり手は、音声で応答する）
②身体をタッピングする（揺らす）と表情が変わる	表情が変わった後、タッピング（揺らし）を止める。子どもの表情が変化するのを待ち、表情が変わったら再度タッピングする（揺らす）	子どもに、かかわり手がそばにいることを知らせ、子どもの表情の変化を待つ。子どもの表情が変わってから、タッピング（揺らし）をする（教師の揺らしから始まっていたやりとりを、子どもからの発信により開始する活動に発展させる）
③時々、声を発する	子どもが声を出したときには、必ず応答的にかかわる（音声、触れる等、子どもに合った応答）	かかわりを組み合わせて応答する（音声で応えてから、触れる等）
④玩具をそばに置くと手を伸ばす	子どもが玩具を操作するのを待ち、子どもがやめたら、教師が操作する。子どもが再度始めたら、終わるまで待ち、教師が操作する	教師は、初めは子どもの操作の模倣をして、「かわりばんこ」が定着したら、子どもとは違うやり方を示す。子どもの行動の変化を期待する

重度の子とのやりとりは、子どもの様子を慎重に観察して、初めて成立するのです。例えば、重度の子の右手の人差し指にだけ、他者が感じ取れる動きがあったとします。その際、かかわり手が、その子の指が動いたら、手のひらを触ります。かかわり手が触った後、子どもの応答に時間を要する場合もあります。その間、じっと待ち、子どもの動きが出たら、また触れる。こうして「やりとりの関係」を構築します。しかし、このやりとり活動は、子どもとかかわり手との間では、共有されたとしても、他の人には、なかなか理解してもらえません。第Ⅳ章で実践を報告していただいている児山先生が、授業公開をした際「僕と子どもがやっているやりとりは、しっかりみてもらわないと、参観者には何をやっているかわからないと思います」といわれていたことが、思い出されます。

　以上のように、重度の子とのコミュニケーションは、丁寧に彼らと付き合っていくことで成立します。

　また、先生とやりとりをした経験が少なく、自分の表出に対する他者からの応答を意識したことが少ない子もいると思います。例えば、指先の動きがあるのですが、先生に「緊張で動いている」と判断され、手を動かしていても、応答してもらえなかった期間が長かった子などです。やりとりの経験が少ない子は、自分に向けたかかわりに気づくのに、時間がかかります。根気強くやりとりを続ける必要があります。子どもの年齢が高いほど、やりとりの経験なく過ごした時間は長いので、気づきに時間がかかるため、粘り強くかかわっていく必要があります。私はやりとりの関係ができるまで、3ヵ月くらい要した例も経験しています。しかし、一度自分への応答に気づくと、子どもからの表出は必ず増えていきます。

　松田（2002）は、重度の子とかかわり手のやりとりに関して、かかわり手の変化に視点を置き、次のように述べています（理解しやすいように文言は一部変えています）。

　「かかわり手が子どもの理解を深めることにより、かかわり手の子どもへのかかわり方が変化していきます。重度・重複障害児の学習では、子どもの表出を促すかかわり手の行動が非常に重要な要素となります。子どもの変化を検討するだけでなく、子ども理解の深まりに合わせたかかわり手側のかかわり方の変化が重要です。」

　最後に、繰り返しになりますが、手を持って動かす、先生から一方的にかかわるなどは、彼ら自身の表出を育てません。子どもの自発的な表出（動き）とやりとりの関係を築いてください。

❹ 認知の問題

（1）　視覚・聴覚・運動等の問題により、周囲の状況を認識することが難しい状況

　重度の子は、今、自分がどんな環境に置かれ、何ができるのか？何が起こるのか？を知ることが非常に困難です。彼らの困難には次のようなものがあります。

　Ⓐ視覚や聴覚に問題があるため周囲の状況の理解が難しく、Ⓑ運動の問題があるため探索が難しい、Ⓒものを操作した経験が少ないため操作すると状況がどのように変化していくのかつかみにくい。

　子どもの状況により、異なる様々な困難があります。

　先日、報道特集『盲ろう児教育〜可能性を信じて』（TBSテレビ 2017年4月1日放送）という番組で、横浜訓盲学院での教育の様子を視聴しました。

　番組では、盲ろうの子が、自分が持っているビー玉が手を離れても存在することを理解していないことを紹介していました。

　盲ろうの子は、重度の子よりも運動の障害は軽度の場合が多いかもしれません。しかし、視覚障害を有するため、手に持っているものを離すと、ものの存在を確認できなくなってしまうのです。番組で、盲ろうの子は、つかんだものを投げ、再度先生がものを渡しても、繰り返し投げていました。

　この行動は、実はこの子のそれまでの経験を反映しています。簡単に、「視覚に障害を有するので、わからないんだな」と考えてはいけない問題です。先生は、次のような視点からの、深い理解が必要です。この子がこれまで、ⓐ「どのような世界で生活」してきて、ⓑ「障害の状態から、どのような情報を受け取る事ができなかった」のか、そして、その結果、ⓒ「周囲の状況をどのように認識をしているか？」を考えてあげることです。

　この子は、ものを離した後、「それがどうなるか？」想像したこともないかもしれません。盲ろうの状態で生活することで、本来なら受け取る事ができる周囲の状況に気づかずに生活してきたのです。それを十分理解した上で、支援をしてあげなければなりません。

　また、子どもとかかわる中で得た知識を基に、その子が様々な状況で本来なら受け取れるはずの情報を受け取っていないことも考えなければいけません。これは、子どもの理解をする際に、重要な視点ですが、十分検討されてこなかった部分でもあります。

　さて、話を『盲ろう児教育〜可能性を信じて』に戻したいと思います。

　前述のように、盲ろうの子は、視覚の問題があるため、自分の操作していた

玩具等が、一度自分の手を離れると、玩具のある位置等の情報が得られなくなってしまいます。番組に出演していた盲ろうの子は、遊んでいたビー玉を手から離してしまったり、投げてしまったりすると、探そうとしていませんでした。

　そこで、先生は、大きなたらいの中に子どもを座らせ、ビー玉で遊ばせました。たらいは、子どもの周囲を囲み、子どもが手を伸ばせば触れられる大きさです。もし、ビー玉を投げても、自分でとれる範囲内に留まります。そして子どもは徐々に状況を理解して自分でビー玉を手にすることができるようになりました。たらいの中での学習を経験し、盲ろうの子は、ものが手から離れても存在することを理解しました。

　私は、この経験は、盲ろうの子にとって大きな「世界観の変化」をもたらしたと思いました。それまでは、手に持っていたものを離したら、どこかに行ってしまうため、ものとの関係は終了していました。盲ろうの子は、ビー玉を投げてしまってから、先生にもう一度をビー玉を渡すように何度も要求していました。ビー玉は、手から離れたら、何度でも先生からもらえるものと理解していたのだと思います。

　しかし、たらいの中での活動で手から離れたビー玉が、手を伸ばせば触れる範囲に留まるようになりました。この子にとって、周囲の状況は、大きく変わりました。そして、「自分の周囲の状況」に興味を持ち、新しい世界で、探索活動を始めるのです。盲ろうの子の状況と重度の子の状況は、共通した部分がかなりあるといえます。

　ここからは、重度の子の「周囲の状況の認識」の重要性について考えていきたいと思います。

①　重度の子が周囲の状況に意識を向けることの大切さ

　重度の子は、ここまで挙げてきたように、自分の周囲の状況を認識することが困難です。

　健常児ですと、見て、聞いて、注目して、手を伸ばして探索して、ものを操作して自分の周囲の状況を知ろうと、能動的に活動します。しかし、見る・聞く・触るなどの活動による情報収集が難しい重度の子は、能動的に周囲の情報を得ることが困難です。周囲の状況がわからなければ、今、何をすることができ、何を選ぶことができ、また、これから起こることを理解することが、非常に難しくなります。このような状況では、能動的な行動は起こしにくいでしょう。

　重度の子が、周囲の情報収集を積極的に行うようになれば、大きな成長が期待できます。重度の子が、周囲の情報を収集するために必要なことは何なので

しょうか？

②　重度の子が期待感をもって能動的に活動するために

　重度の子が、おもちゃで遊ぶとき、みなさんはどのように遊びを始めさせていますか？私の特別支援学校時代の記憶では、おもちゃは先生が必要であると思ったときに、声かけしたうえで手渡していたことが多かったです（あくまでも、私の経験からの話しです。計画的におもちゃを手渡す時間を決め、重度の子に見通しをもたせるなど、細かい配慮をしている先生もいました）。

　通常、おもちゃは、棚の上や引き戸のある家具の中に整理して収納されていることが多く、使用するときには、その都度、先生が取り出して渡していました。選択させる場面でも、先生がよさそうだと思うおもちゃを複数選び、重度の子の前に提示して選択させていました。同様に、お昼休み等決まった時間に、重度の子がおもちゃで遊ぶ際には、先生が「○○さん、先生が給食を食べるので、これで遊んで待っていてね」などと声をかけて渡していることが多かったと記憶しています。

　重度の子にとっておもちゃは、「先生からもらうもの」「普段はどこにあるのか考えたことはないもの」そのような存在なのではないでしょうか？

　もし、子どもに、「おもちゃは、どこに置いてある」「いつおもちゃで遊べる」という意識があれば、「あそこにあるおもちゃを取りに行こう」「給食食べ終わったから、先生がおもちゃをもってきてくれる。嬉しい」と期待感をもてると思います。しかし、「おもちゃは先生からもらうもの」という受け身の意識である場合が多いのが現状でしょう。

　是非、重度の子自身が、「おもちゃを自分で取って遊ぼう」「昼休みには、○○で遊びたい」と期待して意識できるようにしたいものです。また、そのような意識ができると、認識する力全体を伸ばす原動力が生まれます。それは、「今、目の前にないものをイメージする力」や「先のことをイメージする力」などです。イメージする力をもつことで、生活の質が大きく変わります。

　それでは、おもちゃは先生からもらうものという意識を変えるには何が必要でしょうか？先生側の支援としては、「わかりやすい環境設定をすること」「これから起こることの予告をすること」「様々な環境の関係性（つながり）を教えること」が重要であると考えています。これらを順に考えていきたいと思います。

③　子どもの周囲の環境を固定する

　私が以前担当した子の中に、全身低緊張なためほぼ寝たきりで、視覚からの情報は光覚程度といわれていたTさんがいました。Tさんは、背臥位で横になっ

ているときには、ほとんど自発的動きが見られなかったのですが、姿勢保持椅子に座り、キーボードをテーブルに準備すると、すぐに大きな手の動き（粗大運動）で音を出し始めました。Tさんにとって、この活動は、とても魅力的で、かなり長い間（自由に活動できる状況では、10分以上も音を出し続けていたこともありました）、能動的に続けていました。

　私は、Tさんの担任になりましたが、横になって背臥位で過ごしているときには、能動的に操作をして遊ぶような状況はつくれませんでした。困っているときに、保護者からとても魅力的な情報を得ました。「Tは、家で背臥位でいると自分で寝返りをして、うつぶせになります。そして、親指を動かして、畳をかりかり擦っています」ということでした。

　私は、学校とは異なるTさんの活発な状況に驚きました。そして、「家と同じ環境設定ができたら、Tさんは同じようにするのだろうか？」と考えました。Tさんは、学校ではエアレックスマットの上にバスタオルを敷き、その上で背臥位になっていました。

　まず、家との違いを考えてみました。家では、Ⓐ畳の上に薄い布団を敷いている、Ⓑ布団の上で寝返りを打つと、畳の上に移動するという状況です。それに対し、学校では、ⓐエアレックスマットの上にバスタオルを敷いている、ⓑもし、寝返りを打ってもエアレックスマットの上に移動する、という状況です。

　私は試しに家と同様の環境を準備してみようと思いました。100円ショップで「ござ」を2枚買ってきて、バスタオルの外側に敷いてから背臥位をとらせるように環境を変えました。次に、Tさんに寝返りを誘導し、「周りにござを敷いたからね」と伝え、確認させました。彼は、少しすると家庭でしていたように、寝返りをするようになり、ござを指のつめでカリカリと音を立てて触れるようになりました。

　Tさんは、新しく設定された学校の環境を、すぐに理解したのでした。その後、Tさんは、頻繁に寝返りをして、「ござをカリカリして遊ぶ」ようになりました。

　Tさんのこの行動は、とても嬉しいものでした。これまで、臥位で過ごすときには、横になっているだけでほとんど活動がありませんでしたが、「彼からの自発的な活動」が生まれたのです。

　本書第Ⅳ章実践例の菅先生の事例で、「玩具コーナー」が紹介されています。事例の子は、ゆっくりですが、自力で移動ができました。私もその時活動にかかわっていましたが、菅先生は、いつも「場所を決めて」車いすからその子を降ろしてあげていました。「玩具コーナー」を設置されると、車いすから降りた

その子はすぐに移動して遊ぶようになりました。重度の子にとって、周囲の環境が固定されることの重要性がわかります。

　環境の固定は、子どもの理解の程度に合わせて、計画的に行われるべきです。

　すこし、話は変わりますが、私の勤務する大学の事務職員で、机の上に書類等が山のように積み重なっている人がいます。その人は、われわれが行って、○○の書類が欲しいというと、幾重にも重なった書類の山から、目的のものをすぐに出してくれます。一方、片付けが苦手な私は、はさみやペンなどがすぐに見つからなくなるので、使用後すぐに所定の引き出しに入れることにしています。この２例は極端な例ですが、人それぞれ、周囲の状況についての理解の仕方が違います。その人に合わせた周囲の環境の固定が必要です。

　臥位姿勢をとっている状況での、周りの環境の固定も、その時の状況やその子の状態に合わせて設定する必要があります。

　私が担当したとき高等部１年生だったＡくんの場合、昼休みには、異なる音楽が録音してあるビックマックを身体の左右に設置しました。しばらくすると給食後、すぐに彼は、自分の左右にビックマックがおかれているか探索するようになりました。そして、それぞれに録音されている音楽を聴き、気に入った方を繰り返し聞いていました。

　また、菅先生の事例の「玩具コーナー」はその後、他の子どもの好きなおもちゃも並べて設置され、クラスの子どもたちが集まる場所になりました。朝、登校すると、各自がいつも車いすから降ろしてもらう所定の場所から、「玩具コーナー」に集まってくる様子を想像するだけでも楽しいではありませんか。

　前述のＴさんの話に戻るのですが、Ｔさんには、自分の周囲の環境に関して、もうひとつの学習がありました。

　Ｔさんが、ござをカリカリして遊ぶようになってから１ヶ月くらい経った時のことです。隣のクラスと一緒に学習をする機会がありました。Ｔさんは、隣のクラスに移動し、エアレックスマットの上にバスタオルを敷いて背臥位になっていました。しばらくするとＴさんは、自分のクラスにいるときと同じように、寝返りをして、いつものように「カリカリ」しました。しかし、ござをもって行っていなかったので、カリカリした場所は、エアレックスマットの上でした。カリカリしても音が出ません。それを見た私は「ここは、隣のクラスだから、畳じゃないね！」と声をかけました。

　この場面は、Ｔさんにとって、貴重な学習の機会になったと思います。いつも横になっている自分の教室では、ござが敷いてあるのに、隣のクラスでは敷

いていないことに気づくきっかけになったのです。Ｔさんはこれらの経験を通して、個々の教室によって状況が違うことを知り、自分の周囲の環境の理解をさらに進めました。カリカリ音がするのは、どのようなときか？カリカリ音がしないのは、どのようなときか？Ｔさんは、さらに、周囲の声（聞こえてくれる先生の声・窓の外から聞こえてくる音など）や雰囲気（教室の明るさ・照明の状況・壁の色など）等の環境の違いに着目するようになったと思います。そして、いつも自分が生活する教室と隣の教室とをはっきり意識しているようでした。

　Ｔさんは、自分から移動して確かめることは難しく、視覚からの情報が光覚レベルなのですが、独自の情報収集により、様々な情報を捉えています。周囲の環境から教室を見分ける活動は、Ｔさんの「探索活動」でもあります。Ｔさん独自の環境の把握の仕方です。

　このように一人ひとりの環境の把握の仕方を考えると、もう一歩、子どもの立場に踏み込んで環境設定を考える必要があります。教室も一部屋ずつ個々の子どもの特性を考えて特徴づけられると、いいのでしょう。これについては、前述の「❷視覚の問題とその対応」の項を再度参照ください。

　ここまで述べてきたように、まず、「子どもの周囲の環境を固定する」「子どもの障害の特性に合わせて各活動場面の違いを意識しやすくする」ことにより、子ども自身が環境の把握を能動的に行うようになります。そして、環境を把握できる範囲を広げていくことで、視覚や運動に問題を有していても、個々の子どもなりの探索活動を行えるようになると考えています。

(2)　先の見通し

　横浜Ｋ学院のＮ元学院長先生は、私が一方的に「重度の子とのかかわり方を教えていただいた恩師」と敬っている方です。特別支援学校に勤務していた時に、よく助言に来ていただきました。そのＮ先生は、「重度・重複障害児は、大好きな活動でも、事前に知らずに気がついたら活動を行っているという状況が多い」といわれていました。つまり、担当の先生は、「○○ちゃん、トランポリンで遊ぼうか？」と声をかけたつもりでも、重度の子には伝わっていないことが非常に多く、子ども自身はわからないまま活動が始まってしまうのです。

　例えば、先生が、「○○ちゃん、トランポリンに乗りに行こうね」と声をかけたとします。○○ちゃんは、音声言語が理解できていないかもしれません。すると、急に抱きかかえられて、移動して、気がついたらトランポリンに横になっ

ていたということになります。「ちゃんと声かけして伝えてから連れてきた」と言われる方もいらっしゃいますが、子どもに伝わっていなければ声をかけたことになりません。このように、重度の子の生活は、「気がついたら○○をしていた」という状況が非常に多いことが推測されます。

①　朝の会での予定の伝達

それでは、重度の子に、どうやって先の予定を伝えたらいいのでしょうか？ここではどこの特別支援学校でも行っている朝の会を例に考えていきたいと思います。

特別支援学校では、「朝の会」で、「今日の予定を知らせる活動」を特設して、子どもに先の見通しをもたせているケースが多いのではないでしょうか。私の勤務していた学校でも行われていました。

その時の活動は、概ね次の通りでした。

今日の予定を先生が音声言語でいいながら、

1　あさのかい

2　べんきょう

3　きゅうしょく

などと書かれたカードを、子どもに見えるようにホワイトボードなどに貼っていく。貼った後、司会の子どもについている先生が、「2。べんきょう。今日は、音楽なので、ミュージックベルを使って、○○の曲を弾きます」などと、順番に音声で説明していく。そのような活動が行われていました。

この活動で検討していかなければならないことを挙げます。Ⓐ朝の会に参加している子は、まず、音声（ことば）で、伝えている内容が理解できるのでしょうか？Ⓑ音声（ことば）による伝達で、活動の名前はわかっていた場合でも、先生の活動内容の説明がわかっているのでしょうか？Ⓒ一日の流れを全て伝えられたとして、それを流れを覚えられるのでしょうか？

予定についての理解は、子どもの状況の理解の程度や、ことばの理解の状況により異なります。一斉に指導するには限度があります。朝の会の「先の見通し」についての学習は、個々の子どもの状態に合わせて行った方がよさそうです。朝の会については、第Ⅳ章の実践例で、堀内先生が詳しく論じていらっしゃいます。詳細や具体的な活動上の配慮等は、そちらを参照ください。

私がここで伝えたいことは、朝の会で、1日の流れを伝える際、全ての子どもが同じ方法ではいけないということです。場合によっては、朝の予定の確認は朝の会で行わず、子どもの状態に合わせて、分かれて小集団で行う、個別で行

うなどの変更が必要かもしれません。

　例えば、その子の理解の程度に応じて、先の予定の伝え方を変えていく場合、次のような、状況に応じた学習内容の選定が必要になってきます。

　㋐知的発達の遅れが重度な場合：朝の会では、その日のメインの活動のみを知らせるのがよいでしょう。そして知らせる際に、その活動で使用する教材を見たり、触ったり、操作したりできるようにします。活動の際流す曲も聴かせましょう。

　㋑1日の活動の「流れ」が理解できる場合：各活動で使用する教材を示しながら、流す曲を聴きます。そして、説明後、長テーブルに教材を並べておきましょう。そして、その活動を行う際に、長テーブルにおいた教材を確認させ、子どもにそれを持たせて活動場所に移動しましょう。

　㋒音声言語で伝えられた活動を理解し、文字で表示された時間割の流れを把握できる場合：文字で時間割を示し、私の勤務していた学校のように一般的に知的障害特別支援学校で行われているような朝の会をしましょう。

　朝の会で行われている、先の見通しを確認する活動は、非常に大切なものです。そのため、子どもの状態に合わせ、子どもが理解できる方法で行うことが重要です。クラス内の子どもの理解の程度にばらつきがある場合、子ども、一人ひとりが理解できるやり方で行う必要があります。「時間割の確認は、朝の会のメインの活動である」など、固定された意識にとらわれず、子どもの全員が、一人ひとりの状態に合わせた理解ができるように計画することが重要です。

　②　学習活動における先の見通しをどうやって教えるか？

　重度の子の場合、直後に起こることがわかることが、最初の目標となるでしょう。これは様々な方法が考えられます。

　Ⓐ抱きかかえる際に、「だっこするよ！」といいながら脇に手を添えて、構えを促してから、抱きかかえる、Ⓑこれから行うことの「最初の動きを丁寧に示す」、これらはよく行われる方法です。特にⒷは、活動のはじめの動作が具体的にわかるので、非常にわかりやすいと思います。

　これから行う活動で使用するものを提示するのも、わかりやすい方法です。Ｎ元院長先生から伺った方法で、なるほどと思ったもので、大きな遊具では、その一部をもってきて使用するというものがあります（図１）。例えば、ボール遊びをするならば、ボールを提示すればよいのですが、トランポリンを使った活動をしに行くのに、トランポリンを持ってきて提示するのは不可能です。そこで、トランポリンのゴムを、予告のサインに使うという方法が考えられます。

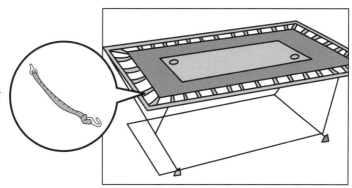

トランポリン
トランポリンの一部
あるゴムで活動を予告

ゴムをもって移動

シーツブランコ
ミニチュアのシーツブランコ

慣れてきたらさらに小さくして、
小型版（シンボル）へ

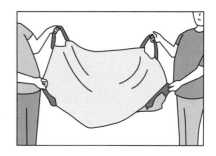

図1　予告のためのシンボルの設定

（国立特別支援教育総合研究所（2008）を参考に作成）

一番よいのは、トランポリンに取り付けてあるゴムを外すところを子どもに見せて、それを子どもと一緒に教室まで持ってくるのです。そして、次回からゴムを見せ、ゴムを持たせてトランポリンの前に行き、子どもの目の前で、ゴムをトランポリンに取り付けてから、遊ぶとよいでしょう。ゴムがトランポリンの「シンボル」だとしっかり理解できるまでは、これを繰り返すことが重要です。

　トランポリンの一部であるゴムを予告に使うのと同様に、遊具の一部や活動で使用するものの一部を予告として使うことは非常に効果的です。もし、遊具の一部が取り外せない場合は、同じ材質で「ミニチュア版」をつくるのもよいでしょう。図1にはシーツブランコの例があります。同様に、パラバルーンが好きならば、同じ材質の布でミニチュアをつくったらどうでしょうか？

　いずれも、すぐにシンボル（図1では、シーツブランコの小型版）に移行するのではなく、徐々に子どもの理解を確認して進めることが大切です。急にシンボルを提示されても、重度の子には理解しにくいです。実物から始め、実物の特徴を示す部分を残して小さくしていき、子どもにミニチュアやシンボルが、遊具を示しているという関係性を理解させることが重要です。場合によっては、

47

実物や実物の一部を使い続けることも考えてください。子どもにとっての予告になっていなければ本末転倒になります。

　さて、ミニチュア版やシンボルを理解すると、重度の子にとって非常に都合がよい状況を作ることができます。これから行う活動を、重度の子が自分で選択しやすくなることです。

　ミニチュア版やシンボルは、実物よりも小さいので、重度の子の前に並べて提示することが容易です。次の活動を決める際に並べて設置し、重度の子に選ばせるのです。予告した上で、活動場所に移動できれば、期待感が高まりますが、自分で選択しての活動は、さらに重度の子の能動性・主体性を高めるでしょう。

　ぜひ、予告について深く考えて対応してあげてください。ここまでお話しした視点で考えるといくつも方法が思い浮かびます。

　例えばプールでしたら、プールで使用する浮き輪を教室から持って、プールへ移動するなど、活動で使用するものをシンボルにするとともに、音楽を活用することも有効です。私は、プールでの活動がある日はプールのテーマソングを朝から教室に流していました。そして、プールに入るときも同じ曲を聞きながら活動を行っていました。

(3)　状況と状況の関連

　ここまでは、重度の子が「これから起こることを知り、さらに、自分で次に行うことを選ぶ」ことについて述べてきました。さらに、一歩すすめて重度の子が環境についての理解を深められる工夫を考えることが重要です。

①　同じ場所が「違う環境に変わる」ことがあることを理解する

　特別支援学校では、教室不足に悩まされている学校も多いと思います。そのため、学校のホールや体育館では、普段は遊具等が片付けられていて、学習をする際に準備をすることが多いと思います。例えば、エアートランポリンなどは、普段は、子どもたちに見えないところにたたんで収納されており、活動で使用する際にセットします。そして、多くの場合、子どもたちが自分の教室で他の活動をしているときに、一部の先生が活動を抜け出して、急いで準備することが多いでしょう。

　これについて、重度の子の視点で考えてみましょう。彼らの中には、これまで準備する手続きを見たことがないため、「普段の遊具が準備されていないホール」と「エアートランポリン」が準備されたホールが、同じ部屋だと思っていない子どももいる可能性もあります。エアートランポリンの部屋が、ホールと

は別に存在すると思っている子どももいるかもしれません。活動の準備を子どもたちに見せる（できる子には、準備を手伝わせる）ことは、彼らの環境の把握の学習として非常に重要です。風景が変わっても同じ部屋であることを理解できるように支援して下さい。

②　活動の準備を見ることの重要性

　同様に考えると、重度の子は、様々な体験をせず（見ず？）に過ごしてしまっている状況が推測されます。登校後に摂る水分の準備、家から持ってきた様々なもの（連絡帳・給食セットなど）を自分のカバンから出す作業、自分が学習の時に使う教材の準備…これらの活動が、先生によって、子どもの見ていないところで行われています。私自身も、学校に勤めているときに、手の空いた同僚が準備をしてくれて、非常にありがたかったことを覚えています。おかげで、子ども達が、授業で活動できる時間をより多く確保できたと思っていました。

　しかし、子どもの学習という視点で考えると、子どもたちは大変貴重な学習の機会を逸していると考えられます。例えば、ホールの棚に収納されていた、エアートランポリンを先生達が準備しているところを見ることは、生活の流れの中での活動なので、机の上で行う教材を使った認知に関する活動よりも認知発達を促します。目の前でホールの様子が変わっていく所を見ることで、手続きを知り、先の見通しを知り、同じ棚に片付けられる関連部品を見て分類の力がつきます。また普段のホールを見て、トランポリンの活動を思い出すこともあるでしょう。このようにイメージ化する力などの認知能力の促進が図られます。

　これらを考えると、準備する過程を共にしたり、見たりする活動は、認知や環境の把握等の学習の要素に満ちているともいえるでしょう。同様に、水分補給の準備・片付け、持参したカバンの中のものを出すなど、子どもが見ていないところで先生がしていた活動についてもやり方を再考することを提案します。

③　先生にやってもらっていた活動の一部に参加する

　ここまで述べてきたように、重度の子は身体の不自由があるため、自分で準備したり片付けたりする経験が少なく、本来なら幼児が体験して「認知能力」を促進する活動を経験していないことがたくさんあります。ここまでは、重度の子が準備する活動を見ることの大事さについて述べました。そして、自分自身で能動的に参加すると、自分が行うことが子どもの能動性をさらに引き出します。

　そこで、重度の子が、それまで先生にやってもらっていた日常の活動の一部

に参加できるようにするという視点も大切です。それには、具体的にどのようなやり方があるのでしょうか?

　私が、実践してきた一部をご紹介いたします。Ⓐおむつを交換する前に、おむつを収納場所から「子どもに取らせて」からおむつを替えるスペースに行く、Ⓑおむつを替える前に、ウェットティッシュは途中まで出して「子どもに引き出させて」から、それを私が受け取って、おしりを拭いてあげる、Ⓒ車いすから降りる際は、テーブルを止めているベルトを外し、テーブルを少し引き出して待ち、「テーブルを子どもに押し出させる」、Ⓓ車いすを降りる時に、体幹を留めているベルトを私が少しだけ剥がし、「子どもにベルクロを外させる」、Ⓔ車いすから降ろすときも、子どもからの「手を伸ばす合図」を待ち、抱きかかえるなどです。活動の一部を子どもに担当させることで、子どもの自発的な行動を促進させます。何度か行うと、子ども自身が自発的に行うようになり、自分の活動する場面を嬉々として待つようになります。

④　生活文脈の中で自分の役割をもつ

　次に、あるひとつのケースを、詳しく取り上げたいと思います。

　重度の子が、毎日必ず行う活動に朝の水分補給があります。この水分補給の手続きは、肢体不自由特別支援学校独特のもので、他の特別支援学校で行われるものよりも、手続きが複雑です。水分補給を行うまでに、様々な準備が必要なので、とても時間がかかるものです。重度の子(Sさん)に、白湯を飲ませる際の手続きについて考えてみましょう。

　Sさんが持参したカバンから白湯を飲むためのセット(白湯セット:白湯を入れた水筒、とろみ剤、スプーン、マドラー、タオルなど)を鞄から、先生が出します。私は登校してしばらく子どもを休ませている間に、全て準備していました。つまり、白湯の分量を量り、とろみ剤を入れてマドラーでかき混ぜ…姿勢保持いすの前に設置した台の上にならべる。これを大急ぎで行っていたのです。他の先生の手がたまたま空いていて、準備を代わりにしてくれていることもあり、その時は「非常に助かるなぁ!」「ありがとう」と思っていました。

　しかし私はこれらの準備について、「①同じ場所が『違う環境に変わる』ことがあることを理解する(P48)」と同じように考えてみました。この子(Sさん)にとって、白湯は、どういう存在だろう?もしかしたら、魔法のように準備されてセットで出てくる存在なんじゃないだろうか?白湯のセットや飲むという行為は、Sさんにどのように認識されているのだろうか?これらの工程を全部見せて、可能ならこの工程に参加できたら、この子の世界が飛躍的に広がるので

はないか。

　そこで、私は、学校での手続きを次のように変更しました（元々、カバンから持参した道具を出したり、入れたりすることは、Ｓさんと一緒にやっていました）。変更した手続きを列挙します（すべての工程をＳさんの目の前で行い、声かけして確認しながら行います）。Ⓐ姿勢保持いすに座らせ、小さな袋に入っていた白湯セットを取り出すところを見せる、Ⓑ水筒から容器に白湯を移し、とろみ剤を入れるところを見せ、マドラーでかき混ぜる、Ⓒ白湯を飲ませる（Ｓさんは、全介助です）、Ⓓ飲み終わったら、姿勢保持いすを流しの前に移動し、流しの様子がよく見える位置にセッティングする、Ⓔ声をかけながら、水道で容器等を洗う、Ⓕ姿勢保持いすの左側にゴミ箱を置く、Ⓖペーパータオルを使い、洗った容器等を拭く、Ⓗ拭き終わったペーパータオルを姿勢保持いすのテーブルの左端に置き、Ｓさんの動きを待つ→Ｓさんがペーパータオルをつかんで、ゴミ箱に落とす、Ⓘ容器、スプーン等を麦茶セットの袋にＳさんの目の前で入れる、Ⓙカバンの中に白湯セットをＳさんと一緒に入れる。以上が全工程です。

　Ⓗが、Ｓさんに参加してもらった活動です。

　この時期Ｓさんは、ちょうど、自立活動の時間における指導で、ビービー弾をつかんで金属容器に入れて音を楽しむ活動をしていました。授業では「掴んで離して！」と声かけしながら活動していました。Ｓさんは、積極的に取り組んでいました。しかし、この活動は、音という単調な応答だったので、繰り返すと飽きてしまう可能性が大でした。

　赤ちゃんは、ある行動に対して、応答が決まっている活動であると、３回やると飽きるといわれています（野村, 1980）。しかし、日常生活のルーチンである活動では、必然性があるため、飽きることはないでしょう。Ｓさんが、自立活動の時間における指導で身に付けた行動を、実際の生活場面で活用して欲しいと考えました。

　ペーパータオルは、彼の手で掴むのにちょうどよい大きさで、軽いので最適でした。開始して２日目からは、Ｓさんは私が容器を拭いていると手を動かして待つようになりました。容器、スプーン、マドラーなど、拭くものが多いので、１回の工程で何度も紙を「掴んで離して！」する機会があるので、やりがいもあったと思います。繰り返すうちに、「掴んで離す」活動は、みるみる上達し、ゴミ箱に向かって正確に落とせるようになりました。必然性がある活動であり、且つ、自分の上達がわかる（ゴミ箱に入ったか？うまく入らなかったか？）活動だったので、なおさら一生懸命取り組んでいました。

しばらくするとＳさんはすべての工程を理解して、参加できる活動に対し自分から積極的に手をのばして参加するようになりました。例えば、マドラーでとろみ剤が入った水をかき混ぜる活動も一緒に行うようになりました。十分マドラーを握ることは、難しかったのですが、私が支えて、Ｓさんの動きに合わせてマドラーが動くような支援をすると、積極的に手を動かしていました。このように子どもにすべての工程を見せると流れがわかり、自分から参加する動作が増えてきます。

　さて、特別支援学校の教員時代、子どもが日常の活動に参加する視点で、毎年年度の始めに私が行っていたことがあります。

　新しく担当した子どもに対して「1日の活動の中で、その子が自分の動きで参加できる活動は何か？」評価を行いました。するとほとんどの子は、いろいろな場面で、参加できるのに「先生が行っていること」がたくさんありました。そのうち、主となる活動を表3に示します。

表3　1日の活動の中で自分の動きでできる活動例

	活動場面	活動の候補
①	通学バス	・カーシートのベルトを緩めてもらうために手を上げる ・カーシートのテーブルを押して外す ・カーシートのベルトを持たせてもらい、自分でベルクロをはがす ・抱きかかえてもらおうと両手をあげる
②	車いすに乗る	・ベルトを締める ・途中までセットしてもらったテーブルをつかんで引く
③	車いすを降りる	・途中まで外してもらったテーブルを押して外す ・ベルトを持たせてもらい、自分でベルクロをはがす ・抱きかかえてもらおうと両手をあげる
④	教室に入る	・自分の教室の前に来たら、合図をする ・扉のノブ（横にスライドするドアの場合）に手をかけてもらい、自分で開ける（入ったら閉める）
⑤	鞄から持ち物を出す	・鞄のファスナーを開ける（手をかけやすいように、リングやひも等をつけておく） ・先生と確認しながら、持ち物を出す
⑥	検温	・体温計・パルスオキシメーター等を先生に渡す
⑦	おむつ換え	・おむつ換えスペースへの移動前におむつを所定の場所からとる ・お尻ふきのケースから少しウエットティッシュを出してもらい、取り出す
⑧	玩具	・子どもの手の届く範囲に、収納場所を準備し、子どもが選択してとる ・教室の一部に、子どもが集まって玩具に触れられる場所を設定し、移動できる子どもは、自分で移動して遊ぶ

　表３のように、子どもの状態に合わせて自分の動きでできる活動を探していくと、子どもが主体的にかかわれる活動は多いのです。子どもの状態によっては、ひとりで全部できなくても、先生が支援しながら行うとよいでしょう。時間はかかっても、必ず子どもの行動を待ち、子どもから行動に参加する状況をつくってください。

　実は、重度の子が日常の活動を行うことを難しくしているのは、時間割です。特別支援学校では、ADL（日常生活動作）等には最低限の時間設定をして、授業時間の確保をしています。よって、様々な活動の合間の時間は非常に少なく、余裕がありません。例えば、子どもが給食を摂った後、先生の給食を摂る時間は10分ほどで、子どものおむつ換えと連絡帳記入を20分程度で済ませなければならない状況の学校もあるでしょう。私自身も給食を摂る時間が確保できない日も多くありました。また、連絡帳を書く時間を確保できず、午後の授業時間に書いている先生は、たくさんいました。これでは、本末転倒ですね。

　誤解されることを恐れずに記述しますが、先生が意図的に活動の準備をして行う「授業」よりも、日常の活動の中で、文脈があり必然性がある活動を行う方が、子どもにとって、価値がある場合も非常に多いのです。ぜひ、時間割等を重度の子のペースでできるように配慮して組んでいただけたらと思います。

　最後に、日常の活動の中で、子どもが役割を持つことについてまとめます。

　毎日の日常の活動を子どもが自分の力で行うことは、様々な観点から有効であると考えられます。それは、Ⓐその場面での必然性のある活動なので、子どもの能動的な行動を引き出す、Ⓑ毎日短時間でも行う活動は、日にちをあけて長時間行う活動よりも習得しやすく定着がよい、Ⓒ子ども自身が担当する活動を少しずつ増やすことで、無理なく活動の質を高めていくことができる。などが理由です。

　重度の子たちの状態に合わせて環境を整えた上で、生活と密着した活動を実践していただきたいと思います。

⑤　場所と場所の関連性を理解（例えば、家と学校との関連等）すること

　子どもたちは、家、学校、放課後支援施設、療育センターなど、様々な場所で過ごします。これらの場所同士が、「子どもたちにとって意味のある関連づけ」ができれば、彼らの生活の質が大きく高まります。

　これらの、場所と場所との関連性について述べます。

　先ほどの逸話で出てきた、Ｓさんの白湯のセットですが、家で保護者が準備し

て、学校で使用し、学校で簡単に洗った後家に持ち帰り、再度家で洗浄してもらっています。Sさんは、家で保護者に準備してもらった白湯を学校で飲んでいることを関連づけて理解しているのでしょうか？もし、家で保護者が行っている白湯のセットの準備を見ず、学校で使った白湯のセットが下校後、家で洗われて片付けられるところを見ていなかったら、毎日、学校で飲んでいる白湯は、保護者が家で準備してくれている白湯なのだと結びついているのでしょうか？

　私はこれを疑問に思いました。

　そして、保護者に家での白湯の準備と片付けの様子をSさんに見せてもらうようにお願いしました。保護者はすぐに承諾してくれ、姿勢保持いすに座らせて、よく見える状況で作業をしてくださいました。

　学校に来る前に、工程をよく見せながら「先生と一緒に飲む白湯を準備するね！」と言ってもらいながら準備してもらい、下校後は「今日学校は楽しかった？先生と使った白湯のセット洗うね！」と片付けを見せてもらう。これらを通して、家にいる時にSさんが学校での活動をイメージできるとよいと思いました。

　しばらく続けてもらうと、保護者が「この白湯、先生と飲むんだよね」と声をかけると、Sさんは声をあげて笑うようになったそうです。Sさんの頭の中で、家と学校の関係性が成立したのでしょう。

　ここまで、重度の子の認知の問題について述べてきました。いずれも私自身が、重度の子の生活の中での体験や学習について、共感的に理解しようと努めた結果思いついたことです。是非、認知の視点で、重度の子の生活を考えてあげてください。

第Ⅱ章 重度・重複障害児の学習を
考えるための基礎理論

第1節　発達の捉え方（文化心理学的視点）

　現在、書店に行くと特別支援教育関連の図書は、多数あります。コーナーが設けられ、そこに置かれた書籍には、多様な障害種に対する様々な観点からの指導方法について記述されています。その中でも、学校の先生方に好まれるのは、「すぐに授業に役立てられる内容」、いわゆる『ハウツー本』ではないでしょうか。ハウツー本は、先生の入門期に大変効力を発揮して、使い方によっては有効に利用できる場合が多いのも事実です。そして、「すべての子どもに、同じ方法で指導すれば、成長する」のであれば、「ハウツー」の書かれた実用的な参考書は役立ちます。しかし、子どもは一人ひとり違います。好む学習方法、好む相手、活動の際のやり方が違い、理解の仕方は個々により違います。

　ハウツー本は、標準的な教育方法が書かれた参考書として捉えて、あくまで参考として使うのならよいのですが、「このやり方で事例が書かれていて、子どもが成長したと報告されているから、うちのクラスでもやってみよう」というのでは、子どもが能動的に活動できる状況をつくれません。特に重度の子は、個々の子どもの違いが大きいことが特徴です。Ⓐある子どもで効果があったやり方が役立たない、Ⓑ同じ子どもでも、場面が違うと活動できない、Ⓒかかわっている支援者が替わったら、とたんに活動できなくなることが先行研究で明らかになっています。重度の子の学習は、基本的に個々の子どもに合わせて内容を考えていくことになります。また、「評価を行って計画を作成しても、計画通りに行かないことが多く、『子どもとのやりとりの状況』や『子どもの活動の状況』に合わせて計画を修正していくこと」が必須です（松田，2002）。通常の学級においても、指導案に書かれていることは、授業の状況に合わせて変更しますが、重度の子の学習では、子どもの応答に合わせて内容を刻々と修正していくことが必要です。そのため先生は、「子どもを理解するための基本的な知識」をもち、「子ども一人ひとりの状態に合わせてかかわり方を検討」して、「子どもとやりとり」をしながら学習を考えていくことが重要です。

　私は、前述の基本的な知識とは、心理学の知識、障害についての知識、発達支援方法等の知識だと考えます。

　ここでは、私が重要であると考える「重度の子とかかわる方が知っておいて欲しい知識」を紹介していきます。

❶　文化心理学的視点からの新しい発達観

　教育委員会での講演や特別支援学校の研究会にお招きいただき特別支援学校を訪問することがよくあります。その際、各学校で作成した「発達段階表」を見せていただくことが多いです。

　先日伺ったある特別支援学校の研究会では、午前中は授業を見てコメント、午後は授業研究会を行う、最後に講演会で研究に関する理論的な内容や研究の助言をする、という流れでした。授業にはいろいろな工夫があり、よいかかわりがたくさんありました。その学校に行くのは初めてで、訪問前に教育課程を見せてほしいとお願いしました。すると、教育課程の一部として発達段階表が用意されており、事前に発達段階に関する3冊のファイルが送られてきました。どれも、100ページくらいはある大作でした。3冊とも、評価のための表と活動内容の表が記述されていました。子どもの発達の状況を表に合わせて評価し、評価結果を基に、活動の内容表から活動を選択して、授業計画を立てるというものです。冊子は、自立活動の区分と項目に合わせた評価表と活動内容の段階表、ピアジェの発達段階に合わせた評価表と活動内容表等からなる物でした。発達の段階に合わせてたくさんの活動の例とその時の指導のポイントが書かれています。私は、これらの冊子は、授業内容を考える際の参考として利用する場合は、かなりの示唆を与えてくれると思いました。そして、それらを作成した先生方の努力に敬意を表します。

　しかし、授業研究会でのある先生の「もっと、活動内容表を覚えて、段階に合わせた活動を考えたい」という発言が気になりました。活動内容表（教育課程）が「大いに活用されているなあ」と思いつつも、「冊子の内容は、参考であり、個々の子どもに合わせて指導計画を立ててくれればいいのになあ」と考えました。

　発達段階表は、書籍でも出版されていて、非常に人気が高いようです。多くの発達段階表は、ジャン・ピアジェ（ピアジェ・イネルデ, 1966）の発達段階を基につくられていると思います（もちろん、他の研究を基にしているものもあります）。ピアジェの発達段階は、特別支援教育分野で広く活用されています。

　ピアジェは、人の認知が、Ⓐ感覚運動期、Ⓑ前操作期、Ⓒ具体的操作期、Ⓓ

形式的操作期、と４段階に変化するとしました。この内容を表４にまとめてみます（非常に簡略化していますので、詳しく知りたい方は、是非、引用文献などを読んでみてください）。

表４　ピアジェの発達段階

発達段階	年　齢	特　徴
Ⓐ感覚運動期	0歳から2歳	身体活動をすること自体が知的活動
Ⓑ前操作期	2歳から7歳	身体活動から思考活動へ。頭の中でイメージ：表象形成（思い浮かべる）。象徴（シンボル）活動、直感的思考
Ⓒ具体的操作期	7歳から11、12歳	事物そのものを使った思考活動（自分の手で動かせる具体的なもの）。可逆性を獲得した論理的思考
Ⓓ形式的操作期	11、12歳以降	仮説による演繹的思考活動

（ピアジェ・イネルデ（1966）を参考に作成）

　これら（表４）は、徐々に高次化していく思考や認知の発達の段階です。

　そして、思考が表象化される過程を示しているともいえます。「表象」とは、世界を心の中に置き換える働きのことです。つまり、実際にある事柄や事象を頭の中で考え、思考することともいえます。これが、より高次になると、目の前にないものや実際に見たり扱ったことがないことも、頭の中で考え、思考できるようになります。

　ピアジェは、子どもの考える力（思考）が高まっていく様子を「認知の発達」として説明したのです。これまで特別支援教育では、ピアジェの発達段階の影響を大きく受けて、子どもの評価や指導内容の検討が行われてきました。

　ピアジェの発達段階の基本的考えでは、Ⓐ〜Ⓓの段階（表４）それぞれに属する子どもは、概ね同様の行動を示し、全般的な知的能力に関してその段階の特徴を示す。ある段階から次の段階に移るときに、大きく行動が変化（成長）する。そして、すべての子どもはこの過程をたどり、発達の速度は一人ひとり違うけれど、同じ順番で発達していくというものです。

　ピアジェの考え方に基づく、健常児の発達の仕方を参考に、重度の子の授業内容を検討してきたケースは、非常に多いと思います。私自身も教員時代には、いつもピアジェの発達段階を参考に、指導内容を考えてきました。

　しかし、ピアジェの発達理論について、多くの疑問が挙げられるようになってきました。大きく分けると次の２点が挙げられます。ⓐ子どもの発達のレベ

ルは、知識の領域ごとに異なっていること、ⓑ発達は環境の影響を強く受け、その環境で使う力が伸びること、です。

　この２点を詳しく説明していきます。

❷　子どもの発達のレベルは、知識の領域ごとに異なっていること

　ピアジェの発達段階によると、ある発達段階に属する子どもは、ほぼ全ての知的領域でその段階の特徴を示します。そして、その段階のことがおおよそできるようになると、子どもの基本的な力が、次の段階に移行していくとしています。

　ピアジェの発達段階を基に子どもの発達を考えると、「子どもの発達の順序は決まっている」「子どもの発達の方向性は、概ね決まっている」ということになります。

　しかし、発達はさまざまな知識の個別の領域ごとに成立していることがわかってきています。例えば、「ある子どもは数についてはかなり理解が進んでいるけれど、社会科の理解は進んでいない」「ある子はことばの発達が早いけれど、まだ時計が読めない」ということが起こります。

　実際に、特別支援学校で子どもの指導を行っている先生は、「確かにそうだ」という実感を持っていらっしゃると思います。では、なぜある段階に属する子はその段階の特徴を示すと考えられてきたのでしょうか？そして、それが当たり前のことと信じられてきたのでしょうか？それを意識しながら次の項を記述していきます。

❸　発達は、環境の影響を強く受けること

　これまで、子どもは、全員が同じ認知の発達過程をたどると考えられてきました。発達心理学の研究も、育った環境や成長してきた過程はあまり考慮せず、個人の認識の変容を検討してきました。しかし、個人の認識や行動を理解するには、その人が生活する環境やその社会の考え方などを考慮しなければ不可能である（田島, 2000）という捉え方が広まってきています。心理学の様々な領域で、「認識・行動の理解には、文化的影響（その子の生活している環境）のあり方が必須（田島, 2003)」なのです。

　そして、ピアジェの発達段階に対する様々な疑問が明らかになってきました。

　ピアジェの「発達段階」では、段階ごとにどの子どもも同様にその段階特有の特徴を示し、その段階の終盤に行動の質が大きく変わり、次の段階に移行し

ていくとしました。特に感覚運動期（0〜2歳前まで）では、頭の中で物事をイメージすることが難しかった子どもが、2歳くらいになると言語を使用できるようになり、今ここにないものを頭でイメージできるようになります。そのときの変化を、ピアジェは「コペルニクス的転換（天動説から地動説に変わったくらいの大きな変化）」と説明しました。

しかし、「発達段階の区切りでは、大きな変化が起こる」と説明していますが、実際の子どもの変化は、区切りというほど大きくなく、マイルドであることがわかってきています。

また、ピアジェが発達段階だと考えていた大きな変化は、子どもの大きな生活環境の変化が与えた影響によるものであると考えられています。つまり、家で生活していた子どもが、保育園・幼稚園から小学校、中学校と大きく生活環境が変わるときに「大きな変化」が起こるということです。

その証拠にピアジェの段階は、Ⓐ感覚運動期：家庭教育、Ⓑ前操作期：保育園・幼稚園教育、Ⓒ具体的操作期：小学校教育、Ⓓ形式的操作期：中学校以降の教育と変化の時期が、西洋文明の学校制とピタリとあてはまっています。

ここまで話したことから、次のことがいえると思います。これまでの発達研究の対象となった子どもが、幼稚園や保育園、学校に通う子どもだったために「子どもの発達の順序は決まっている」「子どもの発達の方向性は概ね決まっている」といわれるような変化をみせてきたのです。

私たちは、これまでもってきた子どもの発達観を変えていく必要に迫られています。

④ 発達段階から潜在能力の発揮へ

我々が当たり前に「健常児は、だいたい○○ヶ月頃に□□の行動をとるようになる」と信じてきた事象の正当性が崩れてきています。

ピアジェは、9ヶ月頃の乳幼児は、「ものの永続性」を理解ができるようになると示しました。「ものの永続性」とは、物陰に隠れていて目に見えなくとも、ものは存在するということを理解する能力です。

ピアジェは、次のような例を示しました。

乳幼児の目の前におもちゃを置き、ハンカチで覆います。乳幼児の行動を観察していると、8ヶ月以前は、ハンカチをどけておもちゃを探さないけれど、9〜10ヶ月になるとハンカチをどけておもちゃをとるようになるというのです。

この理由をピアジェは、「ものの永続性の理解」が成立したと説明しています。

　8ヶ月以前の子どもは、頭の中にもののイメージを保持できないため、ハンカチで覆われて見えなくなった途端、ものがなくなったと考えてしまう。それに対し、頭の中でイメージ化する力がついた9ヶ月以降の子どもは、おもちゃが見えなくなってもハンカチの陰におもちゃが隠れていることを理解できるようになる。そのため、ハンカチをどけて「おもちゃ」を取り出すようになるというのです。

　ピアジェは、発達段階の第1段階を、Ⓐ感覚運動期と名付けました（表4）。この時期の子どもは、頭の中でイメージする力が育っていないので、行動すること自体で思考すると説明します。

　行動による思考でピアジェが挙げた例では、手が届かない場所にあるものを取るときに、そばにある棒を使って、ものを自分の近くに寄せる行動が挙げられます。欲しいものを取るときに、「棒をもつ＋引き寄せる」という2つの行動を組み合わせています。「2つの行動を組み合わせる＝行動しながら考えている」と捉えるわけです。そして、1歳前になると、徐々に、行動するだけでなく頭の中でイメージして考えられるようになってくるわけです。その第1歩が「ものの永続性」です。

　しかし、その後の発達心理学領域での研究で、様々な新しい報告がありました。よく挙げられるものに、5ヶ月の乳幼児に計算能力が出現すること（Wynn, 1992）、4、5ヶ月の乳幼児が物体は支えがないと落下することを理解していること（Needhan & Baillargeon, 1993）などがあります。

　Wynn（1992）は、人形を使って乳児の数理解について検討しました。その実験は、次のように行われました。図2はその様子です。

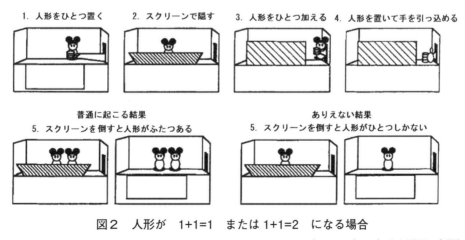

図2　人形が　1+1=1　または 1+1=2　になる場合

（Wynn（1992）から引用・意訳）

この実験は、ついたてを用意して、乳児にその陰に人形を移動させるのを見せ、ついたてを外したときに、ついたての陰に、人形が何体あるか確認させるというものです。

　まず、1つの人形が置かれているのを見せた後スクリーンで隠します。次に、大人が人形を1つもって、スクリーンの陰に移動させます。もちろん、人形を置いて手を引っ込めるので、スクリーンの陰に人形は2つあるはずです。その後、ついたて倒して見せるのですが、2つの異なった結果を乳児に提示します。

　ひとつは、「普通に起こる結果」です。もともと、1つ人形が置かれたところに、もう1つを加えたのですから人形は、2つあります。乳児は、特に変わった様子を見せません。これを何度か繰り返した後、もうひとつの「ありえない結果」を乳児に示します。つまり、ひとつの人形に、もうひとつ人形を加えたのに、ついたてを倒すと1つしか人形がありません。すると、5ヶ月の乳児が、人形の数が違うことに驚きました。

　この研究は、乳児に足し算ができるか検討したものです。5ヶ月の乳児が、少ない数の足し算ができることに驚かされます。また、ついたてで隠された状態で行われた実験なので、ピアジェのいう「ものの永続性の理解」にも関係します。ついたてで隠された裏側で、ものが存在していることを理解しなければできない問題です。

　5ヶ月の乳児は、ついたての裏にものが存在することを理解するだけではなく、少ない数の足し算を理解しています。この研究の結果から、ものの永続性の理解は、9ヶ月以降にできるようになるのではなく、そのかなり以前からできているということがいえるでしょう。そして、5ヶ月の乳児は、自分で物を操作した経験は、ほとんどないのに、これらの能力を有していることに注目したいと思います。

　もうひとつ、乳児の能力を明らかにした、有名な実験をとりあげます。

　Needhan & Baillargeon（1993）は、乳児の物理法則の理解について検討しています（図3）。

　この研究では、まず、図3の「あり得る状況」のように、乳児に箱の上にしま模様の箱を置く様子を見せます。これは、通常のことなので、乳児は少しも驚きません。

　次に、乳児に大人が持っていたしま模様の箱を落とす様子を見せます。これも、乳児は普通に見ています。繰り返し、しま模様の箱を落とすのを見せます。そ

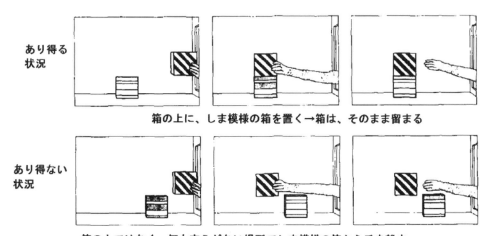

図3　支えがなくても箱が落ちない

（Needhan & Baillargeon（1993）から参照・意訳）

　の後、乳児のわからないように細工をし、箱の上以外で手を離してもしま模様の箱が落ちないようにします（あり得ない状況）。そして、乳児にその様子を見せます。乳児からは、箱のないところで手を離しても、しま模様の箱が落下せず、宙に浮いたように見えます。すると、乳幼児は、支えがないにもかかわらず落下しないしま模様の箱を驚いてじっと見ました。

　この実験からいえることは、乳児は、自分でものを操作した経験が少ないにもかかわらず、「支えがないと箱は下に落ちる」という、物理法則を理解しているということです。

　5ヶ月の乳児の計算能力（Wynn, 1992）と4、5ヶ月の乳幼児の物理法則の理解（Needhan & Baillargeon, 1993）のどちらも、「ものの操作を十分体験していない乳児」の行動です。5ヶ月の赤ちゃんは、臥位でいることが多い状況で、支えがある椅子に座ってやっと座位がとれます。また、腹臥位はとれても、肘で体を支えて頭を起こしているのが精一杯という状況です。

　これらの実験結果から乳幼児が有する能力を考えてみると、「そもそも、ものの永続性の理解は、生得的に有している能力ではないだろうか？」という疑問が浮かび上がります。

　生得的に有している行動であっても、発揮するには乳児がお母さんのおなかの中から出てきた後、外の世界（外界）に慣れる時間が必要です。そのため、生得的に力を有していても、大人が観察できる能力として発揮されるまで、し

ばらくかかるでしょう。

　つまり、ピアジェが「ものの永続性の理解」が獲得されていないと説明したことは、「ものの永続性を理解する能力は有している」が「ⓐ外界の状況に慣れていない、ⓑおもちゃを覆ったハンカチをどけるという方法に慣れていない、ⓒハンカチとおもちゃの位置関係を経験的に理解していない」などの理由で起きていたかもしれません。

　最近の発達観で、乳児は基本的な認知能力を潜在能力として有して生まれてきているという考え方があります。乳児は、様々な経験の中で、元々有していた潜在能力を環境に合わせて活かす方法を学習し、顕在能力として発揮していく。その過程が発達であると捉えるものです。

　私は、この考え方は、重度の子を含めたすべての子どもに適用できると思っています。

　重度の子は、重度の運動障害があるため、「健常児と同じように、自分の力で探索して、ものを操作することが難しい」状況です。また、表出が微弱なため、「相手に自分の表出を気づいてもらうことが難しく、人とのやりとりを経験することが困難」な状況であると考えられます。

　先生の仕事は、外界とのやりとりが難しい重度の子に対して、学習環境や学習内容を工夫して、潜在的に有している力を発揮できるようにすることであると考えます。

　ここまでの説明をまとめると、重度の子が、重度の知的障害と重度の運動障害を併せ有しているということにも疑問が生じてきます。重度の運動障害を有しているのは事実でしょう。しかし、重度の知的障害は、運動障害やその他の障害により、潜在能力を発揮できていない状況であるとも捉えられます。運動障害や視覚障害等の問題に対応して、重度の子なりの学習経験ができるようにすれば、知的部分の発達が促され、大きな成長が起こることが予想されます。

　文化心理学の視点からの新しい発達観を基に学習の工夫をして、重度の子の潜在能力の顕在化を目指していきましょう。

第2節　生態心理学

❶　生態心理学とは？

　生態心理学（または、生態学的心理学：エコロジカルサイコロジー）。みなさんは、聞いたことがあるでしょうか？

　まず、その特徴を述べます。

　これまでの心理学では「人がどのように周りの環境を知覚して行動しているか」を研究しました。例えば、人の発達を考えるときに、その人の理解力がどのように変わっていって、同じ状況でも、より賢く、より深く考えていく様子を問題としてきたといえます。そのため、重度の子では「周囲の状況をどの程度理解しているか」や「動きを活用してやりとりをする力」の伸長が評価の視点となり、自閉症の子では、「その子が、周囲の状況を理解して、状況に合わせて行動できる力」や「人とコミュニケーションを円滑にとる力」をどうやって習得させるか？が問題となります。

　それに対して、生態心理学では、対象者の内面の変化だけではなく、対象者の行動を変えるためには、周囲の環境をどう変えていけばよいかを検討します。「（周りの）環境で、人の行動を変化させているもの（要素）は何か」ということをまず考えるのです。人にとって環境はどのような状況であり、人の行動を引き出す要素が、環境の中にどのような形で存在しているかということを研究します。

　人は状況の変化に合わせて、行動を変化させます。

　これについて、重度の子のいる特別支援学校を例にして考えてみたいと思います。

　樋口（2015）では、肢体不自由特別支援学校に在籍していた重度の子（Dさん）の学習場面について紹介しています。この指導に直接かかわられたのは本書第Ⅳ章で実践例を報告されている菅先生です。

　中学部のあるクラスに所属するDさんは男の子で、4人の障害が重い子ども

と一緒に活動していました。先生のお話を聞きながら子どもが活動する、「劇の学習」をしているときの話です。筋書きに基づいて場面が展開し、それぞれの場面で子どもたちが決められた活動をします。ある場面では、先生が準備した冷蔵庫（段ボールで作った冷蔵庫の模型で、扉の開閉ができ、食物の玩具等を入れてあります）の扉を開けて材料を出し、調理する等の行動を行います。

　初めは、クラスの在籍生徒4名全員で行いました。4名のうちAさん・Bさんの2名は活き活きと活動しました。しかし、Cさんはあまり興味を見せず、ずっと床の方に視線を向けて、活動に参加せずに座っていました。そして、一番障害が重いDさんは、臥位の状態で目を閉じて全く活動に参加していませんでした。

　先生たちは、4名での学習では、CさんとDさんの能動的活動が期待できないため、4名を2名ずつの2つのグループ（グループ1：AさんとBさん。グループ2：CさんとDさん）に分けて同じ活動をすることにしました。グループを分けても、グループ1のAさんとBさんは、楽しく学習を続けました。一方、CさんとDさんのグループ2はどうでしょう。Cさんは4人で行ったときにほとんど能動的な行動がみられなかったのですが、このグループでは、嬉々として活動するようになりました。床の方へ視線を向けることはなく、体幹を伸ばして頭を支持して座り、教材をしっかり見て自分から手を伸ばして操作するようになりました。しかし、Dさんは、やはり、臥位で目を閉じてほとんど活動しませんでした。

　Dさんには、活動自体が難しすぎるのでしょうか？この状況に対して、先生たちはCさんとDさんのグループをさらに2つに分けて個別の活動にしました。さらに、障害が最も重いDさんの学習では、授業を行う時間を決めておくのではなく、覚醒状態のよい時間を見極めて、「今は状態がよい」と判断した時に授業を行いました。学習の内容は、4人で学習したときと全く同じ内容です。すると、どうでしょう。Dさんは、冷蔵庫の模型等の教材に視線を送るだけではなく、自発的に手も伸ばすようになりました。活動を繰り返すと、先生が支えながらですが、一緒に冷蔵庫の扉を開けようとしたり、食物の玩具に手を伸ばすなど、場面に合わせて教材に能動的にかかわろうとするようになりました。

　Dさんの活動の状況を見ると、4名で行っているときでも、2名でやっているときでも、1名でやっているときにも、学習の内容はほぼ同じです。異なるのは、学習時の人数だけです。

　活動を4名で行っているときには、他の子どもが活動している間は、Dさ

が入っていけない状況だったと考えられます。さらに、2名に人数を減らした際にも、Dさんはほとんど活動できませんでした。しかし、1名で先生と一緒に活動する状況を準備すると、とたんに活動が活発化し、これまで見せなかったほどのアクティブな様子を見せました。

　もし、4名で活動していたDさんに、「友だちの中で、自分から積極的に活動する」などの目標を立て、その中で頑張らせるような指導を続けていても、とても能動的な活動は難しかったと予想できます。先生は、Dさんが力を発揮する状況を考えて、環境を調整したということです。見事に予想は当たり、Dさんは、自発的に学習するようになりました。

　Dさんの例は、特に顕著な例ですが、個人の力を伸ばすという視点と共に、個人が力を発揮する環境を整えるという視点はとても重要なことです。これまでも、個の力を伸ばす試みと共に、学習する子どもの学習環境も考慮されてきました。しかし、特に生態心理学の視点を提案する理由は、子どもの学習環境は、特に重度の子の学習に大きな影響を与えるからです。重度の子は少しの環境の違い（かかわる人も環境の一部です）で、自分の力を発揮できないことも多いのです。

　Dさんの例を生態心理学の考え方から重要な視点をまとめると次のようになります。

　Ⓐ Dさんは、元々発揮できる力を有していたが、Aさん、Bさん、Cさんと一緒に活動していると、他児が活発に活動するため、自分の力を発揮する状況がつくられにくかった。

　Ⓑ Dさんは、覚醒の状態がよいときと悪いときがあるが、学校の時間割に合わせると、学習の時間に必ずしも覚醒状態がよいわけではない。

　Ⓒ ⒶとⒷから、Dさんの状態のよい時間にDさんが力を発揮しやすい状況で学習を行えば、本来の力を発揮して活動できる。

　ということです。

　まさに、活動内容が同じでも、環境によって活動の状況は変化したのです。もちろん、個々に合わせて個別で行う学習を推奨しているのではありません。たまたま、この活動では、個で行うことで力を発揮しましたが、複数での活動の方がよい場合もあります。また、教材の提示場所、姿勢、活動を支える先生（その時、誰が支援しているか？）などの条件が変化するとDさんの活動の状況も変わってくるでしょう。

　以上述べてきたように、生態心理学（エコロジカル・サイコロジー）は、環

境が人に与える影響を主に研究します。

❷ 生態心理学の2つの流れ

　生態心理学には、2つの流れがあります。ギブソン、バーカーという2人の研究者それぞれの流れです。両者は重なる部分もありますが、異なる部分もたくさんあります。どちらも、実験室のような人工的環境ではなく、「現実世界」での行動を重視しています。

　ここでは、ギブソン、バーカーについて、それぞれの特徴的な部分を記述して、重度の子の学習にどのように役立てるか考えてみたいと思います。

(1)　ギブソンの生態心理学

　ギブソンは、生前にわずか3冊の著書（没後さらに、1冊出版されました）を著したのみでしたが、現在も多大な影響力をもっています。特別支援教育で、なかなか取り上げられないのは、内容が難解で、理解するのが難しいからだと思います。しかし、私は、きちんと理解して取り入れたのならば、重度・重複障害児の教育にこそ活かせる、非常にすばらしい考え方であると思います。

　ギブソンは、知覚の中でも見たもの（視覚からの情報）が人（動物）の行動にどのように影響を与えるか検討しています。

　ギブソンが考える、人の行動に影響を与える環境の要素とは「アフォーダンス（ギブソン, 1986）」です。これは、「与える」「提供する」という意味の英語である「アフォード（afford）」からギブソンがつくった用語です。

　アフォーダンスとは、「環境が、人（生物）に与えてくれる行動の機会」のことです（三嶋, 2000）。例えば、私たちはコップを見ると、「何かを入れて飲もう」と考えると思います。コップには、人に「飲みたくさせる」特性があります（飲もうとさせることを、ギブソンは、アフォードするといいました）。もう一つ例を挙げると、山道を散策している登山者は、でこぼこの岩肌では座って休もうとは思いませんが、大きな平べったい切り株があれば、座って休もうとします。切り株は、登山者に座ることをアフォードしたのです。特別支援学校の授業において同様に、アフォーダンスが重要になってくるのは当然だといえるでしょう。子どもの活動をアフォードする先生の行動、教室の環境等を考える必要があります。

　子どもの学校での生活を考えてみましょう。他者との関係を考えてみると、「子どもと関係のよい先生」と「子どもとあまり関係ができていない先生」がいた

場合、その子どもの活動の状況は大きく変わってきます。また、身体が不自由な子どもの学習で、教材がその子の手の届きやすい位置にあれば、子どもから能動的に手を伸ばそうとする動きが生まれるでしょう。こう考えると、何を学習させるか？という問題と同じくらい、子どもの活動をアフォードする先生のかかわり、子どもの活動をアフォードする学習環境など、子どもが行動してみようとする環境が重要になってきます。

　これまで、私たちも環境の影響をある程度予測して対応してきたと思います。しかし、ギブソンの生態心理学の視点でさらに深く考えてみると、教育方法で、さらに変えなければならないことがたくさん見えてきます。

(2)　バーカーの生態心理学

　バーカー（1982）は、生態心理学のもうひとつの流れをつくりました。ギブソンと比較すると、より実践的な生態心理学の研究を行いました。バーカーの、生態心理学において一番重要なのは「行動場面（Behaviour setting）」という用語です。バーカーの弟子のウィッカー(1984)は、バーカーの生態心理学について、次のように説明しています。「生態心理学とは、人の行動と行動場面の関係についての学問である」。

　ウィッカーは、行動場面の重要性を、バーカーとライト（1951）のある少年の一日（One boy's day; a specimen record of behavior）を引用して次のように著しています。

　「バーカーとライト（1951）は、子どもたちの行動観察を分析するために多くの時間を費やした。この研究の最も重要な結論は、『子どもたちの行動は、子どもたち個々の性格を知るよりも、行動場面の状況を知ることによって正確に予測できる』ことであった。1日の子どもたちの行動は、その時の環境とともに変化し、同様の環境では、どの子どもも同様の行動をしていた。もちろん、子どもたちの行動は完全に同様ではなく、いくぶん異なっていたが、参加している状況全体で考えると多くの人は同意するだろう」

　つまり、人の行動は、行動する場面の状況で、ほとんど決まってくるというのです。そして、その理由として、「子どもたちは、他の多くのこともできるのに、参加している状況に自分の行動を合わせようとする。子どもたちの行動を生じさせている文脈を知ることが重要である」と述べています。つまり、環境が人の行動を生じさせて、人は環境に合わせて自分の行動を行うようになると考えられるのです。このように、子どもの活動への環境の影響を研究するのが、

バーカーの生態心理学です。

　重度の子の生活を考えてみましょう。「重度の子の行動場面」の主なものは、自宅・学校・放課後支援施設などが挙げられます。個々の子どもは、自宅・学校・放課後支援施設のそれぞれの場所で、違った行動ををを見せるでしょう。重度の子は、Ⓐ自宅：家族との関係、自宅の環境（おもちゃ・テレビ・テーブルなどいろいろなものがあります）などに応じた行動、Ⓑ学校：先生との関係、友だちとの関係、授業の内容、生活場面での環境（それぞれの活動を行う場所・教室毎に異なった場面）などに応じた行動、Ⓒ放課後支援施設：職員との関係、友だちとの関係（もしかしたら、他の障害を有した元気な子どももいるかもしれません）、活動プログラムなど、それぞれの施設での場面（セッティング）ごとに状況が異なってきます。そして、各活動場面の状況が、大きく子どもに影響を与えます。例えば、Ⓐ学校では授業ごとに「行動場面」の状況は異なっていて、子どもは行動場面に応じて、ある行動場面では活き活きと活動し、また、ある行動場面では、あまり活発ではない・・・など、様々な姿を見せるでしょう。つまり、生態心理学の視点で重度の子の活動を考えると、子どもの活動の状況は、子ども自身の力による影響に加えて行動場面の状況の影響がとても大きいということです。

　子どもの活動を引き出すには、行動場面の設定を検討する必要があります。

(3)　重度・重複障害児の学習と生態心理学

　本書では、「重度の子の行動と行動場面の関係」について詳しく分析していきます。そして、生態心理学の視点で考えると、重度の子どもの活動を考える際に様々な意識の転換が必要になってくると私は考えています。

　重度の子は、他の障害を有する子どもに比べ、「行動場面（Behaviour setting）」の影響を受けやすいのです。そのため、重度の子の力を発揮できる「行動場面（Behaviour setting）」の設定が、学習全般に大きく影響を与えます。この設定の中には、先生のかかわり方も含みます。

　私は、2018年に重度の子の学習についての論文を書きました。その論文は重度の子どもについてのレビュー論文で、Ⓐ日本で重度の子の学習をどのような視点で研究されてきたか？、Ⓑ先生たちは重度の子の学習をどのように考えてきたか？等を概観して、今後の重度の子の学習について考える視点を示しました（樋口,2008）。その際、日本で刊行された研究論文（特殊教育学研究を中心に）や書籍を網羅的に調べた結果、生態心理学の視点で書かれていたのは宮武（1990：

Ecological Psychology の視点から考察した重度・重複障害児のための教育課題の設定）のみでした。

　宮武は、重度の子は障害が著しく重度で多様な様態を示す現状にあって、多くの教師が何をどう指導してよいか分からないという悩みをかかえている（宮武・高田, 1981）状況であると考えました。そして、重度の子の特性と教師との関係を「環境を重視した生態心理学」の視点から問いなおして、教師が適切なビジョンを持ち続けて取り組める道を明らかにしたいとして報告しました（宮武, 1990）。

　ここからは、宮武（1990）を引用しながら、生態心理学の視点で、重度・重複障害児の学習について考えていきます。

❸ 生態心理学からみた重度・重複障害児の学習の特徴

　宮武（1990）は、重度の子の行動は、「特定の人」や「特定の場所の個別の特性」に基づいて学習されていて、人や場所が変わっただけで学習されたものを失ってしまう場合があると論じました。

　これまで、学校で学習したことは、他の場所でも使用できるようになるという考えの基で教育は行われてきました（小川, 2013）。しかし、重度の子の学習を考える際には、活動する内容と一緒に活動する人・場面・状況とをセットで考える必要があるのかもしれません。ある行動が、その場所でしかできない（しない）、ある人とならできることがある人とは活動できない（しない）、ということがよくあります。宮武（1990）は、重度の子にとって学校は、教科等の学習をする場というよりは、行動を支える生活の場（行動場面）であると考えました。重度の子は、行動を行動場面や一緒に活動する人と関連づけて学習していると捉えるのです。

　この考え方を基に重度の子の行動を考えると、行動場面が彼らに合っているか常に問い直すことが重要です。重度の子には、「慣れている教室」で、「関係ができている担任の先生と一緒にできること」を考えて教育することが重要なのです。

　健常児の場合、特定の他者との情緒的関係を土台として発達が進めば、それを基盤に様々な学習に取り組めます。しかし、重度の子の中には新しいことがらを学習していくためには、特定の人との情緒的関係を基にした支援を必要とする子どもが少なくありません。Ⓐある特定の教師の介助があればトイレで排尿できていた子どもが、教師が変わるとできなくなる、Ⓑ出ていた言葉が出な

くなってしまう等、すでに学習されていることも、特定の対人関係を基にしていることがある（宮武・高原，1991）のです。そして、このような子どもは、Ⓐ母親とできることを保育士ともう一度学習する、Ⓑ保育士とできたとしても教師と再度学習する、Ⓒ教師が代わるたびに再度学習する必要がある場合があり、環境が変わると学習されたものさえ失ってしまうことがあるのです（宮武・高原，1991）。また、物理的環境の変化に大きな影響を受け、Ⓐ座る椅子が変わっただけで自立していた食事動作ができなくなり、Ⓑ締め切っていたドアを開けて２つの教室をつなげて使うと興奮状態が激しくなったりするなど、特定の慣れ親しんだ環境との関係において自分を作り上げている場合もあるとしています。

　宮武（1990）を読んだとき、私はたくさん思いあたることがありました。新しい年度になったときに前年度の個別の指導計画を読んで、新しく担当した先生が、「個別の指導計画に書いてあるとおりに担当になった子どもにかかわるのだけど、全然書いてあることができない」とか、「どう考えても、これはできないけど、書いてあることは本当かな？」などと言うのをよく聞きました。また、私が担当していた子を、次の担任に引き継いだ後、「この子、ここに書いてる活動をできないけど、個別の指導計画の内容は本当なの？」と聞かれたこともありました。それに対して、前年度のビデオを見せたり、実際に新担任の前でその子と学習を行って見せたりしていました。すると、新しい担任の先生は、「確かにできている。だけどなぜ今年はできないのだろう？」と言いました。そして、私は、反対に新しい担任の先生に対して、「どうして、しっかりしたかかわりをしてくれないのだろう」と思っていました。

　しかし、宮武（1990）を読んで、一生懸命かかわっても、ある人とならできて他の人とではできないこともあるのだと、考えを改めました。もちろん、誰とでもできる子もいるかもしれません。しかし、特定の人としかできない子どももいるのも事実で、そのような子どもに対しては、クラスや学校全体で状態を把握して、対応を考える必要があると思います。「誰とでもできる」「どこでもできる」をすべての子が目指すことを考え直す必要があるかもしれません。重度の子の力を伸ばすことを目指す前に「重度の子と先生との関係」や「重度の子の安心できる環境」「重度の子が活動したがる環境」づくりを考えるべきかもしれません。

　前述のように、学校で学習したことは、他の場所でも使用できるようになると考えて教育は行われてきました（小川，2013）。しかし、重度の子の学習は、

特定の「行動場面（Behaviour setting）」においてのみできる場合もあるという視点をもち、対応を考えていかないといけないのだと思います。

❹　子どもだけでなく先生や教室環境も評価の対象

　宮武（1990）は、バーカー（1982）の「行動場面（Behaviour setting）：人間の行動は環境によって変わってくる（人の行動と行動場面の相互作用）」という考え方を基に、子どもだけでなく、Ⓐ教師のかかわり方はどうだったか？Ⓑ子どもの活動が出やすい環境設定ができていたか？Ⓒ子どもが活動したい内容を準備できていたか？など、教師のかかわり方、教師が準備した活動環境や学習内容も評価の対象にするべきだと述べています。つまり、子どもの活き活きした行動を引き出すためには、子どもが自分から学ぼうとする状況をつくることが大事で、その責任は教師にあるといっているのです。最近の心理学では、人の行動と環境・場面との関係を非常に重視するようになってきています（田島，2003）が、特に環境設定について深く考えてみようというものです。

　これまでの教育では、一般的に発達段階に合わせた教育の目標を立てたり、先生や学校が学ばせたいことを目標にしたりして子どもの教育活動・内容を考えてきました。しかし、宮武（1990）は、次のように言っているのです。「目標に向かって子どもを変えるための教育計画がなされ、教師の意図に沿って子どもが変われば評価されてきた。環境への配慮は大切にされてきたが、あくまで脇役であった」。

　個別の指導計画の、評価の対象は子どもであり、子どもの理解の程度、子どもの身体の状況、子どもの興味・関心等が記述され、目標設定がなされ、指導の計画が立てられます。そして、指導の経過や目標に対しての子どもの状態や変容を評価します。これらの過程は、子どもを査定して、指導の内容を検討し、子どもがどうなったか評価していると捉えることができます。

　しかし、生態心理学では、行動場面と子どもとの相互の状態が重要なので、評価の対象が、子どもを取り巻く全てのものに変わってきます。例えば、先生のかかわりや服装についても、Ⓐ子どもの行動を引き出すためのかかわり方ができていたか？Ⓑ子どもが応答しやすい間をとってかかわっていたか？Ⓒ子どもがその先生であることを判断しやすい服装をしていたか？などが評価されます。子どもの学習環境についても、ⓐ手を伸ばして触れやすい設定にできていたか？ⓑ視覚の問題を有する子が見えやすい教材の提示の仕方ができていたか？ⓒ子どもが他児とやりとりしやすい状況の設定になっていたか？など、教

育環境等様々な要素が、評価されるようになります。これまでもなされてきたとは思いますが、行動場面の設定をしっかり考えていかなければならなくなります。さらに考えを進めると、先生のかかわり方や学習環境（行動場面）の設定にも、目標を立て、評価する必要が出てくるかもしれません。

❺ 重度・重複障害児の学習を生態心理学の視点から見直す

　宮武（1990）は、健常児の発達段階を参考にして重度の子を査定して、学習の内容を検討することや行動解釈法とそれに基づいて細かく設定した課題のリストのセットによって子どもの課題を引き出そうとする研究が多く行われていることに対し、苦言を呈しています。そして、普遍的な発達観（子どもの発達には段階があり、どの子も同じ順番で同じ段階を踏む）や一般的な価値観を重視するほど、子どもの実態とのズレが大きくなる危険性があるといっています。また、日常では使わない知育教材を使ったり、自分一人で何かをできることを目指したり、課題を解決したり、個人の学習成果を目指す研究が多いが、これも重度の子には難しいとしています。

　そして、宮武（1990）は、バーカー（1982）の考え方（人間の目的行動と環境との相互作用）を基に活動する環境を設定した上で、教師の価値観（教育意図）も反映した教育内容の基本概念を示しました。そこでは、教育目標は子どもだけでなく、教師、学習する環境それぞれに立てる必要があるとしています。

　それでは、宮武（1990）に記述されている内容をさらに深く読んでいきましょう。

(1)　子どもと教師の関係の再検討

　宮武（1990）は、教師と子どもの相互関係を考える際、2つの側面があるといっています。それは、Ⓐ実際に行われているやりとりの様子（表出）、Ⓑやりとりをする時の土台の部分（かかわるときの意図（態度）のようなもの）の2つです。

　生態心理学の視点から重要なことは、「Ⓑやりとりをする時の土台の部分」に注目することだとしています。わたしたちは、通常、「Ⓐ実際に行われているやりとりの様子」の方を重視し、観察し、分析しがちです。しかし、Ⓑがうまくいっていないとそのやりとりは「今後よくなる可能性が低い」のです。たとえ、Ⓐがうまくいっていない場合でも、Ⓑがよい状態であれば、今後よくなっていく可能性があります。

　それでは、私が実際に観察したやりとりの場面を基に、Ⓐ実際に行われてい

るやりとりの様子（表出）、Ｂやりとりする時の土台の部分（意図）の両方を考えてみましょう。

　やりとりしているのは、担任のＴ先生とＣさん（重度の子）です。表５に、Ｔ先生とＣさんのやりとりの様子（ＡとＢの両方）を示します。

　このやりとりは、わたしが学校に勤務しているときに、実際に観察しました。

　表５のやりとりが行われたのは、次のような状況の時でした。

　毎年、その学校では、近所の畑にリンゴ狩りに行きます。やりとりがあった日の前日は、リンゴ狩りの事前授業が行われました。先生たちは学校のホール一面に網を巡らせ、リンゴ園の疑似状況を設定しました。赤い画用紙を丸めてリンゴのような形を作り、ヘタも取り付けて、手作りのリンゴの模型をたくさんつくります。そして、張り巡らされた網に引っかけます。

　授業が始まると、子どもたちに「明日は、リンゴ狩りに行きます。今日は、ホールのリンゴ畑でリンゴ狩りをしましょう。たくさん取って、明日のリンゴ狩りの予習をしましょう」と伝えます。そして、ホールいっぱいの30名近くの車いすに乗った重度の子の前に、50インチくらいのテレビを2台準備して、昨

表５　教師と子どものやりとり

Ｔ（先生）の行動と意図		Ｃさん（子ども）の行動と意図	
Ａ表出	Ｂ意図	Ａ表出	Ｂ意図
Ｃちゃんおはよう。昨日は、リンゴで遊んでくれたんだって?	保護者から、リンゴの模型で遊んでいたと聴いて、嬉しくなり、たずねる。		
		笑顔になり、身体を揺らす。	大好きなＴに会ったので、嬉しくなる。
リンゴ遊び、楽しかった?今日は、リンゴ狩りに行こう!	家でのリンゴ遊びを思い出して笑顔になったと思い、たずねる。今日の活動を伝える。		
		笑顔のまま、足をばたつかせながら、身体を揺する。	Ｔとやりとりできて楽しい。音声言語が理解できていないので、質問の内容はわからない。
行こう行こう!大きいリンゴ取るんだよ!	今日の活動内容が伝わったと思い、喜ぶ。		

年度のリンゴ狩りの写真や動画を提示します。そして、子どもたちに、リンゴ狩りの疑似体験をさせます。

　視覚に問題を有しておらず、手の操作が可能な重度の子は、自分から楽しそうにリンゴを取ります。視覚の問題を有していたり、手の操作が難しかったりする子どもは、教師が手を添えてリンゴを取る行動を行います。自発的な動きが難しく、先生が取って子どもに声をかけている場合もあります。

　終了後、リーダーの先生は、「たくさんリンゴが取れたね。明日は実際にリンゴ園に行きます。今日取ったリンゴは、1つ家に持って帰っていいです。家でリンゴ狩りの練習をしてきてください」といって授業が終わりました。

　次の日です。朝、登校してきたCさんと出迎えたT先生が会いました。車でCさんを連れてきた保護者が、「昨日T先生がくれたリンゴでCはよく遊んでいました。すごく気に入っていました」と、先生に報告しました。

　その後、表5のやりとりが、行われました。

　表5で、Ⓐ表出欄に書かれた内容が、「Ⓐ実際に行われているやりとりの様子」です。よい感じで、T先生とCさんがやりとりしていて、お互いに嬉しい気持ちでいることがわかります。しかし、Ⓑ意図の部分を見てみると、「やりとり」をしていますが、「意思の伝達は、正確にはできていない」状況であるとわかります。

　それでは次に、表5のやりとりをする際の「Ⓑ意図」について、詳しく考えていきます。Ⓑ意図は、特定の場面や人への意識（かかわるときの態度）です。例えば、表5のT先生とCさんのやりとりの「Ⓑやりとりをする時の土台の部分」を示すと表6のようになります。

表6　T先生とCさんがやりとりをする時の土台部分

	相手への態度	コミュニケーションの手段
T	成長を支援したい。いろいろなことを学んで欲しい。活き活き活動して欲しい。	音声言語、具体物提示、ジェスチャー
C	T先生が大好きだ。楽しいことをしてくれる人。一緒にいたい。	表情、身体の動き

　T先生は、担任の先生なので、いつもCさんのことを気遣って、成長を願っている。Cさんは担任のT先生が大好きで、かかわることが嬉しい。という基本姿勢があります。しかし、表5のやりとりでは、意図の共有はできていません。それぞれの意図は合っていないけれど、楽しいやりとりになっています。

　しかし、このやりとりは、今後、意図の共有もできるようになる可能性が高いと思います。なぜならば、お互いに相手に対して、好ましい感情を持っていて、Ｔ先生はいつもＣさんのよりよい成長を願っているからです。意図の共有には普段の観察をさらに行い、Ｃさんが様々な活動を行うときにどのような意図を持っているか、Ｔ先生が深く検討することが大切です。

　以上のように、人と人の相互関係には、２つの側面、すなわち、Ⓐ実際に行われているやりとり、Ⓑやりとりをする時の土台の部分（かかわるときの態度）があります。子どもとかかわる際には、ⒶとⒷの両方に注意を向けて検討することが必要です。そして、それぞれを評価し、両方が一致していくことを目標とします。

　もうひとつ、リンゴ狩りの事前学習としての活動自体も、同様に意図がずれている可能性も高いです。先生たちは、明日訪問するリンゴ園を想像できるように、ホールの準備をしました。しかし子どもの中には、赤いリンゴの模型と実際のリンゴに結びつけて理解できない子どもも少なからずいると考えられます。また、視覚の問題を有しているために、リンゴ園を模したホールの状況をほとんど知覚できない子もいるでしょう。さらに、運動の問題を有していて、教師の支援で、自発的でない身体の動きをしてリンゴの模型に手を伸ばした子もいるかもしれません。つまり、重度の子の状況をしっかり理解して、個々の子どもの状態に合わせた対応をしないと、「先生の意図と重度の子の意図は、どんどんずれていく」危険があります。

　また、行動場面という視点から考えると、そもそも、リンゴ狩りの事前学習は、個の理解や障害の状態に合わせてやり方を考える必要があります。前述のＣさんの場合、知的の理解の状態を考えると、リンゴの模型をリンゴ園になっている実物のリンゴと結びつけるのは難しい状況です。そのような場合、本物のリンゴを切って食べて、「明日これを取りに行くよ」と予告した方がいいかもしれません。また、状態によっては、前日に予習をするのではなく、当日、行く直前に予告を兼ねて学習をした方が、予告と実際の活動が結びつく子もいると思います。子どもの状態に合わせて学習のやり方を柔軟に設定することが必要です。

　このように、子どもに合わせて環境の調整をし、行動場面を設定する必要があります。

　再び、Ⓐ実際に行われているやりとりの様子、Ⓑやりとりをする時の土台の部分（かかわるときの態度）の話に戻ります（表5）。

ここまで述べてきた先生と重度の子の相互関係は、お互いに良好な関係を築き、それを発展させていこうという意図があり、将来的に、重度の子の行動を十分観察して先生が重度の子の理解を深めていくと予想することができるあまり問題がない例でした。しかし、多くの場合は、問題を含みます。先生と子どもの意図がどんどんずれていってしまい、関係が良好に保てなくなる場合もあります。⑧やりとりする時の土台の部分をしっかり分析して、重度の子とのかかわり方を考えるべきです。

　生態心理学の視点でみていくことで、最終的には、表5の⑧表出と⑧意図が一致して、子どもの意図を先生が正確に見極めて、お互いに気持ちを共有して子どもも先生も成長していって欲しいのです。

　ここまでは、生態心理学の視点、特にバーカーの行動場面（Behaviour Setting）の視点から、重度の子と先生との関係について述べてきました。ここで、読者の方々の中で、「行動場面というのに、先生と子どもの関係の話ではないか？」と、疑問を持つ方もいらっしゃると思います。実は、行動場面の環境の中に、人も含まれます。そして、生態心理学では、環境のもっている性質や人の行動を引き出す要素（ギブソンですと、アフォーダンス）が重要となります。⑧やりとりをする時の土台の部分は、「環境のもっている性質や人の行動を引き出す要素」の部分であり、重度の子の行動を導く非常に重要な要素なのです。

　ここまで述べてきた例は、「先生と重度の子の相互関係が良好で、それを発展させていこうという意図」がある場合でした。しかし、T（先生）とC（子ども）の意図がずれ、その後、よい方向に向かわなかった事例もあります。

　次に先生と重度の子の関係を大切にしつつ教育目標や活動を検討する過程について考えていきたいと思います。

(2)　子どもと教師の関係に、教師の教育的意図を織り込む－生態心理学からの教育課程の作成－

　まず、学校での先生と重度の子の関係をみていきましょう。前項では、T先生とCさんのやりとりは、お互いの意図は異なりましたが楽しいやりとりでした。そして、その後は、T先生がCさんの意図を読みとり、意図の共有が図れるとの希望的な予測をしました。

　松田（2002）は、それまでの重度・重複障害児のかかわりに関する実践研究を概観しています。先行研究では、かかわりが深まると、かかわり手の子どもの行動や状態についての理解がすすみ、かかわり方も変わっていったことをはっ

きりと記述している研究が少なくなかったと報告しています。つまり、やりとりをよい方向に進めるには、先生が子どものことをもっとよく知り、子どもに合わせてかかわり方を変え、子どもを活かすかかわりを行うことが重要なのです。

　しかし、学校では、このような状況ばかりではありません。Ⓐ子どもは、望んでいるけれど、学校ではカリキュラム上できない、Ⓑすべてを子どもの興味・関心に合わせて、準備することが難しい場合等があります。

　また、学校では、教師側の「これを学ばせたい」という、教育的意図もあります。これは、学校に在籍する先生方の教育的意図だけではなく、法令等の学校の設置意図にもかかわります。しかし、始めに付記しておきますが、これらの多くの場合は、「本来なら変更することは可能で、先生方が、これまで学校はこうしてきたから、そうしなければならない」と、思い込んでいる場合が多いのです。

　例えば、重度の子が楽しく遊んでいるとします。すると、チャイムが鳴り、活動を終わりにする時間がきた場合です。当然、重度の子はまだ遊びたいでしょう。それに対して教師は、Ⓐリズムある生活をするため、Ⓑ授業の時程は学校全体で決めていて、学校全体の流れに影響するために、学習を終了させたいと思います。すると、二人の間で、調整が必要な状況になります。通常ですと、先生から子どもに対して、「授業時間が終わりました」といって、終了すると思います。このとき、教師が一方的に「終了することを繰り返す」と、重度の子は、この状況に対して、Ⓐ初めは、活動が急に終わるので不満を表出するが、だんだん慣れていく、Ⓑ毎回、終了の際不満を表出し、授業終了が近づくと活動しなくなる、などと行動を変化させるかもしれません。Ⓑの場合、先生と子どもの関係に影響し、重度の子はその先生とのやりとりを好まなくなる可能性もあります。

　これに対する対応としては、「重度の子の意向と教師の意図が、どのように折り合うか？」調整することが重要です。重度の子の意図と教師の意図がずれていて、先生の意図と子どもの意図の折り合いが難しい場合、先生は自分の意図を前面に出すのではなく、重度の子の行動を観察しながら、どこまで自分の意図を入れられるか調整するのです。そして、これを繰り返す中で、「ここまでなら、子どもがやってくれる」という仮説をつくることができます。重度の子は、先生との関係が十分できるまでは、先生の意図とは関係なく、自分の意向を全面的に表出してくる場合が多いのです。健常児では、「先生の気持ちを考えて、自分の気持ちを抑える」ことは、日常的にみられますが、重度の子は、関係をつ

くるまでは、なかなか、先生の気持ちの配慮はしてくれません。そのため、重度の子の意向に合わせて、先生の方から、歩み寄る姿勢が重要です。このような状況をつくり、気持ちを共有し、子どもも先生に合わせてくれるようになって、初めて教育目標を設定できるようになります。ある意味、この過程が、教育目標設定の手続きであるともいえます。

　個別の指導計画の目標・指導内容・活動等は、それまでの指導経過（前年度担任からの引き継ぎや指導の記録）等から作成するのが通常ですが、生態心理学の視点から子どもの目標・指導内容・活動等を考えるとき、Ⓐ先生と子どもとの間でのやりとりの土台、Ⓑ子どもの意向や行動の様式、この２つを十分検討する必要があります。その後、目標・指導内容・活動等の検討が可能になります。

　私は、毎年、ある学会で「重度・重複障害児の学習とは？」というシンポジウムを開催しています。

　何年か前、シンポジウムの参加者から、次のような質問がありました。「学習の内容や目標は、どう立てればいいのですか？」。その際の私の回答は、「それは子どもと相談して決めます」でした。回答に対し、質問してくださった先生は、「えっ」と首を傾げていました。それも当然です。通常、個別の指導計画は、子どもや保護者の願い、子どもの状態等から、「先生が作成」するものなので、「えっ」と思ったのだと思います。しかし、私は、個別の指導計画を作成するのは先生ですが、子どもと相談して（話してやりとりできなければ、行動を観察して）、子どもの意向を織り込むことが重要だと考えます。

　また、通常個別の指導計画は、それまでの指導経過（引き継ぎや指導の記録）等から作成することが多いと思いますが、重度の子の学習では「前担任とできたこと」が当てはまらないことがあるのです。引き継いだ内容は、有効な手がかりとなるのですが、担当が変わったらできたことができなくなる、場所が変わったら再度学び直さなければいけなくなるなどの状態があるため、新しい担当の先生との間で「子どもと共に学び（学習）の内容を検討する」ことが必要となってきます。

❻ 生態心理学の視点のまとめ－行動セッティングのシステム構造の評価－

　ここまで、生態心理学の視点から、重度の子の学習、環境設定、人との関係等について考えてきました。宮武（1990）では、バーカーの生態心理学の考え方を基に、「重度児の行動セッティングの概念」を示しています。その概念の主

な内容は、活動空間、境界、構成要素、協調関係、行動プログラム、自己調整機能などたくさんの難解な内容を含んでいます。

　そこで私は、宮武（1990）やバーカー（1982）、ウィッカー（1984）を参考に「行動セッティングのシステム構造の評価（表7）」を作成しました（行動場面＝行動セッティングです）。

表7　行動セッティングのシステム構造の評価

	評価の区分	内容例
①	活動の目的と活動の役割	目的：活動は、何を目的とするか【例：教育目標、子どもの好きな活動、季節に合わせた活動等】 役割：学習計画における活動の役割【例：活動により、何を学ぶか?その活動の学校の行事や学級活動上の位置づけ等】
②	構成員（子どもと教師）の行動セッティングでの役割	構成員が受け持つ役割：活動全体の流れの中でその構成員が果たす役割【例：全体の進行、ある場面での重要な役割、活動を支える支援者的な役割（裏方）等】
③	構成員の役割の階層	構成員が受け持つ役割の階層：構成員の役割は、階層構造（ヒエラルキー）のどの階層に位置するか【例：リーダーである、特別の役割がある、ある程度の役割がある等】
④	活動空間、設置されている教材や補助具等の形態・目的・配置	活動する場所の状態：どこで行うか?【例：対象児が慣れた力を発揮しやすい場所か?対象児が好きな場所か?目的に合った教材が選ばれているか?適切な場所に配置されているか?活動を支援する補助具等が準備されているか?】
⑤	活動における構成員（参加者）の価値観	参加者一人ひとりの価値観が活動に与える影響【例：授業をする際の先生がもつ価値観→教育の目標の達成。子どものもつ価値観→自分の興味・関心があることを行う】

　行動セッティングのシステム構造の評価（表7）の内容は、先生方が指導案を検討する際に考慮に入れてきた内容と一致する部分があります。しかし、それぞれの区分の内容を詳細にみていくと、これまで私たちが十分考慮に入れてこなかったものもたくさん挙げています。

　従来の指導計画や指導案では、教育目標に沿って、指導の内容を考えてきました。そして、目標を達成するための活動やそれに伴う教材の開発が行われてきました。行動セッティングのシステム構造の評価（表7）では、さらに「環境と子ども」、「先生・他の子ども（状況によっては環境でもあり、構成員）と子ども」との関係を掘り下げて考えます。授業において主な構成員とは、もちろん「重度の子」と「先生」「いっしょに行動する他の子ども」です。

　先生は学校の教育目標や教育課程に基づいて授業を立案します。学習指導要

領の内容を基に、子どもの状態や興味・関心等に合わせて目標を設定し、授業を考えます。これを先生の授業に対する価値観と考えてよいと思います。

　一方、重度の子は、重度の知的障害、視覚障害等を併せ有しており、健常児がするような経験をできずに生活してきた子が多いと考えられます。例えば、健常児が様々な状況の中で行う「他者の行動を観察する」「他者の行動からその意図を読み取る」などの経験をすることができなかった可能性が高いです。健常児は、これらの経験の中で、他者の行動から意図を読み取れるようになります（次節を参照）。そして、他者の意図を読み取って、授業に興味がなくても、「先生がせっかく準備してくれたのだから、一生懸命やろう」とか「面白くないけど、授業は真面目に取り組まなければいけない」などと心の中で思い、授業に付き合ってくれる場面もあるわけです。しかし、重度の子は、他者と気持ちを共有する潜在的な能力は有していても、経験不足から他者の意図が読み取れるまでになっていない状態である場合が多いです。よって、「授業がつまらなければ活動しない」、「授業が楽しければ積極的に活動する」など、自分の気持ちに応じた行動をとります。もしかしたら、先生たちは「授業」と考えているけれども、子どもたちに授業と他の活動の境目はないかもしれません。重度の子は、準備された教育内容に興味をいだき、やる気が出ればやるでしょうし、やりたくなければ、やらないでしょう。

　私が知っているある重度の子は、特定の学習の時間になると目をつぶり動こうとしませんでした。この子に対し、先生方は、「○○ちゃんは、□□をやらないと決めているんだから」と言っていました。その子は、私がその学校にいる間、その時間になるとずっと活動しませんでした。しかし、やらないと決めているのだから仕方がないことなのでしょうか？やらないのには理由があり、その理由を解消するのも先生の重要な仕事だと思います。

　行動セッティングのシステム構造の評価（表7）で、この内容に関連するのは、「区分5　活動における構成員の価値観」です。区分5の視点から、先生と子ども、それぞれの視点で活動を分析すると、図4のようになります。

　授業を考えるとき、先生は、先生の価値観で検討します。もちろん、子どもの興味・関心も十分考慮していると思います。しかし、前述の重度の子は、特定の学習の時間になると目をつぶり動こうとしません。「区分5　活動における構成員の価値観」の視点から考えると、その子がやろうとするための「子どもの価値観：満足、快感、個人的な好き嫌い、興味・関心」に働きかけるだけの要素が足りないのかもしれません。なお、ここでは詳細は述べませんが、複数

図4　活動における構成員の価値観の違い－授業での先生の価値観と子どもの価値観－

の重度の子が一緒に活動する場合、それぞれが固有の価値をもっていて、それに応える対応が必要です。

　さて、学校には、教育目標があり、学校として「子どもに学ばせたい内容」があるのは、当然です。こんな時はどうしたらよいのでしょうか？

　「活動における構成員の価値観の違い」（図4）の理論を活用して、先生と重度の子のそれぞれのやりたいことの「折り合いをつける（または、すり合わせを行う）」ことになります。

　この場合、「まず活動を考え、子どもを参加させる」のではなく、子どもの興味・関心に合わせて授業を構成し、その中に先生の学んでほしい内容を挿入しようと試みるとよいと思います。しかし、重度の子は、興味・関心がある内容の時は活動しますが、先生が意図的に準備した内容をさせようとしたとたん、やろうとしなくなることも多いと思います。重度の子は、そのくらいはっきりとした意思を示します。

　「活動における構成員の価値観の違い」（図4）の理論の、先生と重度の子のそれぞれのやりたいことの「折り合いをつける」ためには、先生は、初めから折り合いをつけようとして授業内容を準備したりかかわったりするのではなく、まずは、行動観察・子どもの評価をしながら、子どもの好きなことに付き合うことから始めることが重要です。

　重度の子と価値観のすり合わせをするための方法を、違った視点から説明し

たいと思います。

　私の所属する大学の学生が、卒業論文等で特別支援学校や保育園等に行く際よく質問してくる内容があります。「先生、訪問したらまず、子どもとどうかかわればよいですか？」です。私はいつも次のように答えています。「何かを準備して行くと、だいたいうまく行かないよ！何も準備せずに行き、子どもがやっていることに付き合ってきなさい」と。こう話すと、「なんだ、教育的なかかわりをしていないのでは？」というご意見を聞くこともあります。もちろん、ただ子どもに付き合って遊べとは言っていません。

　子どもが集中して行っている遊びに付き合いながら、子どもがどのように遊んでいるか？観察し遊びの中に入り、子どもが嫌がらずに一緒に活動するにはどうすればよいか？子どもが、自分から遊びを終了するのは、どういう場合か？などの情報を得るために、行動を観察したり介入したりするのです。そして、子どもがこの人だったら遊びの中に入ってもよいと思って注意を向けてくれるようにするのです。このようにかかわることで、子どもからおもちゃを差し出して、「先生もやってみて！」というように要求してきたり、「おもちゃで自分が遊んだ後先生に渡し、先生が操作した後、また子どもが行う」のようなかわりばんこ（ターンテイキングなやりとり）ができたりするようになります。

　この、学生に話している内容は、私が子どもと初めてかかわる際の基本としている内容です。

　なぜこの話題を取り上げたかというと、前述の「先生やってみて！」や「かわりばんこ（ターンテイキングなやりとり）」ができているかどうか？が、子どもとの活動に先生の価値観を入れられる状態であるかどうか？の物差しになるからです。この状態に至っていないのに、先生の価値観に基づいた活動を入れると、子どもが行動するのをやめてしまい、授業の内容に乗ってこないことが多いのです。

　行動セッティングのシステム構造の評価（表7）の内容は、子どもの環境だけを評価するのではなく、価値観や所属する集団の階層などまでも、深く掘り下げてまとめています。全体の内容については、別の機会に詳細に述べたいと考えています。

　以上のように、バーカーの考える生態心理学は、重度の子の教育を考える際に、特に有効であると考えています。そして、人とのかかわりが難しい自閉症スペクトラム障害の子どもに対しても、同様に有効であると考えています。

　また次節で詳しく述べますが、重度の子も先生をはじめ、養育者や他の子ど

もとやりとりをする中で、「他者の行動から意図を読み取れる」ようになります（共同注意）。そのためには、重度の子と先生が良好な関係を築く必要があります。

　ここまで述べてきた「生態心理学の視点」と、この後述べる「対人関係の発達の視点」の両方を理解し、重度の子の学習を考える際の基盤にすることをおすすめします。この二つの考え方を基盤にかかわることで、重度の子との学習を有意義なものにしていけると思います。

第3節　対人関係（共同注意）の発達

❶ 共同注意の話の前に…
－赤ちゃんは、人とかかわろうとする性質を有している－

　人の乳児は、生まれながらにして、大人の「模倣」ができるとメルツォフと
ムーア（Meltzoff & Moore, 1977）は報告しています。生後 10 日過ぎたあたり
の赤ちゃんの目の前で、大人が舌を出すと赤ちゃんも舌を出す、大人が口を開
けると赤ちゃんも口を開けるなどの動作を行います。赤ちゃんは、目の前で行
われる他者の行動を自分の意思にかかわらず真似してしまうのです。この現象
は、新生児模倣または共鳴動作とよばれています。元々、赤ちゃんは人の顔に
興味を持つ、人の声に意識を向けるという生来の性質を有しています。赤ちゃ
んは、自然と他者に注目する性質を有して生まれてくるのです。他者は赤ちゃ
んが見ていると知ると、にっこり微笑み返したり、語りかけたりするでしょう。
すると、赤ちゃんは自然とそれにつられて笑顔を返す。こんな経験をして成長
していきます。

　重度の子も、当然人とかかわりたい、やりとりしたいと思う生来の性質を有
しています。しかし、障害が重いために、それを発揮する機会を得ることが難
しいのです。重度の子も健常児と変わらぬ人とかかわろうとする潜在能力を有
しているのです。

　ここでは、「自然と人に意識が向く」「人とかかわりたがる」等の生来の性質
を有し、人とかかわるのに都合がいい状態で生まれてくる赤ちゃんが、対人関
係の力を伸ばしていく様子を、順番にみていきたいと思います。

❷ 共同注意行動の発達過程

（1）　共同注意とは？

　乳幼児が人とのかかわりを構築していく過程を「共同注意（joint attention）
の成長過程」として見ていくと、子どもが人と関係を作ることの重要性とその

意味を理解できます。

　共同注意とは、Ⓐ他者の注意が何に向いているか理解した上で、他者が注意を向けているものを見て他者のそれに対する気持ちを共有したり、Ⓑ自分が注意を向けているものを他者に示し、それに対する自分の思いを他者と共有したりする行動のことをいいます。

　例えば、9ヶ月を過ぎたあたりの子どもとお母さんとの間で、次のようなやりとりが観察されます（図5）。

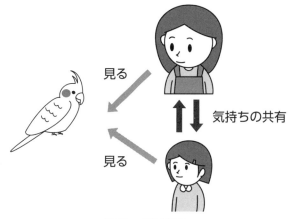

図5　共同注意

　Ⓐお母さんが何かを見ていると、子どもはお母さんが見ているもの（例えば、オカメインコとします）を見ます。同時に、子どもはお母さんの顔を見て「オカメインコに対するお母さんの気持ち」を理解しようとします。「お母さんは、オカメインコが好きなんだな」とか「お母さんはオカメインコを見ると嬉しいんだな」と気持ちを測っているのです。

　一方、Ⓑ子どもは、自分が興味をもつものが目に入ると、指さしをしてお母さんに伝えようとします。同時に、お母さんが、それを見ているか確認します。そして、子どもは、「ほら、私が好きなアキクサインコが飛んで来たよ！」とか、「ねえねえ、あれ見て！インコが餌を食べているよ！！」とやりとりする中で、自分の気持ちをわかってもらおうとします。

　子どもから発するやりとりに養育者が応える場合が多いと思いますが、もちろん、養育者から発するやりとりもたくさんあります。

　共同注意のⒶのやりとりもⒷのやりとりも、子どもと養育者は、同じものを見ているだけではなく、気持ちも共有しています。子どもが心の中で「大好きなインコだよ。うちのぴーちゃんに似てるね」と気持ちを伝えたときに、お母

さんは心の中で「ぴーちゃんとそっくりだね。帰ったら遊ぼうね」と共感し合っているのです。その状態を共同注意といいます。

　共同注意の発達は、「二者が向かい合う関係でのやりとり：二項関係（向かい合いの関係：子どもと養育者の二者間）」から「二者が並んで、特定の対象をいっしょに見て、気持ちを共有する：三項関係（並び合いの関係：子どもと養育者の二者に、もの等が入った三者間）」に移行（図6）していきます。

　子どもと他者との関係は、図6のように「人との二項関係」と「ものとの二項関係」が融合して三項関係になります。次項から、共同注意に至る子どもの発達をみていきましょう。

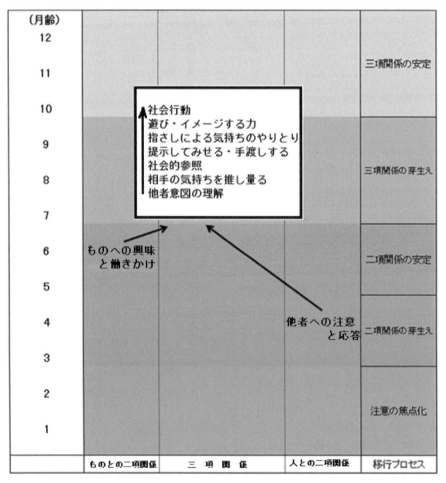

図6　共同注意関連行動における二項関係から三項関係への移行モデル

（児山・樋口・三島（2015）を元に作成）

　なお、多くの研究では、共同注意の発達を、「二項関係」と「三項関係」という専門用語を使用して説明しています。この、二項関係と三項関係を、日本人の研究者が、三段階に分けて説明しています。

　すなわち、向かい合いの関係（二項関係）、並び合いの関係（三項関係）と重なり合いの関係（空間を異にした三項関係）です。私は、この三段階の説明が非常にわかりやすいと感じています。そこで、日本の研究者が考えた、三段階の説明に沿って共同注意について述べていきます。

（2）　二項関係

　二項関係（向かい合いの関係）は、子どもが、他者（多くは母親）と向かい合って１対１でやりとりしている状態です。人と人との二者間の関係なので、「人と人との二項関係」といいます。この段階では、まだ、共同注意は成立していません。

　しかし、二項関係は、共同注意につながる重要な時期です。二項関係で、特定の他者と関係ができていないと、共同注意は成立しません。そのため、二項関係の状況を「前共同注意」と呼ぶ研究者もいます。

　ではなぜ、特定の他者との関係が重要かと言いますと、子どもが自分の気持ちを伝えたい、気持ちを共有したい相手は、「その子が大好きな人」である必要があるからです。その人のことを好きでなければ、自分の気持ちを伝えたいとは思わないでしょう。そのため、対人関係の発達は、お気に入りの他者ができることから、出発します。

　なお、健常の赤ちゃんの特徴として、極端な近視であることが挙げられています。研究者の報告により異なっていますが、生まれてすぐは0.1くらい、その後徐々に視力は上がり、生まれてから６ヶ月くらいで0.3くらいであるといわれています。

　赤ちゃんは、視覚的には、ぼんやりした世界に生きていますが、視力が悪いことは、人として育つ際に、非常に都合がよい状況です。なぜならば、視力が悪いことで、だっこしてくれている養育者の顔にピントが合い、背景の事物があまり見えないという状況がつくられます。養育者の背景にある「赤ちゃんにとって魅力的なもの（動くもの、興味をひくもの、音を出しているもの、他の人など）」が見えづらいため、そちらに気をとられることなく、養育者とのやりとりを行います。また、この程度の視力でも、お母さんがどこに視線を向けているかはわかります（白目の真ん中にある、黒目の動きは、すごくわかりやすいのです）。

　赤ちゃんは、生まれて半年くらいはこのような状態のため、自分とかかわっ

てくれる人とのやりとりが、外界（自分のまわりの世界）との関係のほとんど
を占めるのです。赤ちゃんは、かかわってくれる人となるべく多くの時間、や
りとりをしたいと考えます。そこで、Ⓐかかわってくれる人を呼ぶにはどうす
ればいいか？Ⓑどうすれば長い時間自分とかかわってくれるか？Ⓒ自分に視線
を向けさせるためにはどうすればよいか？など、かかわってくれる人とのやり
とりで、知恵を絞ります。そして、Ⓐ泣けば来てくれる、Ⓑかかわってくれたら、
笑い返すと長い時間遊んでくれるなど、やりとりを自分にとってよい状況にす
る方法を学びます。もちろん、赤ちゃんは、意識しないで行っていることです
が、このやりとりで学んだことは、成長し、人とコミュニケーションをとる際の、
重要な基板になります。

　私は、赤ちゃんが生まれてから数ヶ月を「コミュニケーション（やりとり）
の特訓期間」と呼んでいます。特訓といっても、無理矢理行わせられているの
ではありません。両者が楽しみながら、やりとりを楽しいものにするために、
知恵を絞りあうのです。

　実は、二項関係の時期には、「人との二項関係」だけでなく、「ものとの二項関係」
も成立します。子どもは、ものを見る・操作する（ものを持つ、ものを舐める、
ものを打ちつける、ものを両手で持って打ち鳴らす、ものを投げる）などの様々
な活動を通して、ものの性質を知ったり、おもちゃなどの遊び方や道具の操作
の仕方などを学んだりします。大人からみると乳児が気ままにしている活動の
ように見えます。しかし、これらの活動で、子どもは実に、様々なことを学習
します。ものの重さ、打ちつけたときに出る音、振っただけで音が出るもの等、
ものの性質を学んで、ものとの関係を深めていくのです。

　ここまで述べてきたように、子どもは、人との二項関係とものとの二項関係
を同時進行で発達させていきます（図6）。

　そして、別々に発達していった「人との二項関係への注意」と「ものとの二
項関係への注意」をうまく調整して、「人とものの両方に同時にかかわれる」よ
うになっていくのです。それができるようになると、共同注意（三項関係）が
成立します。健常児は養育者に支えられて、短期間で共同注意の状況を成立さ
せるのです。

（3）　他者意図の理解と三項関係

　共同注意が成立するのは、霊長類でも、人だけです。賢いといわれるチンパ
ンジーでも、他者の意図を理解することはできません。他者意図が理解できる
ようになり、共同注意が成立することで、人と人の関係性は、より深く豊かな

ものになります。

　他者の意図を理解できる潜在能力を有して生まれてきた乳児は、特定の他者との１対１の関係（二項関係）から始まり、様々な状況でのやりとりを経て、「他者は、自分と同じように意思があり、意図を持って行動する個体だということ」を理解します。「他者意図の理解」です。

　通常、他者意図が理解できるようになるのは９ヶ月前後であるといわれています。トマセロ（2006）は、これを「９ヶ月革命」と名付けました。

　「他者意図の理解」について理解するためには、トマセロの模倣の質が変容する様子についての説明が参考になります。

　トマセロは、模倣を２つに区別しました。Ⓐエミュレーション学習とⒷ模倣学習です。それぞれの模倣には、決定的な違いがあります。前者は、人以外の霊長類でも可能な模倣、後者は、霊長類の中でも人のみができる模倣です。

　Ⓐ「エミュレーション学習」とは、いわゆる「猿まね」です。猿が人の動作をまねるように、他者の行動を表面だけまねることです。実は、高度な知能をもつといわれるチンパンジーでも、他者の行動の形のみをまねて学習しており、他者（チンパンジー、時に人）が、「どのような意図をもって、行動をしているのか？」考えていません。

　トマセロは、エミュレーション学習について、朽ちた木の穴の中にいるシロアリを捕るために、あるチンパンジーが考案した方法が、他のチンパンジーに伝わっていく様子を例に挙げて説明しています。

　そのチンパンジーが考案したのは、木の穴に棒を入れてシロアリを捕る方法です。偶然、棒を穴に入れたチンパンジーは、棒にシロアリが付いてくることを発見しました。そして、繰り返し棒でシロアリを捕るようになりました。棒に付いて出てきたシロアリを食べるのは、とても効率のよい賢い方法です。近隣のチンパンジーは、その姿を見てすぐに学習しました。そして、そのチンパンジーの住む川の流域のチンパンジーはみなまねるようになりました。

　しかし、トマセロは、この学習を、他者がものを操作するのを見ることで、その行動をまねしているが、「他者が、どうしてその方法をとったか？その意図は、考えていない」と説明しています。チンパンジーの模倣は、シロアリが捕れるという「結果のみに着目」した「エミュレーション学習」なのです。

　結果のみに着目して、形だけまねた模倣はその行動の意図まで理解していないので、そのやり方がうまくいかなくなると、すぐに行わなくなります。その結果、冬になり木に棒をつっこんでもシロアリがとれなくなると、全く行われ

なくなります。そして、次の夏になり、同じことをすれば、シロアリが捕れるようになっても、流域のチンパンジーはだれもその方法を覚えていません。新たに別のチンパンジーがその方法をたまたま発見しなければ、二度と行われないでしょう。

　Ｂ「模倣学習」は、生まれてからおおよそ９ヶ月を経た人の乳児が、他者のやり方や結果だけではなく、他者がその行為を行う意図を理解した上で行う模倣のことです。この「模倣学習」が「エミュレーション学習」と異なるのは、行っている行為ではなく、「行為を行っている人の目標や意図を理解している点」にあります。模倣学習で習得した場合、前述の棒でシロアリをとる方法は、他の虫や動物をとる際にも応用されます。そして、冬になって効果がなくなっても、次の年に思い出して活用するようになります。行動の意図を理解しているからです。

　また、驚くことは、模倣学習を学んだ「人の子ども」は、たとえ、効率が悪い方法だったとしても、他者の行動を再現することを目指すそうです。トマセロはこれを、人の子どもは、社会性のより高い方法をとると説明しています。つまり、その時の短期的な結果だけを求めるのではなく、やっている人の意志や意図を引き継ぐのです。

　このように人の乳児は、「すごい能力」を有しているのです。私は、この「すごい能力（他者意図の理解）」を重度の子も同様に有していると考えています。重度の子にもこの力を発揮して欲しいのです。先生たちが「健常児が、人との関係を築いていく過程：すごい能力を発揮するに至る道筋」を理解した上で、重度の子の学習を考え、潜在能力を顕在化するよう支援して欲しいと思っています。

　前述しましたが、健常児は、養育者との関係をつくっていく中で、行動全般の発達が促進され、人の成長の根幹部分が形成されていきます。しかし、重度の子は、そのような経験がほとんどできない場合が多いと思います。障害が重いからこそ、健常児以上に人との関係を構築させたいのですが、それが難しいのです。

　重度の子たちにも、健常児と同様に養育者との間で繰り広げる貴重な経験をして、人との関係を深めていって欲しいのです。そのためには、先生が、重度の子の意図を理解して、彼らが学べる状況を準備していく必要があります。

　そして、やりとりは、あくまで重度の子の表出に対して応答していくことが重要です。もし、指の小さな動きなど身体の一部の動き以外は、観察できない

場合でも、重度の子が自ら表出している微細な行動に応えていって欲しいのです。決して、子どもの手を取って教師が動かしたり、子どもの代わりに教師が代弁したりしないでほしいのです。

　以上が、特に、共同注意を取り上げる理由です。

❸　共同注意の発達過程で子どもが学ぶことと重度・重複障害児の学習

　対人関係の発達は、人の成長の根幹部分であるということができます。これは、障害の有無に関係ありません。コミュニケーションや身体の動きに重篤な障害を有する重度の子にとって、対人関係の発達は健常児以上に重要です。

　重度の子は、運動、視覚、聴覚など多様な問題を有しており、健常児が経験する様々な人との交流を体験することが困難です。人との関係を築くための潜在能力を有していても、顕在化することが難しい状態です。

　そのため重度の子は前述の「コミュニケーション（やりとり）の特訓期間」に健常の赤ちゃんが経験する、かかわり手との知恵の絞り合いを経験できていないのではないか？ということが考えられます。重度の子が他者の働きかけを十分理解できていない場合や、反対に重度の子が微細な動きで応答していても、かかわる相手に気がついてもらえないこともあるでしょう。

　重度の子に健常児と同じようなやりとりを求めるのではなく、どんなに微細でも、彼らの自発的な発信（微かな指や身体、視線の動きなど）に応えて、「やりとりの関係」を経験させることが重要です。けっして、先生が代理で子どもの身体を動かしたり、代弁したりせず、重度の子の能動的な表出や応答に対して応えてあげてください。

　先生が、重度の子が他者とかかわる際の困難性を様々な方法で排し、健常乳幼児が他者とかかわるのと同等のやりとりを経験させ、重度の子の他者との関係を、より深く豊かなものにさせてほしいと考えます。

　この項では、ここまで述べてきた共同注意の発達の過程で健常児が学ぶ内容をさらに深く紹介するとともに、重度の子に先生が行う支援やかかわりについて考えていきたいと思います。

（1）　向かい合いの関係（二項関係）

①　人との二項関係

　図7に、共同注意の発達1（向かい合いの関係：二項関係）を示します。これは、乳児とお母さんが向かい合ってやりとりをしている様子を図示したものです。

共同注意の発達1

図7　第1段階　向かい合いの関係（二項関係）　生後0〜6ヵ月

（画：白百合女子大学名誉教授　田島信元先生）

⑦　特定の他者の存在の重要性

　向かい合いの関係では、「特定の大人との応答的なかかわりを通じて、情緒的な絆が形成」され、それを基礎として、次の並び合いの段階（三項関係）に成長していきます。そのため、自分の大好きな他者を「養育者」として子どもが決める（認める）ことが人間関係の出発点となります。

　共同注意の出発点で、最も大切なのは、「支える人：養育者」の存在です。

　人の子どもの発達では、「人（養育者）との関係性」が行動の拠り所となり、子どもの活動全般の発達を支えていきます。養育者とは、子ども自身が信頼をおき、かかわりたい、大好きな人だと捉えてもいいと思います。

　この段階では、共同注意が成立していませんが、「子どもと養育者が向かい合った関係」で行う、養育者とのやりとりの中に共同注意に発展する礎があります。

　保育所保育指針解説（厚生労働省，2018）の「1 乳児保育に関わるねらい及び内容（1）基本的事項」に次のような内容があります。

　『ア 乳児期の発達については、視覚、聴覚などの感覚や、座る、はう、歩くなどの運動機能が著しく発達し、特定の大人との応答的な関わりを通じて、情緒的な絆（きずな）が形成されるといった特徴がある。これらの発達の特徴を踏まえて、乳児保育は、愛情豊かに、応答的に行われることが特に必要である』。

　「向かい合いの関係」では、子どもと特定の大人との間で「子どもが発したら、大人が応答する」、「大人が発したら、子どもが応答する」のように、即時のやりとりが行われます。ここで、注目したいのが「特定の大人」ということばです。乳児は、大人なら誰でもよいのではなく、「特定の誰か（大人）」と関係を築い

ていきます。それは、家庭ではお母さんやお父さんであったり、保育園では担任の保育士さんであったりします。つまり、自分が心から好きな誰かでないといけないのです。これらの関係が礎になることで、前述の共同注意の「気持ちの共有」が行われます。つまり、気持ちを共有したい、例えば、大好きなオカメインコを見て欲しい相手は、特定の大人なのです。大好きな人だから、「ねえ、これ見て！」「ほら、○○だね！」と気持ちを伝えたくなるのです。

　ここで、私が読んで感動した本の一節を引用します。私は、この話を読んだとき、「重度の子と先生の関係は、こう考えなければいけない！」と思いました。

　久保田（1993）は、『二歳半という年齢』（新曜社）という書籍で、認知や社会性、ことばが大きく伸長する二歳半前後の子どもの行動を多数紹介しています。その中で、仙台キリスト教育児院の逸話を『「専属保母制」の経験』として報告しています。それまで、その育児園では、子どもの担当を決めずに、すべての保母さん（当時は、保育士を保母といっていました。ここでは、当時の呼び方をそのまま使います）が、すべての子にかかわっていました。

　しかし、専属保母制をある時期（1967 年頃）から取り入れました。専属保母制を取り入れたきっかけは、保母長の T 先生の体験でした。

　久保田（1993）からほぼ全文を引用します。

　『保母長の T 先生は、ご自分の最初の子どもを園に連れてきて執務をしていた。お子さんの W ちゃんは園児の中にまざっていたが、W ちゃんの泣き声が聞こえたときに、とっさに何をおいてもそばに行きたくなるのにはっとして考え込んだ。乳児はこのように泣き、このように聞き取られているのが本当なのに、日頃の仕事の場で、たくさんの子どもの泣き声をそういうふうに聞いたことはなかった。

　このことを考えているとき、次のことが思い浮かんだ。保母さんは、仕事の合間に、情の移った子どもを抱き上げて、個人的に頬ずりをすることがある。

　では、各保母が何人かの子どもを、専属の子どもとして担当することにしたらどうだろうか？専属の決定は、子どもと保母の好みだけでは決められないが、みんなで相談して決めてみた。

　勤務の外観は変わらないが、変化はすぐに現れた。まず保母の行動が替わった。保母は、専属の子どもとかかわるときには、「はいはい、遅くなってごめんね」「いいものもってるね」などと声をかけながらおむつ替えをするようになった。他の場所に行くときには、「待っててね、すぐ来るからね」といってから行く。この体制を始めて乳児の泣き方はむしろ多くなったが、この方が自然だと思われ

た。やがて3ヶ月児になると子どもは専属の保母さんがわかるようだと思われてきた。

　筆者は、このことは普通の家庭での経験と同じだと思い、この実践に注目した。ある日、筆者がこの施設に行きある6ヶ月児と遊んだが、初対面の客人を愛想よく相手してくれた。そこへ、保母長のT先生が来ると子どもはいかにも慣れ親しんでいる人に対する親しみと喜びを示して客人への態度とは違っていた。そこへ専属保母が来た。そのとき子どもの、夢中で抱きつき握りこぶしで保母のうなじをたたく切実な喜びの表現を筆者は忘れられない。専属保母がその子と接する時間は、他の子と接する時間とそれほど違うわけではない。施設のことだから専属といえども休暇や交代のときはいないのである。しかし、子どもから見て接触の内容は専属保母の方があるいきとどき方と余韻を持つだろうし、何よりも子どもとの経験の共有の仕方が継続的であるという重要な違いが生じてくるのだと思われる。

　学生が、施設で重度障害児とかかわる時にも、同じような状況が現れる。学生は週2～3回でも、ひとりの子どもを対象にことばの学習を試みることがある。その重度障害児と四六時中管理的に接触せざる得ない職員とよりも、はるかに子どもとの了解を発展させていくものである。接触の時間は多くなくても、中断があっても、一貫した継時的な関係をもつことは、生後3ヶ月児の頃からは意味を持ち始めるのではないかと筆者は考えている』。

　保育者保育指針解説（厚生労働省，2018）の「特定の大人との応答的な関わりを通じて、情緒的な絆が形成される」の意味がよくわかる逸話だと思います。

　子どもたちには、だれでもよいのではなく自分のことを「特に大切」にしてくれる特定の人（大人）が必要なのです。そして、「重度の子と先生の関係もこうあらねばならない！」と思います。特別支援学校では、クラスの子ども7～8人を数人の先生で対応しなければならないことも多いです。そのなかで、「専属保母」にあたる「担当の先生」と子どもとの関係形成を第1に考えなければ、子どもの心が育ちません。久保田（1993）は、関係をしっかりつくることの効果は、生後3ヶ月児以降で顕著であると言っています。しかし私は、生後すぐからが重要であり、子どもの表出に現れるのが3ヶ月児くらいからなのではないかと思います。

　また、久保田の逸話の子どもたちは、不幸にして保護者と離れて暮らしている子どもたちです。久保田の逸話では、保母さんと関係ができずに「いつもおとなしく、窓の外を眺めている子」の例も書かれています。専属保母制が開始

された際、子どもたちが泣くのが「かえって増加した」点は、重要です。特定の大人である専属保母ができて、自分の気持ちを伝えるのに価する相手ができたということです。その結果、子どもが意思を示しだしたのですね。

　健常児は、様々な体験を通して、人との関係の基礎をつくっていきます。重度の子にも、このような関係をつくり、対人関係の発達を促して欲しいのです。

㋑　向かい合いの関係（二項関係）での行動の変化

　この段階の健常児は、特定の大人とのかかわりで、たくさんのことを試みます。例えば、Ⓐどうしたら、養育者がそばに来てくれるか？Ⓑどうしたら自分の側に少しでも長くいてくれるか？Ⓒどうしたら笑顔を返してくれるのか？などを目指し、いろいろなことを試み、養育者との関係を深めていきます。

　健常児が、向かい合いの関係（二項関係）のかかわりのなかで獲得する行動を税田・大神（2001）が示しています。税田・大神を基にその行動をまとめたものを表8に示します。

　この表に記載されている乳児の行動は、0ヶ月から6ヶ月くらいまでの間に観察される行動です。初めは見られなかった行動が、他者とやりとりをするうちに、出現します。例えば、やりとりをする過程で、自分の名前が頻繁に呼ばれ、「①名前を呼ぶと振り返る」ようになり、「②特定の人に関心をもつ」ようになり、その人がそばに来ると、他の人が来たときと全く異なった嬉しいしぐさを見せるようになり、その人と「⑧やりとり遊びをする」ようになってきます。これまで観察できなかった行動が、新たに観察されるようになると、対象の子ども

表8　向かい合いの関係（二項関係）で乳児が見せる行動

	乳児の行動	行動の意味
①	名前を呼ぶと振り返る	自分の名前を呼ぶと振り返る
②	特定の人に関心をもつ	特定の人（母親など）を見て、微笑む
③	表情の豊かになる	気持ちをこまやかに表情で表出する
④	アイコンタクトをとる	視線が合いやすい
⑤	他者へ関心をもつ	人を意識してじーっと見たり、目で追ったりする
⑥	身体接触を避けない	身体接触（おんぶや抱っこ）が好きである
⑦	動くものへの注視	動くものがあると（例えば転がってくるボール）、それをじーっと目で追う
⑧	やりとり遊びをする	イナイイナイバーなど簡単な遊びに喜んで応じる

（税田・大神（2001）を元に作成）

の「対人関係の発達」が促進されたと評価できます。評価の視点として知っておくべき内容です。

　しかし、私たちが子どもの教育や評価の際、心にとめておくべきことがあります。表8のような内容を知って、われわれが行うことは、「これらの行動を目標として設定し、その行動自体を引き出そうとしてかかわってはいけない」ことです。

　例えば、これらの行動が観察されたら、ほめて強化するのではないのです。子どもと他者がやりとりを楽しみ、「子どもがその人との関係を築いた結果、見られる行動」なのです。そのため、目標として設定するのはよいのですが、その行動自体を引き出すかかわりをするのではなく、「子ども自身がかかわって楽しい」、「もっとかかわりたい」、と思うようになった結果、自然と子どもが行うようになる行動であることを十分理解していただきたいと思います。

　先生が、子どもに表8の行動を示してほしいため、行動が表出したらその行動をほめていると、子どもはそれを察知して、「やりとり自体」ではなく、先生にほめられる行動をしようとしてしまいます。その結果、本来育てたい「人との情緒的な絆」の形成をかえって阻害してしまうことになります。

　また、われわれ、重度の子とかかわる教員は、彼らとのやりとりの中で、これらの行動が促進されるような関係を築くことが大切ですが、表8は、健常児の一般的な現れ方を示しています。重度の子は、重度の身体障害を有しているため、「その子の特有の表出をする」場合がほとんどであると考えられます。健常児と同じ行動ではないけれど、同じ意図を有する行動が表出されているか？十分、観察してください。もし、そのような行動をしていると思えたら、しっかり応答して、楽しいやりとりをしてあげてください。

　共同注意に関する理論的な知識を、先生たちが有してかかわれば、特有の表現をする重度の子の意思を、しっかり受けとめてあげることができるでしょう。先生の応答が、重度の子の気持ちに寄り添っていれば、その子は、さらに気持ちを表出してくれるようになります。子ども自身の表出は、初めは微細だとしても、少しずつ顕著になっていくことでしょう。

⑦　向かい合いの関係（二項関係）における重度・重複障害児の学習

　重度の子の他者との関係においても、二項関係のかかわりを通して、「特定の他者（大人）との関係」をつくるのが最初の目標です。これは、健常児と同様です。しかし、視覚・聴覚・運動・言語等に問題を有する重度の子には、様々な支援が必要です。

　その中でも、最も重要なことのひとつに、重度の子が自分が「誰とかかわっているか？」理解した上でやりとりを行うことがあります。視覚の問題が有する重度の子にとって、「特定の他者との関係」をつくるためには、かかわる人の違いを認識させる必要があります。

　私は、特別支援学校で勤務しているときに、様々な方法で、重度の子に、「かかわっているのは私だよ！」と、知らせる努力をしました。

　「第Ⅰ章　第2節　重度・重複障害児の教育の難しさ❷視覚の問題とその対応」にも記述していますが、毎日赤の蛍光色のTシャツを着ていました。蛍光色のTシャツは、ある衣料店に行った時に、たまたま蛍光色のTシャツが売られていて、在庫を聞くと14枚あるというので、在庫をすべて買ってきました。そして一年中、同じTシャツを着ました。

　また、視覚からの情報だけではなく、多感覚で情報を知ることが重要です。私はTシャツに加えて、テーマソングを歌ってかかわりました。その日に初めて重度の子に会ったときには、決めたテーマソングを歌いながら、やりとりをして、「今日も私がいますよ」と、知らせるのです。私のテーマソングは、映画『となりのトトロ』の主題歌、「さんぽ」にしていました。重度の子を向かい合い、あいさつする時に、「あ～る～こ～、あ～る～こ～、わた～しわ～げんきぃ～…」と歌うのです。自分の担当の子どもだけではなく、同じクラスの子、また、他クラスでもその日初めて会った子にも歌いかけました。

　今でも、特別支援学校を訪問し、自己紹介を求められると、子どもたちの前で「さんぽ」を歌ってから自己紹介をします。子どもたちはすぐに覚えてくれるようです。

　そして、以前在籍した特別支援学校の私のクラスでは、先生一人ひとりが、自分のテーマソングを持っていました。朝の会の呼名では先生の名前も呼び、先生は、必ず「テーマソング」をワンフレーズ歌い、挨拶しました。子どもたちが非常に喜んでいたのが印象的です。やはり、子どもたちにとって、今かかわっている人がわかることは、最重要事項なのです。

　人との向かい合いの関係（二項関係）では、Ⓐかかわっている人が誰かがわかった後は、Ⓑ特定の他者がどのような人か知ることが重要です。子どもはかかわる人の中から自分のお気に入りの人を選ぶ必要があるからです。後の並び合いの関係（三項関係）になった時に「自分の気持ちを伝えたい人」「その人がどう思っているか知りたい人」なのですから、「お気に入り」である必要があります。そのためには、かかわってくる誰かが「どのような人か（その人の個性）」を知

る必要があります。教師は、重度の子に「自分はどのような人か？」「自分の特徴は何か？」「自分は、重度の子と、どのようなかかわりをするのか？」知らせていく必要があります。このようなかかわりの中で重度の子は、特定の他者を選びます。先生は重度の子の表出の状態をしっかり観察し、その子が、何を基にその人だと判断しているのか把握しておく必要があります。

　そして、その人の特徴を知ることで、「○○先生は、必ず私の好きな手遊びをしてくれる」「○○先生は、いつもトランポリンで遊んでくれる」などのイメージを持ち、自分からかかわろうとするようになるでしょう。障害が重度であればあるほど、人との関係が広げにくいのですが、これらの対応で、徐々に他者との関係も広がっていくことでしょう。

　②　ものとの二項関係

　図6にも記して説明したように、子どもは、「人との二項関係」を成立させるとともに、「ものとの二項関係」も成立させます。健常児は、ものを見る・操作するなどの様々な活動を通して、ものとの二項関係の行動を行います。ものとの二項関係の活動を通して、ものの性質、おもちゃの遊び方、道具の操作の仕方などを学びます

　しかし、重度の子は、重い運動障害や視覚障害を有するため、ものとの二項関係を成立させるために大きな制限が生じる場合が多いのです。運動障害のために操作することが難しい、視覚障害のために能動的に周囲を探索することが難しいなどの状況におかれています。その困難な状況は、子どもの有する障害の状態により異なります。

　重度の了が、ものとの二項関係を成立させるためには、先生が個々の子どもの状態に合わせて環境設定を行い、自分の自発的な動きで、ものとかかわれる状況を準備することが重要です。

　③　向かい合いの関係（二項関係）から並び合いの関係（三項関係）へ

　これまで述べてきたように、子どもは、「人との二項関係」と「ものとの二項関係」を同時進行で発達させていきます。

　別々に発達していった「ふたつの二項関係」をうまく調整して、「人とものの両方に同時にかかわれる」ようになっていきます（図6）。そして、共同注意（三項関係）が成立します。

　重度の子は、「人との二項関係」と「ものとの二項関係」のどちらの成立にも、非常に難しい状況があります。向かい合いの関係（二項関係）から並び合いの関係（三項関係）への移行においても、子どもの状態に応じた支援が必要にな

ります。

　通常、三項関係は、あるものに対して、乳幼児と他者が並んだ状態で対象（ものや人）を見て、気持ちを共有するのが基本です。その際、乳幼児は、対象への注意と他者への注意を振り分け、対象を見る行動（ものとの二項関係）と他者を見る行動（人との二項関係）を同時（または交互）に行う必要があります。健常児は、生後数ヶ月で、座位をとれるようになり、手も使え、首を自由に動かして対象と他者を交互に見たり、指さししたりできるようになります。しかし、運動の問題を有することが多い重度の子は、視線や頭を動かして他者と対象を見ることや指さし等が困難な状況が予想されます。そこで、通常想定される三角形の状況ではなく、向き合う二人の間に玩具などのものを置いた状態で共同注意を成立させることも考えられます。

　大藪（2004）は、並び合いの関係以前に、向かい合う関係の二人の間に対象がある状態での共同注意として、「対面的共同注意」を挙げています。

　向かい合う二者間に対象があり、お互いに対象を共有している状況です。

　図7（P94）の絵には、養育者は向かい合いの関係（二項関係）にいても、手にガラガラのようなおもちゃを持っています。これは、作者の田島先生が、養育者は、向かい合いの関係（二項関係）のときに、おもちゃ等を持ち込むことが多いことを意図して描かれたのだと推測します。この後、ガラガラは赤ちゃんと養育者との間で振られることでしょう。赤ちゃんの視野の中にガラガラと養育者の両方が入ってきます。お母さんは自然と対面的共同注意の状況をつくり出します。

　対面の状態で、二人の間に対象があると様々なよい点があります。重度の子（健常児でも同様）は、視線を少し動かすだけで、交互に対象と養育者を見ることができます。つまり、運動等の制限がある場合でも視覚が活用できるなら共同注意の関係がつくりやすい環境といえます。

　私は、重度の子とのやりとりでは、並び合う状態ではなく、向かい合いの関係の二者の間に対象を持ち込むことを勧めます。対面的共同注意の状況は、姿勢保持椅子や側臥位等、比較的多様な姿勢でつくれるので、都合がよいのです。重度の子に二項関係から三項関係への移行を促し、共同注意を成立させたい場合、対面でのやりとりに対象を持ち込む（図8）ことが「発達を促進する環境」の準備といえるでしょう。

　後述の菅先生の実践（第Ⅳ章実践例第1節）でも、対面的共同注意の状況から「並び合いの関係（三項関係）」に移行していきます。

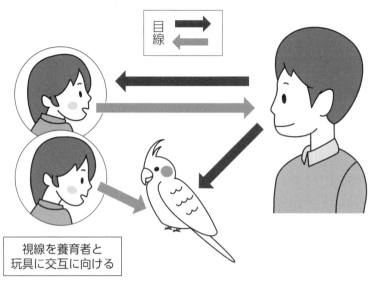

目線

視線を養育者と
玩具に交互に向ける

図8　対面的共同注意

　この移行期に注意すべきことは、行動の発現をめざすのではなく、健常児での場合と同様、あくまで重度の子がやりとりを楽しみ自然に関係を深めていくことを大切にすることです。重度の子が、おもちゃ等を楽しんでいるときに、ちらっと教師を見る。教師とやりとりをしながら、間におもちゃがあることを思い出し、再度遊ぶ。そのような状況をつくり、子どものペースで、徐々に養育者への注意と対象への注意を調整できるようになっていくのを見守りましょう。

　また、菅先生の実践では、身体への直接的なかかわりを求めていた子に、歌で対応することで、関係を深めています。この事例のように、場面によっては、その子のその後の発達をイメージして、子どもが望む活動を広げたり、変更したりすることもよいと思います。重度の子が二項関係から三項関係へと移項するには、子どもの有する障害の状態に合わせた支援が必要です。先生には、共同注意の発達に関して、深い理解が求められます。

（2）三項関係（並び合いの関係・重なり合いの関係）
　①　並び合いの関係（三項関係）
　この段階では、共同注意は成立しています。向かい合いの関係の時と比較して、他者との関係に質的に大きな変化があります（図9）。

共同注意の発達 2

図9　第二段階　並び合いの関係（三項関係）　生後6〜12ヶ月
－共同注意の成立－

（画：白百合女子大学名誉教授　田島信元先生）

　図9では子どもと養育者は、同じものを見ています。そして、図9の右側の絵では乳幼児と養育者の間に双方向の矢印がある点が重要です。子どもと養育者との間には、「気持ちの共有」があるのです。例えば、乳幼児が大好きな車を見ている時に、お母さんの顔もちらちら見ます。その時、乳幼児は「お母さんは、見てくれているかな？」「お母さんは、それについてどう思っているのだろう？」と確認するようになります。お母さんが、子どもが見ているものを見たり、「そーだね。あなたの大好きなパトカーだね」と言ったりするのを知り、子どもは、「僕の大好きなパトカーをお母さんも見ていてくれている」と思い、気持ちが共有されていることを理解します。共同注意が成立すると、乳幼児は次の表9のような行動を示すようになります（税田・大神, 2001）。

　この頃から乳幼児は、「他者を自分と同じように意図を持っていると知る（他者意図の理解）」ようになり、それを示す行動をとるようになります。（Tomasello, 1995）。表9の①〜⑨の行動は、Ⓐ他者の意図を知ろうとする行動、Ⓑ自分の意図を知らせようとする行動であるといえるでしょう。例えば、「③社会的参照」では、他者の顔を見て、自分の見ているものを見ているか確認し、それに対するその人の気持ちや価値観（好き、嫌い等の気持ちを含めて）などを確認しているのです。この行動は、様々な場面で観察できます。「自分がやっていることをお母さんが、どんな表情で見ているか確認」したり、「誰かがしている行動を、先生がどんな風に思って見ているのか確認」したりするのです。ある意味、「顔

表9　並び合いの関係（三項関係）で乳幼児が見せる行動（共同注意行動）

	乳幼児の行動	行動の意味
①	指さしの理解	養育者が指をさすとその方向を見る
②	視線を追う	養育者が見ている方向を、視線を追うように見る
③	社会的参照	養育者が見たり指さしたりしているものを見て、養育者の顔を見る：養育者が、対象物に対してどのような気持ちをもっているか探る
④	提示	「みせて！」といわれて見せる
⑤	手渡し	「ちょうだい」と要求されると渡す 自分からものを渡す
⑥	自発提示	自分からおもちゃなどもっているものを見せる 特に気に入ったものは、「見て！見て！」と提示する
⑦	模倣・他者への関心	養育者の行動をまねする
⑧	指さし	欲しいものを指さして要求する 気持ちを伝えようとして指をさす（共感するため）
⑨	協力行動	困っていたら助ける

（税田・大神（2001）、大神（2002）を元に作成）

色をうかがっている」ともいえる行動です。

　乳幼児は、養育者がいろいろな場面でどのような判断をするかを学ぶのです。この養育者とのかかわりは、乳幼児の今後の行動全体に影響を与えます。養育者の表情を見て「先生は、あれは好きなんだな」「お母さんはあれをきらいなんだな」「あれは、触ってもいいんだな」「これは触れてはいけないものなんだ」「ああいうことをすると、お母さんはほめてくれる」「あれは先生に怒られる行動だ」などと、養育者の価値判断を学ぶようになるのです。

　乳幼児は、ある年齢になるまでは、一番関係の深い養育者の価値判断を参照して、自分の考え方を形成します。つまり、養育者が自分の価値に基づいて子どもと接すると「お母さんは、○○するとほめてくれる」「先生は、□□するとダメっていっていた」と状況を理解し、子どもは養育者の価値観を学びます。また、自分で判断できず困ったときには、まず、養育者の価値観を基に判断します。こうやって関係の深い養育者の価値を学びながら自分の価値観を形成していきます。

　そのため、自分と関係が深い養育者ができないと、生活のいろいろな場面で「どうしたらいいかわからない」状況がでてきてしまいます。共同注意が成立する

ということは、養育者を通して、ものごとに関する「考え方を学ぶ」ことにつながっています。これは子どもが自分の生活する環境の文化を学ぶということです。

　そして、子どもはまず、一番好きな人（養育者）の価値観を自分の価値観とします。多くは、お母さんです。最初に関係をつくり、信頼できる人となった養育者を、第一の養育者と呼びます。

　成長と共に活動の場が広がり、子どもは様々な人とかかわるようになります。すると、子どもにそれぞれの場所で一番好きな人ができるようになります。こうして、第二の養育者、第三の養育者が生まれます。学校では、担任の先生が養育者となる場合が多いと思います。養育者は、子ども自身がその人を好きであることが前提ですから、子どもが決めるものです。そのため担任の先生を選ばないこともあります。また、年度が替わり、学年が上がって新しいクラスに所属すると、担任の先生も替わります。すると子どもの新しい養育者選びが始まります。

　こうして、子どもはたくさんの養育者から、いろいろな価値観を学びます。状況によっては、ある養育者の価値観と他の養育者の価値観が異なることもあります。子どもが同じことをしても、ある先生はほめて、ある先生はほめてくれないような状況です。通常学校では、指導の方針をなるべく統一することが原則で、指導の一貫性を求められています。しかし、実は、異なった養育者の様々な価値観に触れることが子どもの成長につながります。子どもは、異なった価値に観触れると、「○○先生は、□□を大切にしている」「△△先生は、☆☆を大切にしている」というように、各先生の考え方を学ぶことができます。そして、たくさんの考え方を理解して成長し、たくさんの人の価値観を参考にして自分自身の考え方（価値観）をつくっていきます。常に、ひとつの価値観の下で指導を受けていると、多様な考え方を学ぶことができないのです。子どもにとって、多様な価値観を知ることは、大きな成長につながります。

　これらの学習の前提として、子どもが各先生の考え方を理解ができ、それを受けいれられる関係を築いた上で活動することが重要です。

　また、ここでは紙面を割くことはできませんが、自閉症スペクトラム障害の子どもの指導においても、同様のことがいえます。よくいわれる「指導の方針を統一することの重要性」はありますが、養育者との関係性を育て、子どもの特性を配慮した指導内容や指導環境を準備することで、彼らの力（心）を育てることができます。自閉症スペクトラム障害の子どもも、養育者との関係性が

できると、その人との関係で人に合わせた行動をとるようになっていきます。これまでいわれてきた、「指導の方針を統一することの重要性（ある行動に対して、先生全員で一貫した対応をとることの重要性）」は、関係性ができていない子どもに、社会のルールや先生がしてほしい行動を引き出すために重要だったのです。子どもは、関係ができると、個々の先生のとの関係でかかわりを変えます。誤解を恐れずに言いますと、すべての先生が対応を画一化することは、むしろ子どもの他者との関係性の発達を阻害すると考えられます。

　先生は、「子どもの行動が変わったかどうか」ではなく、「子どもの他者との関係性の状況」を理解する必要があるのです。

　この話題に関しては、他著で議論したいと考えていますが、どんなに障害が重くて重複していても、子どもの成長は、「他者との関係性ができているかどうか」が最も重要なのです。

　以上述べてきたように並び合いの関係では他者意図が理解できるようになった後、養育者と子どもの間で深いやりとりが行われます。並び合いの関係（三項関係）に人間関係が発展するためには、向かい合いの関係（二項関係）の時に、他者と区別して自分がかかわりたいと考える「特定の他者」が、存在するようになっていることが前提となります。特に、④提示（自己提示：自分からおもちゃなどを養育者に見せる）、⑦模倣・他者への関心（行動をまねする）、⑧指さし（気持ちを伝えようとして指をさす（共感するため））は、他者へ気持ちを伝えたり、気持ちを共有したりしてもらうために行う行動だからです。これらは、自分のことを受け入れ、わかってくれる人と行いたい行動です。例えば、⑥自発提示で、自分の大好きなおもちゃをもって「ほらほら、可愛いお人形さんでしょ！」と見せたい人は、「大好きな人」であると思います。

　人の乳幼児は、生まれながらにして、人とかかわりたいと思い、人と協力しようとする存在です（トマセロ，2013）。まず、一番好きな人をつくることから人間関係は発達します。

②　重なり合いの関係（三項関係の進化したスタイル）

　共同注意が成立した幼児は、歩行等の移動能力が発達するため、次第に養育者から離れた場所で活動するようになります（図10）。そのため、いつもそばにいて、助けてくれていた養育者が、同じ空間にいないことも考えられます。

　初めは、保護者が台所で調理しているときに、隣の居間で遊んでいるなど、比較的近くで活動している状況が想定されます。居間で遊んでいるけれど、困ったことがあると、台所のお母さんのところに飛んでいって助けを求めます。

共同注意の発達 3

図 10　第三段階　重なり合いの関係（三項関係）　生後 12 ～ 24 ヶ月

（画：白百合女子大学名誉教授　田島信元先生）

　ところが、年齢とともに、徐々に養育者との距離がだんだん離れていきます。

　この状況は、保育園で活動していたり、友だちの家で遊んでいたり、いろいろな場面が考えられます。養育者と離れているときに、困った場面や一人で解決しなければならない場面に直面したときには、「養育者の行動や考え方」を手本としたり、自分の心の中にいる養育者と対話（自己内対話）したりします。そして、困難な場面を解決しようとするのです。

　例えば、保育園で、教室に先生がいないときに園児同士が喧嘩をしたとします。それを見た R ちゃんが、「K ちゃんと N ちゃん、けんかしたらいけないって先生が言ってたでしょう！」と注意します。その場面では、先生（養育者）はいないにもかかわらず、先生のことを思い出して注意しています。つまり、R ちゃんの心の中には、先生がいるのです。

　友だちの K ちゃんと N ちゃんが、すごい勢いで喧嘩しているときに、「あ！けんかだ！どうしよう」と R ちゃんは、どうしたらいいか考えます。そのとき、信頼関係ができている先生の顔を思い浮かべて、「そうだ、先生はいつも “けんかはダメ” って言ってた」と思い出します。そして、「けんかしちゃダメ！」と言ったわけです。迷って困った際に、心の中にいる先生と相談したのです。もし、R ちゃんと先生との関係が、信頼できる「特定の他者」として成立していなかったら、「何を基準に判断したらよいか迷う」状況になるでしょう。幼児は、こうやって、人との関係を広げていきます。そして、判断しなければならないときや困っ

たときは、心の中にいる養育者と対話して解決します。

　また、前述のように養育者に関しては、場所によって好きな人の序列をつくるといわれています。つまり、特定の他者に「ベスト」「セカンドベスト」…好きな人の順番をつけるのです。そして、一番のお気に入りの先生がいないときには、二番目の先生を頼ります。これも、特に子どもの行動で観察されますが、大人も含めた人としての特性です。

❹ 三項関係（並び合いの関係・重なり合いの関係）における重度・重複障害児の学習

　ここまで、対人関係（共同注意）の発達について説明してきました。

　まず、先生方に「共同注意」について知っていただくために、健常児の三項関係での行動を主に記述しました。健常児では、指をさしたり、視線を向けたり、提示したり、「気持ちを共有」しようとする意図を示す行動が容易に観察できます。しかし、重度の子は、表9の行動を明確に示すことは難しく、かかわり手である先生が子どもの内界（心の中）の動きを「推測する」必要があります。そこで、重度の子の微細な表出（表情の変化・視線の動き・手や頭部の動き・身体の緊張等）から、彼らの【共同注意行動】を読み取り、応答していくことが重要です。

　再三、記していますが、私は、どんなに重い障害を有していても、人には人だけがもつ「他者の意図を理解する力」を潜在能力として有していると思っています。先生方には、健常児が9ヶ月頃までに示す、共同注意の成立に向かう行動を重度の子どもの微細な表出の中から見つけ出し、応えていくことが求められます。

　そこで、表9の乳幼児が見せる行動を、重度の子はどのような姿で見せてくれるのか考えてみたいと思います。表10に、重度の子の共同注意行動の例をまとめてみました。

　表10に示した共同注意行動は、【試作版】でありますが、想定した動作を検証すると、次のような特徴があります。

　Ⓐ養育者の気持ちに意識を向けている、Ⓑ養育者からの気持ちを受け入れている、Ⓒ養育者が行っている行動を自分の行動に取り入れようとしている、Ⓓ自分の行っていることを養育者にもしてもらおうとする、Ⓔ養育者とターンテイキングなやりとりを行おうとする。

　ⒶからⒺの行動を見ていくと、向かい合いの関係（二項関係）の状況と同じ

表10　【試作版】三項関係（並び合いの関係・重なり合いの関係）で重度・重複障害児
　　　　が見せる行動（共同注意行動）

	乳幼児の行動	注目したい重度・重複障害児の行動
①	指さしの理解	養育者が対象物の名称を言ったり、対象物特有の音等を聞かせたりすると、対象物をイメージして表情を変化させる。その後、対象物を提示されると、予測したものと一致しているか確認するような行動をとる（「やっぱり、これだったか」と確認する）
②	視線を追う	養育者が、「かかわっている人」や「操作しているもの」に注意を向けていると思われる行動を示す
③	社会的参照	養育者かかわった人やものに、自分もかかわった後、養育者に意識を向ける（養育者の気持ちを推測するような行動）
④	提示	自分が操作しているおもちゃなどを養育者が一緒に操作してもいやがらない
⑤	手渡し	養育者から「ちょうだい」と要求されると渡す
⑥	自発提示	ものを操作している際、養育者がいることに気づくと、養育者の方へものを差し出す
⑦	模倣・他者への関心	養育者の行動をまねる：養育者がものを操作していると、同じような操作を行う 養育者の声がする方を見る いつも養育者が現れる場面で養育者を探す
⑧	指さし	欲しいものを、自分特有の方法で伝え、要求する 気持ちを伝えようとする動作に、養育者が応じると喜ぶ（共感するため）
⑨	協力行動	着替え等の支援をしてもらっている時、協力するような行動を取る（支援者により、協力の度合いが異なる：関係が深い養育者のほど、協力の度合いが大きくなる）

（＊試案のため、未検証の内容も含む）

　ように、養育者のことが好きでかかわりたいと思う気持ちをもつことが前提です。しかし、三項関係（並び合いの関係・重なり合いの関係）では、それだけではなく、養育者の気持ちや自分の周囲の状況をイメージする力が必要であると考えられるのです。一緒に活動する際に、養育者の気持ちの快・不快を想像したり、たとえはっきり分からなくても、周囲の状況を想像したりする力が不可欠と推測されるのです。例えば、Ⓐでは、自分が行っていることを「養育者が、見ていてくれている」という意識を持って行動していること、Ⓑでは、同じかかわりを他者とは受け入れられなくとも、養育者なら許せること、などが重要

です。

　このように考えると、重度の子の共同注意の成立には、認知能力の伸長というもうひとつの基盤が必要なのかもしれません。

　以上の議論を基に、重度の子の共同注意の成立のためには、養育者は、次のことをしっかり実行することが必要であると考えています。

　ⓐ自分の気持ちを、重度の子に明確に伝える、ⓑ重度の子の気持ちを読み取り、重度の子に理解できる応答を共感的に行う、ⓒ重度の子に周囲の状況が理解できるような環境設定を行う、ⓓ周囲の状況の変化を重度の子に丁寧に伝える、ⓔ一緒に操作しているものの動きを、重度の子が理解できるようにする、ⓕ重度の子が、養育者が行っている操作方法を理解し、自分の活動に取り入れられるようにする。

　重度の子が、養育者の気持ちの理解や活動する際の周囲の環境の把握を深められるようなかかわりが重要です。これらを行うことで、重度の子との共同注意行動が深まっていくと考えられます。

　ここまで述べてきた内容を見てみると、重度の子の共同注意の成立は、全て養育者のかかわり方や環境設定にかかっているといっても過言ではありません。重度の子の「養育者の気持ちの理解」と「やりとりの際の状況の把握」が大切になります。そのような状況での温かいやりとりが、共同注意行動を育むといえるでしょう。これらの活動中を通して、重度の子は、「他者意図の理解」を進めていくと考えています。

　先生方は、ここまで述べてきた健常乳幼児の共同注意行動を念頭に置き、やりとりをしてください。そして、「表10【試作版】三項関係（並び合いの関係・重なり合いの関係）で重度・重複障害児が見せる行動（共同注意行動）」で示した「注目したい重度・重複障害児の行動の例」に準ずる行動を見つけ、子どもと気持ちの共有のあるかかわりを深めてください。

　また、重なり合いの関係（三項関係）の状況になると、養育者がいないときにも、養育者とやりとりした時に行った方法を使って玩具で遊んだり、新たな状況に直面した際に、養育者といるときに行う方法で探索したりするようになります。離れていても、心の中に特定の他者である先生がいる状況です。ここまで重度の子が成長していると、共同注意の状況も、認知の発達の状況も、かなり高度になってきます。子どもがひとりでいる際の行動や特定の他者である先生以外とかかわっている際の行動を、共同注意の視点から観察し、評価してみてください。

❺ 共同注意の発達と特別支援学校の担当制等

　P95で、久保田（1993）の逸話を挙げて、専属保母制を導入した育児園での、保母さんと子どもの関係の変化についてお伝えしました。

　この逸話を読んだ際、私が真っ先に思い浮かべたのは、特別支援学校での「担当制」と「指導での担当交代」についてでした。これについては、各特別支援学校で、いろいろなやり方があります。私が経験したことに基づいてお話ししますので、読者の方々の状況と微妙に違うかもしれません。基本的な考え方として知っていただければと思います。

　まず、特別支援学校での担当制についてです。肢体不自由特別支援学校の多くの学級は、10人程度の子どもが在籍する学級に、7人くらいの先生が担任をしている状況が多いと思います。学級に所属する先生全員を、その学級の「担任」と呼ぶことにします。また、学級の子ども一人ひとりの主な担当者が決められていると思います。この先生をその子どもの「担当」と呼ぶことにします。担当の先生は、自分の担当の子どもの個別の指導計画や通信表（通信簿）等を作成し、日々の指導内容も主に計画します。

　子ども10名が在籍して、担任の先生が7名の学級を想定して話を進めます。

　先生7名は、全員が1名以上担当の子を受け持つと仮定すると、4名の先生が1名の子を担当し、3名の先生が2名の子どもを担当します。そんな、担任、担当の設定が多いのではないでしょうか。

　まず、子どもの日々の指導は、担当の先生が主に行うことが多いでしょう。すると、2人の子どもを担当している3人の先生が、いつも先生と子どもの比が1:2となります。一方、1人の子どもを担当している4人の先生は、子どもとの比が1:1となります。

　次に、「指導での担当交代」についてです。これも学校によって呼び方が異なり、行っている学校と行っていない学校があると思います。私が知っている「指導での担当交代」は、各子どもの日々の指導を主に行う先生を順番に交代するシステムです（勤務校ではローテーションと呼んでいました）。それを行う理由を、"学級の先生全員が学級のすべての子どもの状態を知る"とか"子どもが、担任だけでなくいろいろな人とかかわることで、人間関係を広げる"などと説明されていました。

　今から20年以上も前にこの制度を考案した先生から、考案した理由を聞いたことがあります。「学級担任全員が、学級在籍の子どもの状態を知る必要がある」、「各子どものコミュニケーションの仕方を共通理解し、全教員がかかわり方を一

定にすれば、誰がかかわっても同じである」と説明を受けました。また、他の先生たちから聞いていたのは、Ⓐ子どもは、卒業後いろいろな人とかかわるので、たくさんの人とかかわれるようにする必要がある、だから、誰とでもかかわれないといけない、Ⓑ卒業したら、いろいろな人に支援を受ける、おむつを替えるときに「○○先生がいい！」なんて言えないでしょう、などです。

　また、特別支援学校の指導では、先生たちは、常に1対1で指導できるわけではありません。そして、2人以上の子どもの担当になる先生と1人を担当する先生が出てきます。その不公平感をなくすために、指導での担当交代（ローテーション）が考えられたのかもしれません。

　長くなりましたが、以上が私が経験した「担当制」と「指導での担当交代」の捉え方です。

　ここまでの理由は、いかにも、納得してしまう内容です。しかし、以上は、先生の視線からみた子どもの担当についての議論であると考えています。子どもの視点、特に、重度・重複障害児である子どもたちの特性を考慮した担当のあり方を考えねばなりません。

　重度の子も、生まれながら人とかかわりたいという特性を有しています。そこで、共同注意が成立するまでの人間関係の作り方が重要です。

　子どもが気持ちを発信していても、先生が気づいていないことは多いです。また、子どもが自発的な動きを見せていても、子どもの自発的な動きの意図を先生が捉えておらず、先生が行わせたい活動をさせようとして、重度の子が活動をやめてしまうこともあります。

　生態心理学の項で紹介したように、重度の子は、特定の人との情緒的関係を基盤として行動している（宮武, 1990）こともあるため、異なる人が接し方を同じにしてかかわっても同じように応答してくれません。

　また、重度の子は、仮に視覚に問題を有していても、かかわり方、音声などから、自分なりの方法で相手を特定しているはずです。重度の子の場合も「特定の大人」をつくることがすべての前提となります。

　「専属保母性」について論じた久保田（1993）でも、「専属保母がその子と接触する時間は他の子とそれほど違うわけではない。施設のことだから専属といえども休暇や交代のときはいないのである」とあります。つまり、担当と他の教員との違いは、かかわりの時間でなく「かかわりの質」なのではないでしょうか。

　私は、担当の先生の受け持つ子どもの人数は、子どもの成長に大きな影響は

与えないと考えています。複数の子を担当している先生が個別の指導をするとき、一方の子が学習している時に他の子は活動せずに待っていたとしても、担当の先生と学習した方が、成果が出ることが多いと思います。

　ここまで述べてきたことを背景に、指導での担当交代については、常に子どもの人間関係の状況を基に運用の仕方を検討する必要があると考えます。私が在籍した学校では、新年度の初めは、一定期間担当の子どもと先生が一緒に活動しました。しかし、4月中旬から下旬になると、ローテーションが始まり毎日、かかわる先生が替わりました。もし、7名の担任の先生が3日交替で、順番に変わると、担当の先生と次にかかわる日は、1ヶ月以上後になってしまいます。その子に応じた個別の課題を行う際には、担当の先生と学習するにしても、次に順番が回ってくるまで、担当の先生がかかわる時間がほとんどありません。「運用の仕方の問題」とは、このことです。重要なことは「かかわる時間」ではなく、「かかわりの質」であるとは言いましたが、それは重度の子が担当の先生を十分認識したうえでのことです。

　先ほど紹介した、指導での担当交代の考案理由で、Ⓐ学級担任全員が、学級在籍の子どもの状態を知る必要性、Ⓑ子どもは、卒業後いろいろな人とかかわるので、たくさんの人とかかわれるようにする必要性が挙げられました。これらの具体的な対応を考えたいと思います。

　まずⒶに関してですが、担当以外の学級担任は、自分の担当以外の子どものことも、十分理解しておく必要があります。それにより、学級の子どもの指導の検討を様々な視点で行えます。これに対しては、その日の担当を替わらなくても、子どもの実態を共有する方法があります。

　以前私が担任したクラスでは、子どもの状態の報告を指導終了後毎日行い、1ヶ月に1回は各子どもの指導についてケース会議を行い、意見交換していました。その際には、必ずビデオを撮り、子どものⓐ集中して取り組む姿、ⓑ気持ちを表出する姿、ⓒ応答する姿等を学級の先生と共有をしました。これを十分行うことで、担当する子どものことを他の先生に知ってもらえると共に、自分の担当以外の学級の子どものことがよく理解できました。機械的に日々かかわる先生を代えるのではなく、話し合いをして、他の先生の考えも聴き、十分意見を交換してよりよい指導につなげるのが本筋だと思います。是非そのような機会を設定していただければと思います。

　また、Ⓑに関しては、健常児の対人関係の発達（共同注意）でも示した視点で考えます、まずは、特定の他者との関係が成立した後は、子どもの意向を大

切にしながら、人との関係を広げていくことが重要です。しかし、たくさんの人とかかわればよいのではありません。子どものペースに合わせずに次々と関係を広げようとすると、@関係が構築できず、子どもがかかわろうとすることをやめてしまう、⑥特定の大人とかかわる機会が減り、その人との関係をより深めることができない等が考えられます。

　子どもが担当の先生だけではなく、いろいろな人と上手にかかわれるようになるのも、よいことです。しかし、「特定の他者と関係をつくることの重要性」と「重度の子は、特定の人との情緒的関係を基盤として行動していること」（宮武，1990）という視点からは問題があります。

　通常、重度の子と先生が気持ちを共有したターンテイキングなやりとりができるようになるまでに相当な時間がかかります。また、私の知る多くのケースでは、「担当の先生は、子どもと上手にやりとりできている」と考えていても、細やかな子どもの動きや表出を理解せず、「表出に気がついていなかったり、子どもにわかるように応答していなかったりする状況」がありました。担当の先生と重度の子の関係でより深い気持ちの共有ができるよう日々やりとりしてください。そして、担当を交代する場合も子どもの気持ちを十分考えて行っていただきたいと思います。

　担任の交代は、1日のはじめと終わりは、担当の先生がかかわり、担当の先生がそばにいる状況でその日にかかわる先生と交代し、徐々にその時間を延ばしていくことを勧めます。そうすれば、担当の先生がそばにいるため、その日にかかわる先生に「重度の子の表出の捉え方や、応答の仕方」を伝えられます。また、重度の子もその日にかかわる先生とうまくやりとりができないときには、担当の先生に助けを求めることができます。担当の先生との関係を基礎にやりとりを繰り返すことで、その日にかかわる先生も重度の子との関係を深め、「信頼がおける養育者（特定の他者）が増えていく」ようになります。

　重度の子とのかかわりは、これくらい慎重な配慮が必要であると考えています。特に障害が重ければ重いほど、細やかな配慮が大切です。

　また、よくある問題として、担当の先生が立てている「その子とのかかわりの方針（もちろん、個別の指導計画作成の際、学級担任全体で確認しているはずです）」を、交代してかかわっている先生が大切にせず、自分の考えでかかわっているケースも多く見てきました。このあたりは、これまで報告されてきていませんが、多くの事例があります。もちろん、個々の先生の個性あるかかわりは大切にしてほしいのですが、担当の先生が大切にしている方針は、全員で共

有し、それに合わせて指導にあたりたいものです。そのためには、事前の学級の担任間での打ち合わせが非常に重要になってきます。

　以上、共同注意の発達にもかかわる特別支援学校の担当制等の問題について述べました。

　学校での日々の担当者の配置、子どもの関係性の広げ方について、エビデンスに基づいて考えていただきたいと思っています。

⑥　盲ろう児の共同注意

（1）盲ろう児と重度・重複障害児の状況の類似点

　徳永（2003）は、『重度・重複障害を有する子どもであっても、「制限された機能を補い」ながら共同注意行動を高めるのではないか』と記述しています。つまり、運動の問題等によって健常児と同様に自分の意思の表出が難しい重度の子は、健常児とは違う自分なりのやり方で共同注意行動を示すことがあるということだと思います。

　私自身も同様の行動が発現する可能性があると思いますが、具体的にどのように現れるのか報告したケースはほとんどありません。「きっとあるだろうなぁ」と思いながら、文献を探しても、どの文献でも具体的な姿が見つけられないのです。

　その意味でも本書では、「表10【試作版】三項関係（並び合いの関係・重なり合いの関係）で重度・重複障害児が見せる行動（共同注意行動）」を作成しました。これはまだ検証中ですが、重度の子が、三項関係で示す行動の基盤となるものは示しました。しかし、重度の子と同様、自分のおかれた環境を把握することが困難な盲ろう児についての先駆的な研究が存在します。

　中村・川住（2007）は、盲ろうの子ども特有の共同注意の発達について報告しています。この論文では、盲ろう児の触覚を活用した共同注意行動を検討しています。盲ろうの子どもも外界との情報交換においては、重度の子と同様の厳しい環境で生活しているといえます。重度の子は重い運動障害を有しており、その微細な表出を理解するのはとても難しいです。それに対して、盲ろうの子は、難しい状況で活動していますが、運動に関しては私たちも行動を観察して理解することができます。この研究の成果は、重度の子の学習を考える際、私たちに非常に重要な示唆を与えてくれると考えました。

　また、貴重な研究であるにもかかわらず、続報がないため、成果が学校で活用されない可能性があると考え、ある程度の紙面を割いて報告したいと思いま

す。

　研究を紹介する前に、盲ろうの子の状況と重度の子の状況について詳しくお話ししたいと思います。

　盲ろうの子は、視覚と聴覚の両方に障害を有する、重複障害者です。見ること、聞くことに問題を有するため、環境の把握とコミュニケーション面で非常に難しい状況におかれています。さらに、知的障害を併せ有する場合もあるでしょう。一方、重度の子は、重度の運動障害と知的障害を併せ有しています。視覚についても、約半数の児童生徒に視覚に何らかの課題があると推測されると報告されています（齊藤・大崎, 2008）。

　重度の子は、運動障害を有するため、盲ろうの子の有する問題に加えて、探索や手話等によるコミュニケーションも難しい状態です。しかし、盲ろうの子が有する環境の把握やコミュニケーション等の問題の状況や支援方法を参考にすると、「もし、重度の子が、移動したり探索したりできたら、このような行動をとるのではないか？」「重度の子も手を動かせたら、このように応答するのではないか？」というように考えることができます。そこで、中村・川住（2007）を参考にしたいと考えました。

（2）盲ろう児の共同注意の研究

　中村・川住は（2007）は、盲ろうの子の共同注意について、次のような仮説を立てました。Ⓐ相互的やりとりを行うとき、盲ろう児と他者が共同注意（共有する事物や話題へ注意を向けるように行動を調整し合う）を経験しているはずである、Ⓑ盲ろう児の行動は、健常児の共同注意とは違った型で現れているとしても、共同注意現象はかかわり手と子どもとの間に生じているはずである。

　この2つの仮説を、実践を基に検討した結果、盲ろう児には、視覚障害と聴覚障害を有する盲ろうの特性に合わせた「触れ合い（触覚的共同注意）」があることがわかりました。すなわち、触覚的共同注意には4つの分類があり、ⓐ支持受容型共同注意、ⓑ追跡型共同注意、ⓒ誘導型共同注意、ⓓ意図共有型共同注意の順に発生するとしています（表11）。

　ⓐ支持受容型共同注意は、まだ、支援者と子どもが対等な関係ができていません。しかし、養育者の誘導に、子どもが注意を向けて「なんだろう？」と考えており、「気持ちの共有」があります。ⓑ追跡型共同注意は、支援者の手本に、子どもの方から動きを追跡するようになります。支援者の動きを追ってはいますが、子どもから積極的に追うようになっており、子どもからの意思の表出があります。ある意味支援者の表出に応答的にかかわってきていると考える事が

表 11　触覚的共同注意

	共同注意の種類	内　容
ⓐ	支持受容型共同注意	支援者が、盲ろう児の手を取って（身体ガイド）対象物を操作する
ⓑ	追跡型共同注意	支援者が、手本を示す際に、盲ろう児の手が、支援者の手を追いかけるように探索する
ⓒ	誘導型共同注意	支援者のガイドを受けながら操作する盲ろう児の手が、支援者の手を操作方向に押し進めたり、引っ張ったりして、支援者の手を誘導する
ⓓ	意図共有型共同注意	盲ろう児が、支援者の操作する先に手を出して待つなどして、支援者の身体の動きを予測する

（中村・川住（2007）を元に作成）

できます。ⓒ誘導型共同注意は、支持者のガイドを受けながらも、自分の意思を積極的に示しています。子どもの意思は、明確に伝わってきます。これに支援者が応答することで、子どもとの注意の共有は、さらに深まるでしょう。ⓓ意図共有型共同注意は、子どもが積極的に意思を示し、支援者の動きを予測して、先に自分から行動しています。子どもが、やりとりをリードして、それに支援者が応答しているとも考えられます。

　ⓐ支持受容型共同注意、ⓑ追跡型共同注意、ⓒ誘導型共同注意、ⓓ意図共有型共同注意と、発達して行くにつれ、子どもの意思がだんだん明確になっていきます。通常、共同注意は視覚を通して行われるのに対して、触覚的共同注意は、手と手での交流を通して行われる、非常に繊細なやりとりです。

　中村・川住（2007）は、これらの共同注意行動を、対象児が好む「壁にテープを貼ったり剥がしたりする」、「ダンボールを破る」、「布を破る」などの活動をかかわり手が一緒に行う中で検討しました。活動は、対象児の行動を尊重して行われ、かかわり手が子どもの手を取って誘導する、子どもからかかわり手に手を重ねるなどのやりとりが行われ、触覚的共同注意が発展していきました。

　触覚による刺激の特性として、手が届く範囲内しか触れられないため、刺激を感じ取れる範囲が非常に狭く、対象物の全体像や場所を把握するのが難しいことがいえます。そのため、触覚的共同注意の成立には時間がかかります。とても緻密で粘り強いやりとりの報告が記載されています。

①　指導開始当初の A さんの様子

　それでは、対象児 A さん（以下 A さんとします）の事例を詳しくみていきた

いと思います。

　Aさんは、施設に入所しています。中村ら（以下筆者とします）は、施設に行き、定期的にかかわりました。

　Aさんは、簡単なやりとりはできますが、ものとの二項関係も人との二項関係も、十分成立しているとはいえません。サインも多少わかりますが、自分の意に反することが起こると、抑えられず、自傷・他傷行為を起こします。Aさんには、人との二項関係、ものとの二項関係の両方を育てた上、共同注意が成立するようかかわる必要がありました。Aさんと指導者が共同注意を成立させるのは、たいへん困難があると予想されますが、「ⓓ意図共有型共同注意」まで発達しました。それには、視覚面・聴覚面・運動面・知的面と様々な困難を有するAさんの状況に寄り添った細やかなやりとりが必要でした。

　Aさんの指導は、Aさんのペースによる自発的な活動を妨げることなく見守ることを第一として行われました。かかわり合いの基本方針は、Ⓐ Aさんのペースによる自発的な活動を妨げず見守る、Ⓑ周囲のものにとっては受け入れがたい行動であっても、当初は積極的に受け入れて対応する、Ⓒ緊急性を考慮しながら、Aさんが好んで行う行動は、周囲が受け入れ可能な行動へ移行できるように少しずつ働きかけを行うの3点でした。

　指導開始前にAさんが好んで行う行動は、柱や壁を引っ掻く、壁紙をはがす、服やシーツを破るなど、周囲の大人が受け入れ難い行動ばかりでした。しかし、筆者はこれらを積極的に受け入れて対応することからかかわり始めました。

②　かかわり開始当初のAさんの行動

　Aさんは、かかわり開始当初から、医療用絆創膏（以後テープとします）を好みました。テープを手にすると、勢いよく引き出したり、粘着部分を指で触って感触を楽しんだりしました。Aさんが手にしたテープを看護師さんが取り上げると、看護師さんを捕まえて白衣のポケットに手を入れて取り返そうとしました。テープは、一気に引き出してしまい、数十秒で1本がなくなってしまいました。

　また、病棟の壁紙をはがしたり、爪で壁を引っ掻いて穴を開けたりすることが多く、禁止するために手を引いて他の場所に連れて行こうとすると、激しく抵抗しました。

　これに対して、病棟の職員は、「やることがなくて仕方なくやっている」「不安やイライラの解消」と捉えました。そして、壁の破損が進みました。玩具や遊具を提示しても、いったんは触れますが、すぐに壁に手が戻りました。著者が、

玩具の操作を教えようとすると、手を脱力したり、玩具を放り投げたりしました。

　また、頭をなでられたりくすぐられたりすると笑顔になることもあったそうですが、手を取られてガイドを受けながら対象物に触れたり、一緒に玩具などを操作したりする、「身体接触を介した協調的動作」はみられませんでした。

　このような状況で、筆者は、Ａさんの自発的な行動を極力尊重し、自発的な行動展開を保証する人物になることを目指しました。すると、日常生活動作の中で、筆者がＡさんの身体に自然に触れる機会が増し、筆者のガイドに合わせてＡさんが身体を動かす様子も見られるようになりました。それとともに、Ａさんから筆者の手を取って病棟内を移動したり、筆者の手を自分の頭や顔に押し当ててこすることを求めたりするようになりました。

③　Ａさんの行動の変化

　筆者は、以前のテープを一気に引き出すＡさんの姿を思い出し、毎回7〜8本のテープを準備して渡し、その様子を見守ります。すると、Ａさんはテープを一気に引き出し、なくなると「チョウダイ」の身振りサインを発信します。しかし、よく観察すると、わずかですが「テープをちぎって自分の顎や額に貼る」という行動も見られました。この様子をさらに観察して付き合っていると、病棟内の壁や柱にもテープを貼るようになりました。

　そこで、筆者は、Ａさんとテープを一緒に貼ることを試みますが、Ａさんは「テープを取り上げられる」と思い、力を入れてガイドを拒否しました。筆者は、ガイドすることをやめ、活動を見守りました。

　このような状況で、著者は、再度Ａさんの行動を詳細に観察し、行動の特徴を分析しました。すると、Ａさんは、移動中に壁や柱の位置を確認したり、はがせる壁紙を探したりする、「触って、調べる」行動を示していたことがわかりました。粘り強くさらに観察を続けると、Ａさんが大好きなテープを壁や柱に貼るときに、Ａさんなりの規則性をもって貼っていることに気づきました。テープは、移動のときに頻繁に触れる柱や壁、非常灯などに張っていて、柱に沿って直線的に貼ったり十字を切るように貼ったりしていたのです。

　そこで、著者は、この規則性を生かして、Ａさんのそのときの思いや考えを注意深く観察して理解して、Ａさんが行おうとする行動を支援するかたちの援助をしました。直接のガイドをいったん控え、Ａさんが貼りやすいようにテープの端を押さえたり、ねじれたときには、ねじれを直したりもしました。そして、Ａさんが満足した表情をすると、「よくできたね」と声をかけました。

　これらのかかわりを通じて、Ａさんは、筆者が自分のやりたいことを支援し

てくれることを理解し、Aさんから、著者の手を取って貼りたい場所に誘導するようになりました。

　このようなAさんとの関係ができはじめると、筆者が病院を訪れると、Aさんから「チョウダイ」の身振りサインをしてテープ活動を求めるようになりました。さらに、Aさんから筆者の手に手を載せて、動きの方向を探ったり（ⓑ追跡型共同注意：表11）、筆者がテープを貼る際に、筆者がテープを貼ろうとする方向に手を動かしてきたり（ⓒ誘導型共同注意：表11）するようになります。すると、筆者は、支援の仕方を変更します。Aさんが筆者の手の動きをさらに予測してかかわるように、「特定の間隔でテープを貼る」「繰り返し同じ場所にテープを貼る」など、規則性をもってテープを貼るようにしたのです。テープの張り方に規則をもたせることで、Aさんが「思考する」ことを促したのです。このように、Aさんは、筆者の動きを予想して、筆者の気持ちに行動を合わせるようになり、「触覚的共同注意」行動を発展させていきました。

　中村・川住（2007）は、この論文の中で数々のエピソードを記述していますが、これらを4つの行動に分類しました。Ⓐ筆者が、Aさんの手を取って対象物にテープを張り進めていく段階、Ⓑ筆者が手本としてテープを貼り進める際に、Aさんの手が、筆者の手を追いかけるようにたどっている段階、Ⓒ筆者のガイドを受けながら、テープを貼り進めるAさんの手が、筆者の手を貼り進めるように押し出したり、引っ張ったりして、筆者の手を誘導している段階、Ⓓ Aさんが、筆者の貼り進める先に手を出して待つなどして、筆者の身体の動きを予測する様子が見られる段階です。これらをまとめたのが、表11の触覚的共同注意です。

　触覚的共同注意行動が成立する要因として、中村・川住（2007）は、次の点を挙げています。

　ⓐ触覚的なやりとりは、相手の動作を認識して自分の動きを起こすことは非常に難しいため、お互いの動きをどのようにして協調させるかが課題となる。そこで、介助者は、予測可能な規則性のある行動を心がけることが重要である。ⓑ盲ろう児に、介助者の行動を予測する様な動きが見られたときは、即座に応じること、です。

　この2つの配慮を行うことで「ⓒ誘導型共同注意」と「ⓓ意図共同型共同注意」が生じました。

　ⓐもⓑも、盲ろうの子の、視覚の問題に即時に対処するために非常に重要なことだと思います。

④　触覚的共同注意研究から学ぶこと

　福島（1994）は、視覚と聴覚の障害を併せ有す状態である「盲ろう」をSmithdas（1976）とHebb（1966）を引用して次のように述べています。Ⓐ盲ろうは、コミュニケーションおよび移動と定位に関して大きな困難があり、極度の孤立状態のよる強い孤独と欲求不満の感覚をきたすこと、Ⓑ健常者であっても、外界との知覚遮断を経験すると心理的苦痛と精神活動の低下を経験すること。

　盲ろうの子は、視覚と聴覚で他者を感じ取ることができないため、強い不安状態にいて、自分の行動に全く自信のない状況に陥っている場合が多いということでしょう。そのため、子どもに他者の動きが予想できるようにすることと、子どもが意思を表出したら、即時に応答することが重要なのです。

　重度の子も、我々かかわり手が、十分配慮してかかわらないと、盲ろうの子と同様の孤立した状況に陥ってしまいます。約半分の重度の子は、視覚に何らかの問題を有しています（齊藤・大崎, 2008）。重度の子はさらに運動の問題も有していて、たとえ、視覚が使えても、対象の方へ頭を向けるのが難しかったり、対象の方へ移動していくことが困難だったりします。また、Ａさんと筆者のように触覚を通じてのやりとりが難しい子も多いため、特に厳しい状況で活動しているといえるでしょう。

　私は、中村・川住（2007）から、重度の子とのかかわりに関する重要な示唆をたくさん得ました。それは、ⓐ子どもたちはどんなに重い障害を有していても、人とかかわりたいと思っていること、ⓑ子どもたちと気持ちを合わせるには、まず、子どもの気持ちに他者が合わせてかかわること、ⓒ子どもから、他者にかかわりたいと考えるようになるまでは、「大人が子どもにして欲しいと思うこと」を強制しないことなどです。

　繰り返しになりますが、人の子どもは、他者とかかわったり、協力したりしたいという本来の性質を有しています。もし、盲ろうの子や重度の子が、他者とかかわろうとしない場合は、その子が悪いのではありません。それまでにその子が、人とかかわれるような環境がなく、人とかかわる経験をできなかったと考える方が妥当です。中村・川住（2007）が挙げた、触覚的共同注意行動が成立する要因を十分保証することが重要であると考えています。

　なお、私が特別支援学校を訪問するとき、先生が、重度の子や盲ろうの子の手を取って（身体ガイド）、先生のペースで対象物を操作させる光景を、よく目にします。この場合、子どもは手から力を抜き、能動的な動きは見られないことがほとんどです。先生が、自分のペースで子どもの手を動かしてしまってい

るため、子ども自身みずから手を動かすことをあきらめてしまっているのです。

　是非、中村・川住（2007）を参照にして、重度の子とかかわってみてください。子どもと気持ちを共有しながらかかわることで、子どもの主体的な動きが顕在化して「ⓐ支持受容型共同注意」がめばえ、「ⓑ追跡型共同注意」「ⓒ誘導型共同注意」に移行していくでしょう。さらに、子どもとの間に「ⓓ意図共有型共同注意」が育つようにかかわってください。その際、「表11　触覚的共同注意」とともに、「表10　【試作版】三項関係で重度・重複障害児が見せる行動（P109）」も参考にして、子どもの心の中を予想して、気持ちの共有ができるようにかかわってください。子どもの行動をしっかり観察し、気持ちを共感的に理解しようとすることが大切です。

　この項で述べた内容を、重度の子との間でも活かしていただけることを願っています。

第4節　学習を考えるための基礎理論のまとめ

　ここまで、多くのページを割いて、重度の子の教育に携わる先生方に知ってほしい基礎理論について述べてきました。

　これまで挙げた理論は、私自身が重度の子とかかわる際に、いつも参考にしているものばかりです。重度の子とのかかわりは、非常に難しいですが、ここまで挙げた理論や事例を参考に細かい配慮の上でかかわると、彼らの成長する姿、活き活きと活動する姿が、必ず見られると思います。先生たちが、子どもたちとかかわる基盤として、先生方それぞれのやり方に合っているものを見つけていただき、指導に生かしてくださると嬉しいです。

　ここで特別支援教育において、先生が指導に「心理学等の理論」を活用する際の注意すべき点を挙げたいと思います。

　私が、様々な学校を訪問する際、「私たちは、○○理論を基に指導を行っています」というお話をよく耳にします。特別支援教育を支える心理学等の理論は、数多く存在し、その有効性が確認されています。しかし、それは、「ある状況」で、「ある子どもが対象」の時有効であるというように、条件がある場合が多いのです。重度の子のすべてに当てはまるわけではない場合もあります。また、「○○の時にはこの理論を活用し、□□の時はこっちの理論を参考にする」のように、先生方が、教育活動や生活場面で使い分けていくことが重要です。「この理論を基に指導をしていれば大丈夫だ」「すぐに指導に活かせる方法を知りたい」という考えでは、子どもとの学習を成立させるのは、難しいのです。是非、様々な理論を学ぶと共に、その理論の「基本的な考え方」を十分理解し、子どもの状態や活動を考えて活用して欲しいのです。つまり、「賢く理論を利用する」ことが重要です。

　この書籍では、重度の子の活動を考える際に、私が、活用している理論をご紹介しました。しかし、各理論を独立に考えるのではなく、相補的に活用していただきたいと考えています。ここでは、学習を考える基礎理論のまとめとして、

各理論の関係性について述べていきたいと思います。

　Ⓐピアジェの認知発達理論、Ⓑ文化心理学、Ⓒ共同注意の発達、Ⓓ生態心理学（バーカーの行動場面）の各理論を、賢く重度の子の学習に相補的に活かす方法を述べてみたいと思います。

　まず、Ⓐピアジェの発達理論については、現在では、学校に通っている子どもたちの標準的な成長の様子を示しているという捉え方が一般的になってきていると述べました。これは、Ⓑ文化心理学でいうその子どもの生活している環境の文化の状況が子どもの発達に大きな影響を与えているともいえます。特別支援学校の教育においても、子どもは自分の所属する学校で行う活動の影響を多く受けます。そこで、同じ学校に属し、その子と同じような障害を有し、同様の発達の状況だった子どもが成長した事例は参考になります。また、仮に準ずる教育を行っている子がいたならば、学習指導要領に基づいて学習している健常児の標準的な姿をイメージすると、認知面の変化という視点で参考にできます。

　しかし、他の子の成長の姿を、そのまま当てはめることはできません。なぜならば、Ⓓバーカーの行動場面に基づく「行動セッティングのシステム構造の評価　区分5　活動における構成員の価値観（表7）」にあるように、子どもは一人ひとり異なった価値観（好きな活動、好きな先生など…）を持って行動しているからです。他の子と同じ価値観をもつ部分もあれば、その子独自の価値観をもつ部分もあります。ですから、「区分5　構成員の価値観（重度の子の価値観）」の考え方を基に、先生の教育の内容や他の子どもの価値観とすり合わせていくことが重要になります。その際、まずは子どもの価値観に先生が寄り添って付き合っていくことが重要になります。また、重度の子の一人ひとりの価値観の違いが大きな時は、子ども同士の価値観をすり合わせる方法を考える必要があります。

　このすり合わせの際、中村・川住（2007）が挙げた、2つの配慮が役立ちます。すなわちⓐ介助者は予測可能な規則性のある行動を心がけること、ⓑ介助者の行動を予測するような動きが見られた時は、必ず応じることです。

　初めのうちは、子どもの価値観に寄り添い、本来先生が教えたい教育の目標や内容が入れにくいことがあるかもしれません。しかし、Ⓒ共同注意の発達を参考に、重度の子と先生が良好な関係をつくっていけば、「表10【試作版】三項関係（並び合いの関係・重なり合いの関係）で重度・重複障害児が見せる行動（共同注意行動）」で、挙げる行動を重度の子が見せるようになり、先生との関係を

基に重度の子が先生が準備した活動に参加してくれるようになります。その際、
Ⓓバーカーの行動場面の区分5のような両者の価値観のすり合わせが、子ども
からの発信で行われたとみていいでしょう。

　以上のように、重度の子の学習を考える際に理論を学ぶ意義は、単に各理論
を別々に活かすことにあるのではありません。各理論を深く理解をした上で、
各先生の価値観の基で相補的につなげ、「今ここにいる重度の子をどのように育
てればいいか」という視点で総合的に活用していくことが重要なのです。

　そのためには、How to 的に指導にあてはめるのではなく、各理論がどのよう
な考え方の基につくられていて、重度の子の学習や授業内容のどの部分に活用
すれば効果的か考えた上で、賢く利用することが大切です。

第Ⅲ章 重度・重複障害児の学習を支えるために

重度・重複障害児が潜在能力を発揮できるようにする

　ここまで、重度の子の有する問題やそれに対するかかわり方、かかわる際に基盤となるであろう理論について述べてきました。

　ここからは、ここまでで触れなかった知識も含めて、重度の子の学習について考えていきたいと思います。

❶ 重度・重複障害児の障害とおかれた状況の捉え方
　　―ヴィゴツキーの考え方を基に考える―

　ヴィゴツキーは、障害がある子どもたちに対して、次のような見解を述べています。

　「障害がある子どもで困難なことは、障害そのものではない。障害があるために、有している能力を活用して外界に働きかけたり、外界の情報を受信したりすることを遮断されてしまうことである」

　ヴィゴツキーは、障害児も健常児と同様の「潜在能力」を有しているという前提で障害がある子どもの教育を考えました。そして、障害は二種類あると述べました。

　二種類とは、Ⓐ障害そのもの、Ⓑ障害のために学ぶことが難しくなる二次的な症状です。そして、「Ⓐ障害そのもののためにできないこと」は少なく、「Ⓑ潜在能力を有していても、障害がじゃまをするために、学ぶことが難しいこと」が圧倒的に多いとしています。Ⓑについて例を挙げて説明します。重度の子は健常児と同様の潜在能力を有しています。しかし、重度の運動障害があるため、自由にものを触ったり操作することが難しく、探索活動ができにくい状況です。表出が微細なため、他者とのやりとりも成立しにくい状況です。これは「運動障害」がじゃまをするため探索ややりとりが難しく、知的能力を発揮できてい

ないためです。つまり、運動障害によるバリアを取り去ることで、⑧障害がじゃまをするために学ぶことが難しい状況が解決できます。

　ヴィゴツキーの考えに基づいて学校教育を考えると、先生が、子どもの状態に合わせて学習内容や学習環境を準備することで、重度の子が学習できる状況が生まれるのです。もし、準備がうまくできないと、障害によるバリアによって本来なら学べる内容であるにもかかわらず、学べる機会を逸してしまいます。

❷ 重度の子の潜在能力

　重度の子が有する潜在能力について考えたいと思います。

　肢体不自由特別支援学校小学部3年生のGさんという重度の子がいると想定します。Gさんの状態を表12に示します。

表12　Gさんの状態

知的面	身体の動きまたは表出面
①音声言語は、保育園に通う1歳6ヶ月くらいの子どもが平均的に示すくらいの理解がある ②話しかける先生の声を聞き分けていて、誰がそばにいるか理解している ③好きな先生・好きな友だちがいて、そばにいるとわかると、よく指を動かす ④経験から、学校での活動の流れは理解している	①音声を表出することが難しい（稀に、「は〜」と小さな発声がある） ②右手の中指を3cm程度前後に動かせる。それに伴い、人差し指もわずかに動く ③寝たきりで、寝返りも難しい ④視覚は光覚弁（暗室にて眼前で点滅する光の明暗が弁別できる視力）の状況である

　かなり大まかな示し方ですが、Gさんは、重度の身体障害や視覚障害を併せ有しています。そして、1歳6ヶ月の保育園に通う健常児が示す程度のことばの理解があります。しかし、自分では、動いたり表出したりすることが困難なため、周囲の人からは、それがわかりません。Gさんの有している力が過小評価されてしまう可能性が大きいです。

　Gさんのこのような状況について、私の見立ては、次のようになります。

　Ⓐ重度の運動障害と視覚障害を有していて、周囲の情報を十分取り入れたり、自分で動いて探索したりすることが難しいのに、1歳6ヶ月の保育園児と同等のことばの理解があることはすごいことである、Ⓑもし、Gさんが視覚の問題と運動の問題を有していなかったら、健常児と同時に物事を理解しことばも発達していた可能性が高い、ⒸGさんのこのような状況は、まさしく潜在能力は健

常児と同等に高いが、運動障害や視覚障害によって学ぶ機会を持てていない状況であるといえる。

　Gさんの状況は、まさしくヴィゴツキーの「障害がある子どもで困難なことは、障害そのものではない。障害があるために、有している能力を活用して外界に働きかけたり、外界の情報を受信したりすることを遮断されてしまうことである」の状況を示していると考えられます。

　Gさんにとってよいのは、表出が少ないにもかかわらず、担当の先生が知的面を表12のように評価してくれている点です。これらの情報は、先生の日頃からの行動観察やかかわりの成果であるといえるでしょう。

　Gさんは、ヴィゴツキーが例示した知的障害の子ども以上に、「障害があるために、有している能力を活用して外界に働きかけたり、外界の情報を受信したりすることを遮断されてしまう」状況であると考えられます。そして、Gさんと同様な状況にいる重度の子は、数多く存在すると思います。

　「外界に働きかけたり、外界の情報を受信したりすることを遮断」されている状況にいる重度の子の「彼らを外界から遮断している壁」を取り払ってあげねばなりません。そうすれば、その子が有している潜在能力が顕在化していくでしょう。先生のかかわりや環境の調整が「外界から遮断している壁」を取り去ることにつながり、重度の子の学習にとても大きな影響を与えると考えられます。

③ 潜在能力を顕在能力へ

　先生が重度の子とかかわる際、先生方にも解決すべき課題があります。Ⓐ重度の子の微細な表出から子どもの思いを読み取る、Ⓑ重度の子の意図に対応した応答をする、Ⓒ重度の子の能動的な動きや意思を支援する対応をする、Ⓓ重度の子が興味をもちそうな新奇な活動を提案し、新たな行動に誘い行動の発展を促していくなどです。子どもの意向に寄り添ったかかわりが重要になります。そして、先生は、Gさんをどのように観察し、かかわっていけばよいのでしょうか？

　まず、Gさんの担任の先生が確認している顕在能力は、表12にある内容です。知的面に関する顕在能力は、担任の先生が通常のやり方で観察するだけではわからなかったと思います。例えば知的面①に関しては、先生がかかわった時に示す行動を観察して、Gさんの行動（例えば、小さな発声や指のわずかな動き）を見て、Gさんの心の動きを読み取り、Gさんの意思を総合的に判断した結果

得た内容だと思います。Ｇさんを理解するためには、詳細な行動観察を行う必要があります。また、積極的にかかわり、気持ちを知ろうとする努力をしてください。

　一方、身体の動きまたは表出面では、①小さな発声、②中指のわずかな動きが顕在化している力です。④の視覚の光覚弁に関しては、眼科医等の診断を基にして記述された可能性があり、先生はどのような状態か確認できないかもしれません。担任の先生が意識してかかわれるＧさん顕在化した力は、表12の身体の動きまたは表出面では、①と②の２つと考えられます。先生は、これらをＧさんの能動的な表出と捉え、これに応答的にかかわっていく必要があります。そして、Ｇさんに、先生が自分の表出に応答していることを意識してもらう必要があります。

　Ｇさんの身体を勝手に動かしたり、Ｇさんの応答がないのに一方的にかかわり続けたりしてはいけません。あくまで「やり－とり－やり－とり」を行います。

　これまでの私の経験から、どんなに小さく微細な表出でも、それに応え続けていると少しずつ行動がはっきり、強くなってきます。しかし、それはすぐに現れるか、時間がかかるかは状況によります。そして、粘り強くかかわることをただ続ければよいものでもありません。Ｇさんの応答を見ながら、場合によってはかかわり方を変える方がよいこともあります。この時の対応の仕方に、「こうすれば大丈夫」というものはありません。先生方がご自分で判断してＧさんのような子どもにわかりやすいと考える方法でかかわってください。

　ここまで述べてきたように、重度の子は、潜在能力を健常児と同様に有しているのですが、重く重複した障害のために、情報を取り込むことや探索すること、気持ちを伝えることが難しい状況です。

　「視覚の問題」「運動の問題（触覚等を利用しての探索が難しい）」「移動の問題（探索のための移動）」等、周囲の状況を理解するための活動に多くの困難を有しています。もし情報を取り込んで、思考・判断することができたとしても、表出することが困難なため、意思の表出等に際しても、「発声の問題」「運動の問題（指さしや相づち等）」などの困難、もの等へのかかわりに関しても、「運動の問題（操作）」を有しています。これらの困難があっても毎日接している先生がＧさんのような子どもの行動の意味をしっかり考えてやりとりしてくだされば、必ず潜在能力にアプローチできるはずです。困難な障壁を取り外し、少しでも彼らが潜在能力を発揮できる状況を設定し、能力を顕在化できる手助けをしてほしいと思います。

❹ 応答性と拡充模倣－子どもが外界からの働きかけに応答するために－

　重篤な障害に閉ざされている状況から、外界に意識を向けるために、先生は重度の子が表出した行動に必ず応えることが大切です。

　重度の子とかかわる他者の重要な要素に、「応答性」があります。やりとりは、重度の子の表出に他者が応えて、他者の応答に重度の子が応えるを繰り返し、重度の子とかかわり手が「やりとりの関係」をつくらなければいけません。

　重度の子の表出は、非常に微弱なため、先生が気づかない場合も多いです。多くの特別支援学校で観察される先生の行動として、「重度の子の手を取って動かす」「重度の子に成り代わって先生が話す」等があります。向かい合いの関係（二項関係）のみならず、重度の子の学習を考えるとき、これは絶対してはいけないことです。学習は自発性、能動性が重要です。これまで、重度の子どもとのコミュニケーションでは、本人との意図と離れたところで、「手を持って動かされる」「代弁される」等が多く行われてきました。子どもの自発的行動とやりとりしなければいけません。

　重度の子は、「障害がどんなに重くても、全く自発行動が見られないことは稀である」といわれています。指先の微弱な動き、表情の少しの変化などをしっかり観察しましょう、もし、重度の子に行動が見られたら、どんなに微弱でも「それ」に応答的にかかわることが重要です。その子が「自分の行動に応答的にかかわられた経験がない」場合、他者のかかわりが「自分の行動に対しての応答である」ことに気づくまで、非常に時間がかかる場合があります。かかわる先生は、「やりとりの関係」が成立するまで、粘り強くかかわり、応答を待ち、行動を見つけたら必ず、即時に応答することが重要です。もし、一度重度の子が「自分の行動に応答がある」と気づくと、かなり、早期に「自分から表出すること」が増えてきます。

　重度の子からの先生を意識した表出や応答に気づくのは、とても難しく根気が必要な場合もあります。しかし、ここで粘り強くかかわり、やりとりの関係をつくることが重度の子の学習の出発点といえるでしょう。ぜひ「やり－とり－やり－とり」と相互的になるようにかかわってください。そして、重度の子が表出した時には即時に応答し、「応答性のあるかかわり手」になってください。

　重度の子が応答的な行動を示してくれるようになったら、次は、行動を広げていくことを目指します。健常乳幼児で、ことばを促すかかわり手の対応として「拡充模倣」があります。拡充模倣とは、乳幼児が話した内容（例えば、まんま）に対し、養育者が少し内容を広げて対応する（そうだね。まんま、おいしいま

んまだね、など）ことです。これを聞いた乳幼児が、養育者の言った内容を学び、少しずつことばの表現を広げていきます。

　健常乳幼児の場合、音声でのやりとりが行われる場合が多いのですが、重度の子は音声でやりとりすることが難しい場合も多いです。そこで、動作における拡充模倣をしてみたらどうでしょうか。具体的に挙げると、重度の子の微細な表出（例えば、指を少し動かす）に対し、それに応えるとともに、重度の子の指を触れ手のひらを少し擦るなどの、少し動作を加えて返してみたらどうでしょうか。はじめは、重度の子が、Ⓐ自分の表出に対して応答があることや、Ⓑ自分からの表出に対し、拡充模倣が行われていることに気づかないかもしれません。まず、Ⓐ応答的かかわりを十分行い、重度の子が意識して応答するようになったら、Ⓑ動作における拡充模倣を少しずつ行いましょう。

　また、先生のかかわりに対する重度の子の応答を待つ時間は十分とってあげましょう。すぐに応答できず、時間が必要な子も多いのです。私がかかわったある重度の子では応答するのに1分30秒かかった例もあります。子どもの意向を無視した、活動の拡大はいけません。やりとりの関係が、十分定着した後に、子どもの様子を見ながら行うことが重要です。

❺ かかわるときのペースと重度の子が考えているときの対応

　以前視聴した、TBSテレビの報道特集『盲ろう児教育〜可能性を信じて』では、盲ろうの子の話題を取り上げていて、フランスの盲学校の元校長先生（以下、校長先生）と盲ろうの子とのかかわりについて放映していました。

　校長先生と盲ろうの子は、非常にゆっくりとやりとりしていました。そして、やりとりの時、盲ろうの子が手をひっこめて静止している状況が多くありました。校長先生は、この「静止している状態の重要性（盲ろうの子が考えている時間）」を力説していました。そして、次のように説明していました。

　『われわれは、盲ろうの子が考えていることに気がつくのに、非常に時間がかかってしまいました。彼らがやりとりしていることに、動きを止めてジッとしているときがあります。そのとき彼らは、活動を止めて考えているのです。彼らが考えているときに介入してはいけません。』

　校長先生とやりとりしている盲ろうの子は、はじめのうちは、校長先生が手を触れてくるのに行動を止めていましたが、校長先生がかかわった後、間を開けて待っていると、恐る恐る自分から手を伸ばしました。そして、校長先生が優しく手を握ると一度静止し、今度は、校長先生の身体に手を伸ばし、触れて

いきました。まさに、2人は、「やりとりの関係」であり「やり－とり－やり－とり－やり－とり」でした。そして、そのペースはゆっくりしていて、校長先生は、必ず子どもの動きがあってから応えていました。また、子どもが校長先生の身体を触れて確かめている（探索：Exploring と英語で説明していました）しているときには、じっとして子どもの自由にさせていて、子どもが校長先生からの応答を待つように静止したときに、働きかけました。この番組を見ていて、私は、盲ろうの子どもには、「相手の応答を待っている静止」、「考えるための静止」の「2つの静止」があると思いました。盲ろうの子にかかわる先生は、この2つの静止をしっかり見極めて、子どもの意思に対応した応答をすることが重要です。

　盲ろうの子と同様に視覚の問題を有する重度の子も、視覚以外で得た情報をゆっくり頭の中でまとめて整理する必要があるでしょう。状況は似ています。そして、重度の運動障害を有するためさらに表出はゆっくりしていることが多いと思います。そして、子ども一人ひとり、そのペースは、異なっていると考えられます。まずは、向かい合いの関係のやりとりをしながら、子どもの活動のパターンをしっかり理解してあげましょう。大人のペースや学校の時間割のペースに無理に合わせるのではなく、子どものペースで活動できる状況をつくることが、重度の子がやりとりをするための基本的な条件です。

　是非、子ども一人ひとりのペースを把握して、ゆっくりやりとりをしてください。

　また、この番組を見てもう一つ気になったことがあります。それは、先生たちが子どもたちにかかわるときの刺激の入れ方です。前述の校長先生のかかわりは、いつもゆっくりしていて、子どもに強いタッチでかかわることはありませんでした。一方、先生たちはソフトタッチというよりは、強くかかわっていることが多かったと感じました。例えば、子どもの手をタッチする時に、強めにパンパンとたたく。身体を揺らす際も、やや強く揺らす。このようなかかわりは肢体不自由特別支援学校でも日常的に目にします。たぶん、子どもからの応答がゆっくりで微細なので先生もついつい強くタッチしてしまうんだと思います。それに対し、子どもは笑顔になることも多いです。しかし「やりとり」がコミュニケーションの基本であるという考え方で見ると、先生の強いタッチを喜ぶ子どもは自分が応答することを考えるのではなく、先生からの刺激を楽しんでいるともとれます。先生からのタッチはソフトにして、「子どもからの応答を待つ」という意識をしっかりもつ必要があります。

第2節　重度・重複障害児の学習を行う際の重要な配慮事項

① 自発的・能動的に活動するために
（子どもが自分自身の目標を持てるように！）

　前述しましたが、特別支援教育ではピアジェ等の知見を基にした発達段階表や細かく設定した課題のリストによって子どもの課題を引き出そうとする研究や教育実践がたくさんあります。

　この件については、Ⓐ子どもの発達レベルは、知識の領域ごとに異なっていること、Ⓑ発達は環境の影響を強く受けること、などを記し、現在では環境要因の発達への影響が大きいと捉えられていると述べました。

　ここでは、発達段階表等の子どもの教育への活用について、別の視点から述べてみたいと思います。

　発達段階表に基づいて学習活動を提示している書籍や資料を見ると、次のような表が添付してある場合があります（表13）。

表13　子どもの手の操作課題

	子どもの課題	具体的支援方法
①	ものに手を伸ばそうとする	姿勢保持椅子に座らせ、テーブルに好きなおもちゃを置き、手をのばさせる。置く場所を、少しずつ変える。
②	手を伸ばしてものをつかむ	テーブルに握りやすい玩具を置き、つかませる。
③	ものを手で触れて音を出す	テーブルに、触れると音が出る玩具を設置し、触れて音を出させる。
④	ものをたたいて音を出す	テーブルに太鼓等の楽器を設置し、たたいて音を出させる。
⑤	ものをつかんで、打ちつけて音を出す	テーブルにバチを置き、つかんでから太鼓等をたたかせる。

この表の学習課題は、手の操作能力が高めるために、自然な形でスムースに無理なく課題を設定するための参考資料であると考えられます。例えば「①ものに手を伸ばそうとする→②手を伸ばしてものをつかむ」、活動で考えてみたいと思います。手を伸ばした子どもは、手を伸ばすことにより、「近い」や「遠い」などの位置関係等を学びます。そして、ものをつかむと、ものの性質としての、「軽い」、「重い」や「かたい」、「やわらかい」などを学びます。この活動では、子どもが、「学べる多くの内容」があり、先生は、子どもに学習させたい目標を明確に設定して、授業計画を立てます。

　しかし、この活動を、子ども側の視点に立って考えるとどうでしょうか。そもそも、子どもは、興味があるものが目の前にあると、リーチングして触ろうとします。子どものこの行動は、「子どもの好奇心」から出てきたもので、大人が求めている「位置関係」を学ぶ、「ものの性質」を学ぶことが目的ではありません。あくまでも、子どもからみると自分の興味を満足させるために起こした行動です。そして、子どもは、自身の興味により、手を伸ばし、「ものを持つ、ものを舐める、ものを打ち付ける、両手で持って打ち鳴らす、投げる」などの行動をするのです。つまり、興味を持って行動を起こし、そのときに思いついた様々な行動を子どもなりに行います。よって、子どもは先生の想定通りの行動をするのではありません。実は、この子どもの自由な発想の行動の中に、学び（学習）があります。

　再度、表13の手の操作課題を確認しながら子どもの活動を考えましょう。先生は、表13にある行動の習得を目指します。この内容をそのまま課題として行うと、「子どもの好奇心に基づいた行動」とは、ズレが生じてきます。

　極端な例を挙げますと、次のようなものがあります。

　「②手を伸ばしてものをつかむ」力を育てようと、先生は、テーブルにいろいろな位置に興味を持ちそうな玩具を置きます。重度の子が手を伸ばし、つかむことができたら、「よくできたねぇ」「じょうず！」と誉めて玩具を先生が取り上げてしまいます。そして、再度テーブルのどこかに玩具を置き、子どもに玩具に手を伸ばすように勧めます。この活動を繰り返します。

　この一連の「②手を伸ばしてものをつかむ」学習を、繰り返すと、子どもはすぐに行動をやめてしまうと思います。なぜならば、子どもはものをつかむだけでは満足しないからです。手を伸ばしてものをつかむのは、それを使って遊びたいからです。せっかく手にしたものを先生に取り上げられてしまったら、「とっても遊べない」と思い、先生との関係までも悪くしてしまいます。もし、こ

の活動を子どもに続けさせていたならば、「ものをとって先生に渡し、ほめてもらう」ことが目標になってしまいます。これでは、子どもの学習のさらなる発展につながりません。

　ここまで述べてきたような学習の計画は、ごく普通に見られるものです。他の典型的な例として、「追視の力」を伸ばす活動を挙げます。

　私自身もですが、見ることに関しても、「追視の力を伸ばすために、子どもの目の前で、子どもが興味をもつものを動かして、それを追視させる」などの活動を行ってきました。手の操作課題（表13）と同様です。

　子どもの立場からすると、「見ることができたら、それを触りたいと手を伸ばすのが通常」であって、見たものをとって遊んだり、操作したりできなければ、教師が子どもの「目の前で動かすものをずっと目で追い続ける」ことはしないと思います。先生が繰り返し子どもの前で好きなものを動かしたとしても、少しの間は追視すると思いますが、何回か行うと見ることをやめるのではないでしょうか。これは、見ているものに対して、次に「手を伸ばして触りたい」のか、「動くのを見ることが楽しい」のか、子どもによって次に行いたいことが異なるのでしょうし、決して子どもは「見るために見るのではなく、見た後、対象に対して何かしらの自分の興味に基づいた行動を起こしたくなる」のです。

　子どもが行いたい行動をバラバラにして、「見て目で追う」だけ、「手を伸ばして握る」だけのように一つひとつの活動を個々に伸ばそうとしても、子どもは乗ってきません。また、重度の子は忖度してくれません。子どもの主体的な学びという視点では、再検討が必要でしょう。

　わかりやすく説明するために、活動が顕著な、自閉症スペクトラム障害の子（以下、ASD 児）の例を挙げます。以前訪問した特別支援学校でも、ASD 児が、ブースの中で壁の方を向いて、表14 のような活動をしていました。

表14　ASD 児の学習でよく見られる課題

	活　動	内　容
①	色ぬり	太い枠で丸や四角の図形を書かれたプリントをもらい、はみ出ないように色鉛筆で色を塗る
②	はさみで切る	画用紙に、太マジックで丸や四角の図形が書かれていて、マジックの枠をはみ出ないように、はさみで図形を切り出す
③	お箸でつまむ	一辺1cm程度に刻まれた消しゴムがお皿に並べてあり、もう一つのお皿に箸でつまんで移す
④	ビーズひも通し	見本に合わせて様々な形、色のビーズをひもに通す
⑤	ペグ差し	見本に合わせて、色の違う棒を板版に開けられた穴に差す

どの活動も、うまくできたら先生から、「よくできたねぇ」とか「じょうずだね。全くはみ出ないで塗れたね」などとほめられていました。また、上手くできるとシールをもらえ、シール帳に嬉しそうに貼っていました。この活動は、目標が「先生にほめられること」や「シールをもらうこと」になってしまっています。表14の①と②では本来ならば、作品を制作する際にきれいに完成するように、はみ出ないように塗ることや、きれいに切ることを「完成した作品をイメージしながら子ども自身が意識して」行うべきだと思います。しかし、ここに挙げた活動では、目標が変わってしまっています。

　また、③に関しては、集中力をつけることが課題設定の理由になっていたと考えられます。ASD児が実際に行っている場面を見ていると、「上手く箸でつまめないため、とってもイライラして」いました。この活動でも、20個ほどの消しゴムを隣のお皿に移し終わると、先生から「よく頑張ったね！」とほめられていました。ASD児はほっとした表情を示しました。しかし、それもつかの間でした。先生は、お皿を入れ替えて「もう一度やってみよう」と声をかけていました。この時の子どもの気持ちは、どんなだったでしょうか。

　私は、集中力は、子ども自身が興味・関心を持てる活動を行う際に、その活動を遂行する場面で発揮するものだと考えています。そのため、「その子が好きな活動は集中するが、興味がない活動には集中しない」ということは当然であり、集中力のみを取り出して高めることはできません。子どもの興味・関心がある活動を通じて、得意なことを伸ばすという発想から考えると、子どもが望まない活動を無理にやらせても、子どもの学習に対する関心は起こりません。

　学習においても、無理に興味がないことに取り組ませるのではなく、子どもの興味・関心がある部分を伸ばし、子ども自身が様々な学びから知識を得ていけば、自然と興味の幅は広がり、能動的に学習する内容も増えていくと考えます。

　前述の消しゴムを移す活動を、最後まで粘り強く行えるようになっても、他の活動に集中して取り組めるかは疑問です。

　私もこれまで、子どもが同じ方向で同じ段階を踏んで発達するという前提に立って、活動を考えてきました。そして、「事物を見るようになったから、次は追視ができるようにする」、「手が伸ばせるようになったら、伸ばして握れるようにする」活動を行ってきました。つまり、「使用する教材は子どもの興味に合わせて選択しているが、本来なら子どもの一連の行動に含まれる一部の活動を訓練的に伸ばそう」としてきたのです。

　活動の最終目標を、「子どもが好きなものをつくる」や「曲を演奏する（使用

する楽器や曲の選択は慎重に！)」など、子ども自身が自分の目標を持てるような設定にしてほしいと思います。その結果、子どもの主体性が高まり、自発的・能動的な活動になることでしょう。そうすると、表14に挙げた課題の内容は、特に訓練的に行わなくてもできるようになっているはずです。

　また、人は他者と一緒の活動をすることが大好きです。

　前述の共同注意が成立した状況で子どもが示す行動（表9：P104）のうち、『③社会的参照：養育者が見たり指さしたりしているものを見て、養育者の顔を見る』を思い出してください。共同注意が成立すると、重度の子も養育者の気持ちを推測しそれに合わせて行動するようになることが考えられます。無理に「手を伸ばす」「手でつかむ」「目で追う」等の活動を設定するのではなく、他者と一緒に目標に向かって活動することの楽しさの味合わせてあげたいのです。先生が活動を押しつけるのではなく、相互性がある関係の中で活動していくと、子どもは自然と活動そのものにも興味を持ち、他者の考えを汲んで行動してくれるようになるでしょう。

　「表11　触覚的共同注意（中村・川住，2007）」で、盲ろうの子が見せた共同注意行動の変化と同様に、重度の子独自の発達（表10）があるはずです。

❷　一人ひとり目指す目標が違うということ（子どもに合わせた目標と活動）

　これまで何度か述べてきましたが、子どもの学習では、環境要因が重視されるようになってきています（文化心理学・生態心理学の視点）。そして、人は、現在生活している環境で使用する部分の能力が伸長します。つまり、その子の生活している社会の文化の状況で、子どもの成長する部分も変わってくるということです。

　この考え方を基に子どもの目標や活動を考えると、一人ひとりの目標・活動は、それぞれ異なるということになります（図11）。この捉え方は、本来の特別支援教育の考え方と一致します。

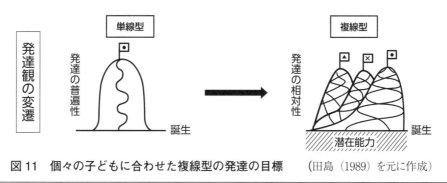

図11　個々の子どもに合わせた複線型の発達の目標　（田島（1989）を元に作成）

図11は、子どもの成長の目標を示しています。左側の単純型では、生まれた
すべての子が同じ目標を目指して山を登ります。登る道筋もみな同じです。そ
れに対して右側の複雑型では、目指す目標は個々の子どもで異なります。また、
同じような目標を目指したとしても登る道筋はそれぞれ異なります。

　重度の子は、一人ひとりが異なるの学習上の特徴を有しています。Ⓐ障害の部
位や状態が、個々大きく異なっている、Ⓑそれぞれの子どもの興味・関心をもつ活
動は異なっている、Ⓒ特定の人や特定の場所の個別の特性に基づいて学習していて、
人や場所が変わっただけで学習されたものを失ってしまう場合がある（宮武，1990）、
Ⓓ表出が微細で、かかわり手が十分理解できない場合が多い、などです。

　子どもの状態とともに、その子の文化的背景をしっかり見極めた後、現在の
生活（家庭・学校等）や今後の生活を念頭にいれて目標設定や活動の設定を行
うことが重要です。

　重度の子の学習においては、まず、個に応じた課題を設定し、かかわり手の
選定や環境設定を十分考慮して学習活動を始めます。

　Ⓐについては、障害の部位や状態が、個々大きく異なっているので、可能な
意思の表出の仕方や動きを伴って可能な活動が一人ひとり違います。そのため、
その子に適した表出方法や活動を見極めて伸ばす必要があります。そのことを
よく知っている先生は、表出を受け止めることができますが、十分かかわった
経験がない先生は、表出を読み取れない場合もあります。また、子どもの状態
に合わせた活動しやすい教材設置、使いやすい教材の工夫など、運動障害があっ
ても教材を操作しやすい環境設定をお願いします。

　これらの情報の共有方法として、ケースカンファレンス等の時間を設定し、
先生方で話し合い、その子の習得しやすい方法を検討することも重要です。是非、
ビデオ等も使用し、個々の状況を学級の先生みんなが十分理解した上で、検討
ください。

　また、複数で行う授業（よくいわれる集団での授業）は、さらに詳細な検討
が必要です。

　例えば、同じクラスの重度の子の集団での授業は、担当の先生から他の先生
達へ、子どもの十分な情報を伝えなければ子ども同士が自分の動きでやりとり
できる環境はつくれません。私が、特別支援学校の先生をしているときのこと
を思い出すと、「子ども同士がやりとりできる配慮」ができていなかったと回
顧します。その頃の学級では、「子どもは、側にいれば他の子の存在を感じ取れ
るものだ」とか「子どもは、他の子どもと一緒が好きだ」「同じ学級だから一緒

に活動しなきゃね！」などと、重度の子の大変な状況を配慮せずに、複数で行う授業を行っていました。今考えると、本当に配慮が足りなかったと思います。集団での授業は、「複数で行うことが目標」なのではなく、「集団で行うことで、個の目標が達成できる」または、「個の目標を達成するための学習が、複数の子どもで活動することで、効果的に行える」から行うのです。

　Ⓑ興味・関心の違いについてですが、これについても熟考が必要です。重度の子は、個々の興味・関心がある活動は、異なっていると思います。そのため、再三ご紹介しているように、学習の開始時には、重度の子の興味に先生がつき合うことが必要です。しかし、重度の子も学級や学校という文化の中で生活しているので、文化の影響は大きく受けます。そのため、学級や学校で繰り返し行っている活動に対して興味を持つようになり、状況や流れを理解すると、自分から参加するようになってくることが多いと思います。

　しかし、先生方に考えていただきたいことがあります。「学校で、伝統的に行ってきている活動や学習がそもそも、子どもたちの成長のために適しているか？」です。繰り返し毎年行っていると、その活動を行うことが当然になってしまい、先生方が、疑問を持たずに繰り返している場合も多いと思います。

　そこで考慮していただきたいのが「Ⓒ 特定の人や特定の場所の特性に基づいて学習する」重度の子の特性です。新たな構成の人や場所が変わっただけで学習されたものを失ってしまう（宮武，1990）子どももいるのですが、ゆっくりと新しい先生や他の子どもと新たな文化（習慣）をつくっていってほしいのです。少しずつ対応すると、新しい環境や人、文化に慣れていき、対応できる環境が広がります。そして、少しずつ多様な環境に合わせて活動できるようになっていくでしょう。

　このように、学習をすすめると、子ども自身が、かかわり手や状況を理解した上で、ⓐ安心してかかわれる他者を広げていく、ⓑ環境が変化しても対応できるようになっていくと思います。しかしこれらは、慎重に進めていくことが重要です。ⓐとⓑは、先生のペースではなく、子どもの状態を慎重に見極めながら行っていくことが重要です。「苦手を克服する視点」ではなく、安心してかかわれる相手や安心して活動できる場所を少しずつ広げていくのです。

　その際、Ⓓ表出が微細で読み取りが難しい点を十分留意して下さい。

　重度の子は、たとえ、嫌だったり好まなかったりする場合も、表出しない（表出できない）ことが、多々あります。そのため、子どもが不快な様子を示していないと思える場合でも、不快である場合もあります。極端な例として、大き

く揺らされているときに、恐怖から「他者が見ると、笑っているような表情や声を表出する」場合もあります。

重度の子の、状態を十分理解して、子ども一人ひとりに合わせた目標設定・活動内容の決定をしてほしいものです。

❸ 目標の設定について

自立活動を主に、個別の指導計画を作成して子どもの指導に当たる際、子どものねがい・評価・目標設定・指導内容の検討・指導・指導の評価・子どもの再評価…と常にこれらのサイクルを回して実践を行っていくと思います。この中でも、目標設定について考えてみたいと思います。個別の指導計画が整備され、初めて教育委員会等から個別の指導計画のひな形が提示されてからかなりの年月が経ちました。当時、ある教育委員会から、肢体不自由特別支援学校在籍の子どもについては、長期目標が3年後の姿を想定、短期目標は1年後の姿を想定して書くように指示がありました。それについて、同僚から「重度の子は、じっくり取り組むから、目標の設定期間は妥当である」という感想を多く聞きました。

私はある学校に転勤した際、高等部に所属しました。その際、個別の指導計画を見て、驚きました。高等学校1年生のその子の長期目標・短期目標の中に、小学部の時から変わっていないものがたくさんあったのです。また、目標の表現で「○○を体験する」「○○を経験し、興味の幅を広げる」「○○を自分なりの方法で行う」「○○を楽しむ」などの曖昧な表現が多くありました。「体験する」「経験する」「広げる」「楽しむ」は、どのようになったら目標が達成されるのか？よくわかりません。このような目標を立てると、次の年もまた次の年も、同じ目標のまま目標が変わらずに経過してしまいます。

また反対に、目標を明確にするために「○○を△△回できるようにする」「○○を□□秒維持することができる」などと、数値を示した目標設定を勧める例もあります。確かに、明確に成果を示すためには、数値目標は便利かもしれません。しかし、重度の子の目標設定をする場合にはなじまないと考えています。ある動きを○○回行う活動、ある姿勢を□□秒続けるような回数や継続時間は、その活動を行う状況でかなり変わってきます。あるおもちゃを初めて使うときには、おもちゃで遊ぶ行動が新奇なため、我を忘れてやり続けることはあるでしょう。しかし、毎日やっていると遊び方は上手になったけれど、だんだん遊ぶ時間は減ってくる状況もあるでしょう。また、「頭部を○○秒保持する」ような目標もその時に行っている活動への興味・関心が大きく影響します。興味があれ

ば保持する時間は増え、興味がなければ保持しません。そのように考えると、回数や継続時間だけを評価することは、目標として意味がないと言わざる得ません。そもそも、重度の子に「○○を□□回行う」のような学習のさせ方では、子ども自身がその活動を能動的に行う状況は起きないと考えます。重度の子は、教師の目標を忖度して、「興味をもてない目標に向かって活動する」ようなことはありません。

　重度の子の学習の評価は、教師の意図ではなく純粋に子ども自身が学習したいと考える内容に対して行う必要があります。

❹ 歌遊びの目標設定の例（短期で達成できる目標を設定する）

　私は個別の指導計画の目標は、長期目標は半年以内、短期目標は1ヶ月以内で達成できるものにする必要があると考えています。その理由は、子どもの「今の活動が何を目指しているか？」教師がいつも意識して子どもとかかわる必要があるからです。本書でご紹介した理論を元に重度の子の内面での心の動きや理解の深まりを、評価の対象にして考えます。

　ひとつ例を挙げたいと思います。「教師のかかわりに気づいて、歌遊びを一緒に行えるようにしたい」子どもの例です。その子は、教師が話しかけてもなかなか応答してくれませんでした。しかし、「大きなのっぽの古時計」の歌が好きで、歌いかけたり、CDで曲を聴いたりすると笑顔になっていました。そこで、私は、その子と「歌遊び」をすることにしました。もちろん、一方的に歌いかけるのではなく、その子が好きでよく触れているツリーチャイムを利用することにしました。そして、歌に合わせてツリーチャイムを鳴らすのではなく、彼がツリーチャイムを鳴らしたら私が歌を歌うことにしました。

　その時の目標の推移を表15に示します。

表15　音楽を活用した指導の短期目標の推移

①	ツリーチャイムを鳴らすと、歌が聞こえることに意識を向ける
②	ツリーチャイムを鳴らすと、先生が歌うことに気づく
③	教師に歌ってもらうために、ツリーチャイムを鳴らす
④	ツリーチャイムを鳴らすときの状況に応じて、先生の歌い方が変わることに意識を向ける
⑤	ツリーチャイムの鳴らし方で歌い方が変わることを知る（鳴らすと歌い、止めると歌も止まる）
⑥	ツリーチャイムを鳴らす強さで、歌う大きさが変わることに気づく ＊この間も、細かい目標の段階があります
⑦	意識的にツリーチャイムを鳴らす早さや音の大きさを変えて音色と先生の歌のハーモニー（調和）を楽しむ

以上のように、短期目標を詳細に設定すると、重度の子でも評価が容易になり、10日くらいで目標が達成でき、次の目標を設定することができます。

　私は、このように重度の子の活動が、しっかりとした目標をもって行われることを望みます。そして、「何かをできること」を目標にするだけでなく、重度の子の心の動きも目標に挙げてほしいと思います。

　しかし、気をつけてほしいことがあります。決して目標設定を、教師の意図や教師の願いだけでしてほしくないのです。一緒に活動する重度の子の興味・関心や、できる活動を活かし、子どもの意向に沿って考えてほしいのです。そして、重度の子の意向を捉え、「この目標だったら、教師の意図にも付き合ってくれる」と考えられる目標を立てて欲しいのです。

　表15の活動は、最後に「⑦意識的にツリーチャイムを鳴らす早さや音の大きさを考えて音色と先生の歌のハーモニー（調和）を楽しむ」を目標にしました。ここでは、子どもが自分から楽器を意志をもって鳴らし、それに応えてくれる先生の歌との調和を楽しんでいます。最後は「楽しむ」ということばで終わっていますが、そこにはただ楽しむのではなく曲の流れの中で微妙なやりとりを先生と行っています。ツリーチャイムでもここまで深い学びができるのです。

　また、子どもの意向に合わせて一緒に活動をして、重度の子と信頼関係がつくることができたら、対人関係の発達（三項関係）で示した、子どもの行動（表9・表10）を重度の子も示してくれるようになります。そうすると、教師が無理に子どもの行動を変えさせようとしなくても、「並び合いの関係（三項関係）：表9③社会的参照」のように、重度の子自身が、「教師がどう思っているか？」探ろうとしてくれます。信頼関係ができると、重度の子の方から、教師の意向に合わせてくれるようになるはずです。

❺　重度・重複障害児が学習しているときの姿

　私が、特別支援学校に勤務していた際、授業後の感想を先生の間で話し合う際に、次のような会話がありました。

「今日の授業、どうだったと思う？」

「そうね。笑ってたよね」

「笑顔のいい顔してたよね」

　肢体不自由特別支援学校でよく聞く内容だと思います。

　これに対し、川住（2018）は、子どもが学習している際の表情について報告しました。川住は、「学習している際、子どもは笑っていない。真剣な表情をし

ている。重度・重複障害児も同じである」と述べています。

　確かに私が小学校等を訪ねて授業を見学した時も、子どもたちが集中して学習に取り組んでいる際には、みんな真剣な表情で、笑っている子どもは全くいませんでした。一生懸命だからです。そして、授業が終了した後も、笑うのではなく、学習を達成して満足そうな表情を見せていました。

　しかし、前述の肢体不自由特別支援学校の先生の会話では、子どもの表情が笑顔であったかどうかが、授業の評価につながっていることも多いのです。子どもが喜んでいた、楽しんでいたという評価は一概には否定しません。また、人とやりとりをしているときは、笑顔でかかわることは当然であるでしょう。しかし、笑顔であることが、学習に集中していることの評価につかえるという視点については、大いに考える必要があると考えます。

　私が重度の子どもたちとかかわっているときのことを思い出してみても、一生懸命に取り組んでいるときには、ものすごく集中した真剣さがうかがえる表情をして、その活動が一端終わると満足そうな表情（時にホッとしたり、笑顔になったり）を見せ、また真剣な表情に戻り、取り組み始める。そんな、子どもの行動を何度も観察しました。

　是非、学習して集中しているときの重度の子の表情を前述のような視点でも観察してみてください。そして、真剣な表情で取り組む重度の子の行動を見守ってあげてください。

　ここまで重度の子の学習を支えるための視点をいくつか挙げて説明してきました。これは私自身の「重度・重複障害児」と授業をする際の基盤でもあります。先生方も、様々な考え（理論）を基に「自分は重度の子とかかわるときにこのようにかかわる」という信条のようなものをもっていただきたいと考えています。

【引用文献（第Ⅰ章〜第Ⅲ章）】

ギブソン J.J.（1986）生態学的視覚論—ヒトの知覚世界を探る．古崎敬訳，サイエンス社．

樋口和彦（2008）重度重複障害の子ども同士のかかわりについて．飯野順子（編），障害の重い子どもの授業づくり Part 2. ジアース教育新社，112 -130.

樋口和彦（2012）重度重複障害の子どもの学習とは？．日本特殊教育学会第 50 回大会発表論文集，94.

樋口和彦（2014）重度・重複障害の子どもの学習とは？（3）．日本特殊教育学会第 52 回大会発表論文集，59.

樋口和彦（2015）障害が重い子どもの授業を考える 5 つの視点—障害が重い子どもの学習とは？—．障害が重い子の授業づくり パートⅥ，授業の質を高める授業改善 10 のポイント，飯野順子・授業づくり研究会 I&M 編，ジアース教育新社．302-317.

樋口和彦（2018）学習の視点からみた重度・重複障害児研究の展望．特殊教育学研究，56（1）33-46.

樋口和彦・三島修治・児山隆史（2015）特別支援学校在籍の重度・重複障害児のコミュニケーション活動における係わり手と介助者の行動．島根大学教育学部紀要（教育科学），49, 9-15.

福島智（1994）盲ろう児の言語発達と教育に関する文献的考察—「読み」の指導と想像力の形成を中心に—，特殊教育学研究，32（1），9-17.

菅智津子・樋口和彦（2017）重度・重複障害児の共同注意行動の発現と過程とその支援 —二項関係から三項関係への移行期の事例から—．特殊教育学研究，55, 3, 145-156.

金子洋（2008）アセスメントの結果蛍光色が見えることがわかり、視覚を使って楽しむ美術の授業を展開していった事例，重複障害児のアセスメント研究 —自立活動の環境の把握とコミュニケーションに焦点をあてて—，研究代表者 齊藤由美子，国立特別支援教育総合研究所，67-71.

川間健之介（2006）重度・重複障害児の集団で行う授業をどうするのか．〜いのちはぐくむ〜支援教育の展望，147, 4-9.

川住隆一（2018）重度・重複障害児の学習とは？（5）指定討論．日本特殊教育学会第 56 回大会発表論文集．

児山隆史・樋口和彦・三島修治（2015）乳児の共同注意関連行動の発達 —二項関係から三項関係への移行プロセスに注目して—．島根大学教育臨床総合研究，14, 99-109.

厚生労働省（2018）保育所保育指針解説．

久保田正人（1993）二歳半という年齢—認知・社会性・ことばの発達—．新曜社．

マイケル・トマセロ（2006）心とことばの起源を探る．大堀壽夫・中澤恒子・西村義樹・本多啓 訳，勁草書房．

マイケル・トマセロ（2013）ヒトはなぜ協力するのか．橋彌和秀訳，勁草書房．

松田直（2002）重度・重複障害児に関する教育実践研究の現状と課題 特殊教育学研究，40（3），341-347.

Meltzoff, A. N.& Moore, M. K.（1977）Imitation of facial and manual gestures by human neonates. *Science*, 198, 75-780.

宮武宏治（1990）Ecological Psychology の視点から考察した重度・重複障害のための教育課題の設定．特殊教育学研究，28（2），43-55.

宮武宏治・高原望（1991）重度・重複障害児と教師の相互関係の変容過程の分析．特殊教育学研究，29, 53-67.

無藤隆（1990）発達心理学への第一歩．発達心理学入門，無藤隆・高橋惠子・田島信元編，東京大学出版社．1-9.

中島昭美（1979）課題学習とは何か．重度・重複障害児指導研究会（編），講座 重度・重複障害児の指導技術 5 課題学習の指導．岩崎学術出版，1-16.

中村保和・川住隆一（2007）盲ろう児のかかわり手との共同的活動の展開過程—触覚的共同注意の操作的定義を用いて—．特殊教育学研究，45（4），179-193.

中山文雄（1978）重度・重複障害教育の現状と今後の課題．特殊教育学研究，16, 26-38.

中山文雄（1979）重度・重複障害児の学習権保障に関する一考察（1）—総合養護学校の必要性—．岩手大学教育学部研究年報，39, 229-247.

中澤惠江（2008）重複障害児に見られる視機能の特性．重複児のアセスメント研究—自立活動の環境の把握とコミュニケーションに焦点を当てて—，研究代表者 齊藤由美子，国立特別支援教育総合研究所，35-46.

Needham, A. and Baillargeon, R.（1993）Intuitions about support in 4.5.month-old infants. Cognition, 47, 121-148.

野村省吾（1980）乳幼児の世界—心の発達—．岩波書店．

緒方登士雄（2014）重度・重複障害児の「自立活動」における動作学習の意義—自立活動の授業をデザインするための視点（案）—．東洋大学文学部紀要 教育学科編，40, 15-22.

小川巌（2013）知的障害児の授業に社会 - 文化的文脈を取り入れる意義に関する研究：領域と教科を合わせ
　　た指導に適用可能な学習理論の検討 . 島根大学教育学部紀要（教育科学）, 47, 17-27.

大沼直樹（2002）重度・重複障害児の自立活動の在り方―興味的自立と感覚運動学習―. 大阪教育大学障害
　　児教育研究紀要 , 25, 33-46.

大藪泰（2004）共同注意 . 川島書店 .

ピアジェ , J. & イネルデ , B.（1966）新しい児童心理学 . 波多野完治・須賀哲夫・周郷博 訳 , 白水社 .

税田慶昭・大神英裕（2001）乳幼児期における他者理解の発達―共同注意の視点から―. 九州大学心理学研究 ,
　　2, 126-133.

齊藤由美子（2008）重複障害児のアセスメント研究 ―自立活動の環境の把握とコミュニケーションに焦点
　　をあてて―. 国立特別支援教育総合研究所 .

齊藤由美子（2009）重複障害児のアセスメント研究 ―視覚を通した環境の把握とコミュニケーションに関
　　する初期的な力を評価するツールの改良―. 国立特別支援教育総合研究所 .

齊藤由美子・大崎博史（2008）特別支援教育における重複障害教育の課題と児童生徒の実態把握に関するニー
　　ズ . 重複障害児のアセスメント研究―自立活動の環境の把握とコミュニケーションに焦点をあてて―, 研
　　究代表者 齊藤由美子 , 国立特別支援教育総合研究所 , 3-7.

橘良治（1999）探索行動 . 中島義昭・安藤清志・子安増生・坂野雄二・繁枡算男・立花政夫・箱田裕司（編）
　　心理学事典 . 有斐閣 , 568.

田島信元（2003）共同行為としての学習・発達―社会文化的アプローチの視座―. 金子書房 .

田島信元（編）（1989）心理学キーワード . 有斐閣 .

田中寿江・川間健之介・川間弘子（2003）重度・重複障害児の認知学習へのアプローチ―学習の内容の系
　　列化と適切な援助の方法について―. 山口大学教育学部附属教育実践総合センター研究紀要 , 15, 175-186.

徳永豊（2003）乳幼児の発達における共同注意関連行動について . 徳永豊（研究代表）重度・重複障害児の
　　コミュニケーション行動における共同注意の実証的研究 . 研究成果報 告書 , 16-20.

Tomasello, M.（1995）Joint attention as social cognition. In C. Moore & P. J. Dunham (Eds.), Joint
　　attention : Its origins and role in development. Hillsdale, NJ : Lawrence Erlbaum Associates., 103-130.

ウイッカー , アラン . W.（1994）生態学的心理学入門 . 安藤延男監訳 , 九州大学出版会 .

Wynn, K.（1992）Children's acquisition of the number words and the counting system. Cognitive
　　Psychology, 24, 220-251.

Wynn, K.（1992）Addition and subtraction by human infants. NATURE, 358, 749-750.

第IV章　実践例

ここまで、多様な観点から、重度・重複障害児の学習について記述してきました。心理学をはじめとする、学習の裏付けとなる理論、また、障害の捉え方、実際の指導の考え方、クラスの先生同士の関係等、様々です。

　ここからは、重度の子の能動的な活動を、授業実践を通して具体的に紹介してもらいます。ご執筆の先生方は、私と学会等で一緒に活動してきたり、学校で指導を共にしてきた先生方です。子どもとの関係を大切に、子ども自身が能動的に学び、成長していく姿を報告してくれています。授業の典型的な形式を追わず、子ども自らが能動的に取り組む活動を目指しています。

　第1節　共同注意の力の獲得を目指して（菅智津子先生）では、視覚の問題を有するAさんとのかかわりを通して、2項関係のやりとりから3項関係の共同注意の成立までの詳細な過程が示されています。

　特に、Aさんの共同注意行動が見られるまでの3つのステップ、その際の支援は大変参考になります。Aさんのエピソードは、特殊教育学研究（55（3），2017）に、より詳細に記載されています。さらに知りたい方は、ご一読されることをお勧めします。菅先生は、重度の子に合わせた共同注意の発達のイメージをしっかりもって指導に取り組んでいらっしゃる教育者でもあり、研究者でもある優秀な先生です。

　第2節　教員との関係性を基盤として重度・重複障害児の主体性を高める学び（島村晶子先生）では、それまで他者や自分の周囲のことに無関心だったMさんと島村先生の関係が構築される過程が示されています。

　学校ですぐに寝てしまい、人や学校の活動、ものに対する興味が薄いMさんが、徐々に先生に気持ちを向けていきます。それとともに、自発的に周囲に働きかけ、積極的に探索行動を行うようになります。容易に変容していったように思えますが、島村先生のMさんの心をつかむ働きかけ（特に「表6　コミュニケーションの指導」の内容）がなければなしえないものだったと思います。

　また、Mさんが周囲の環境を把握できるよう、詳細な配慮がされています。全ての基礎に「子どもと先生の関係性があり、それが学習効果を引き出す」という考えに基づいた、熱意あふれる指導です。

　第3節　重度・重複障害の子どもたちの朝の会について（堀内美紀先生）では、重度の子どもたちの朝の会の具体的な実践方法について検討しています。私の執筆箇所でも述べましたが、肢体不自由特別支援学校で行われている一般的な朝の会の流れは、知的障害特別支援学校や通常の小学校の流れに準じています。運動障害・知的障害・視覚障害等を併せ有する子どもたちのクラスで行われる

朝の会は、彼らの障害の特性に合わせたものでなければなりません。

　本書で堀内先生は、①子ども同士の触れ合いがある、②参加している人がわかる（先生も子どもも）、③今日の主な活動がわかる、そんな重度の子の特性に合わせた朝の会の提案をされています。また、研究を進める上での試行錯誤された状況が、明確に示されています。

　従来行われてきた特別支援学校の典型的な朝の会の流れのイメージから先生たちが解き放たれ、重度の子の朝の会の目標、それを達成させるためのアイディアが詰まっています。

　第4節　やりとりを通して子どもの能動性を引き出す取組（児山隆史先生）では、重度の子の学習を支える「基盤となる活動」を大切にした取組を紹介しています。特に、コミュニケーションを取り上げ、給食場面、健康観察場面等での子どもたちの様子を挙げた上で、「やりとりと能動性の関係」を模式図に示しました。やりとりの様子を、Ⓐ単純やりとり期、Ⓑ意図やりとり期、Ⓒやりとり拡大期に分け、各期の特徴を説明しています。この模式図は、子どもとのやりとりを評価する際にとても役立つと考えています。是非活用していただきたいと思います。やりとりの「幸循環」目指してください。

　第5節　重度重複障害の子ども同士の遊び～子ども同士遊ばせたことがありますか？～（樋口和彦）は、雑誌「両親の集い第617号（2008：社会福祉法人全校重症心身障害児（者）を守る会）」に投稿した文章の転載です。当時私が勤務する特別支援学校では、複数の子どもで行う授業が多数ありました。しかし、どの授業でも、子どもが他の子どもを意識して活動している実感をもてませんでした。そこで私は、【重度の子ども同士のやりとり】を研究テーマにしていました。表出は微細で、相手の状況を理解することが難しい重度の子ども同士が、相手を感じ取り、やりとりできるように知恵を絞りました。今でも私の考えは、当時と変わりません。

　転載にあたり「社会福祉法人 全国重症心身障害児（者）を守る会（以下、守る会）」の山本圭美様には、格段のご配慮をいただきました。守る会は、「最も弱いものをひとりももれなく守る」という基本理念に基づき、施設対策と在宅対策の運動をすすめ、親の意識の啓発と連携を密にするため、全国に支部を置き、地域活動や施設活動を行っていらっしゃいます。「守る会」の活動から、重度の子の教育に関する多くの示唆をいただくことができます。本書の読者の皆様にも、「守る会」の各種事業にご参加いただければと思っております。

菅　智津子

第1節　共同注意の力の獲得を目指して

① 共同注意の力と学習

重度・重複障害児の学習が難しい理由として、まず思い浮かぶのは重度の知的障害、視力や聴力といった感覚器官の障害、手足の動きの困難さ等ではないでしょうか。けれども、学習の難しさの理由は、それだけではありません。

実は、学習を難しくしている本質的な理由が、「共同注意の力」の獲得と密接に関係している場合が少なくないのです。

共同注意という言葉について、耳慣れない方もいらっしゃるかもしれません。ここで、共同注意について、少し確認をしておきます。共同注意とは、簡単に言うと、人が対象に注意を向けたとき、相手の人もそれに注意を向けていることを理解している能力のことです。この力を獲得したことを示す具体的な行動としては、視線の後追い（他者が見た所を見る）、指差し理解（お母さんが指差しした所を見る）、指差しの産出（「あ、わんわん（犬がいる）。」と伝える）、大人の感情の参照視（困ったときに大人の顔を見る）等、様々なものがあります（大神, 2002）。

これは、生後9ヶ月頃に獲得される能力で、人間が学習をしていく上でとても重要な能力です。なぜならば、子どもが大人から何かを学ぶときには、子どもと大人が同じものに注意を向けていることが必要だからです。

二項関係、三項関係という言葉を聞いたことがある方は多いかもしれません。二項関係とは、自分と他者とのかかわり（図1）、または、自分と物とのかかわり（図2）というように、二項が関係づけられている状態です。三項関係とは、自分と物と他者という三項が関係づけられている状態（図3）のことです。この三項を関係づけるときに必要となるのが共同注意の力なのです。

図1　二項関係：自分と人（他者）

図2　二項関係：自分と物

図3　三項関係

　共同注意の力は、健常の子どもであれば、身近な大人とのやりとりの中で自然に獲得していきます。しかし、重度・重複障害児の中には、意図的に学習を設定しなければ、その能力を獲得するのが難しい場合も多いのです。

　では、重度・重複障害児の共同注意の力を育てるには、どのような学習が必要なのでしょうか。

　ここからは、Aさんの事例を通して、重度・重複障害児が共同注意の力を獲得する過程について考えていきたいと思います。Aさんは、私が一緒に学習をした期間に、「視野内の指差し理解」（大人が視野内のおもちゃを指差すとその方向を見る行動）と「交互凝視：確認」（大人が見ているおもちゃを子どもが見て、確かめるように大人の顔を見る行動）という、2つの初期の共同注意行動（大神，2002）が見られるようになったお子さんです。

❷ Aさんの事例から

(1) Aさんとの学習の難しさ

　私は、肢体不自由の特別支援学校でAさんに出会いました。Aさんは、中学部の2年生の男子生徒です。先天性の脳障害があり、運動障害と知的障害を併せ有していました。

　Aさんは、スイッチを押すと曲の流れるメロディ絵本が大好きで、自分でスイッチを押して曲を聞くことができました。また、興味のある物があると自分で座って手を伸ばして触ったり、SRCウォーカーを使用して両足で蹴って移動したりしていました。さらに、歌ってもらったり、大人の手を自分の唇にあててタッピングしてもらったりすることが大好きでした。また、机の上に物があると、それを落としたり、払ったりする姿も見られました。

　本書を読まれているみなさんは、Aさんの実態を知り、学習の難しさはそれほど感じなかったかもしれません。

　ところが、私にとってAさんとの学習は、なんとなくやりづらかったのです。好きな教材を使っても、歌を歌っても、「一緒に勉強したね」という感じにならない難しさがあったのです。Aさんについて、クラスの先生たちと、「しっかりと気持ちが通じる感じがほしい」と話していたことが印象に残っています。

　それにしても、この「しっかりと気持ちが通じる感じがほしい」という感覚から、どのように学習の計画を立てていけばいいのでしょう。クラスの先生たちと話し合いを重ねた結果、Aさんの学習の難しさは知的障害、視力や聴覚の障害、身体的な障害によるものではなく、共同注意の力を獲得していないことが原因ではないかと考えました。そこで、Aさんの学習のねらいとして、共同注意の力の獲得を目指すこととしたのです。

　共同注意の力を獲得するためには、まずは、人（他者）とのかかわり（人との二項関係）、物とのかかわり（物との二項関係）が発達することが重要です。そこで、Aさんの学習では、人とのかかわり、物とのかかわりの両方の発達を促し、その上で共同注意の力の獲得を目指すという学習の計画を立てました。

　ここからは、Aさんの学習について、具体的にお伝えしていきたいと思います。

　なお、この事例は、およそ5ヶ月間の実践です。記述に際しては、指導を開始してからの1～2ヶ月をⅠ期、2～4ヶ月半をⅡ期、4ヶ月半～5ヶ月をⅢ期として表しています。

（2）　人とのかかわり（人との二項関係）を育てる

　ここでは、共同注意の力の獲得の基盤となる人とのかかわりについて、Ａさんの学習を振り返ります。

　Ａさんの人とのかかわりの学習では、赤ちゃんの発達を参考にしました。赤ちゃんの発達では、生後３ヶ月頃に、お母さんと赤ちゃんとの間でしっかりと目と目で通じるような関係ができていきます。そして、お母さんと赤ちゃんが見つめ合う間に、玩具や食べ物等、赤ちゃんが興味をもって見る物が運び込まれる経験を繰り返すことによって、人と物が結び付けられるようになっていくのです（大藪, 2004）。これが、共同注意の最初のかたちです（図４）。

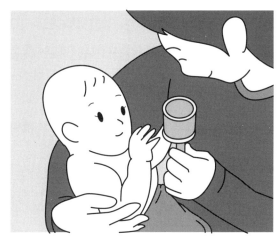

図４　母親と赤ちゃんが見つめ合う中に物が運び込まれる

　このことから、Ａさんの場合も、共同注意の能力を獲得するために、まずは、他者と１対１でかかわれるようになることが大切だと考えました。ただ、教材を使ってする学習と違って、どのように学習をすればよいかがわかりづらい内容でもありました。

①　楽しい活動を通して

　Ａさんの場合、人とのかかわりを育てるために、どのように学習を進めていったのでしょう。

　何より大切にしたことは、Ａさんと楽しい気持ちを共有してかかわることです。楽しい気持ちを共有することの効果は、すでに自閉症教育の分野で研究されています（李・田中・田中, 2010）。その研究では、子どもの好きな遊びを通して気持ちを共有することで、アイコンタクトが増えていったという結果が報告されています。アイコンタクトが増えることは、人とのかかわりが育ってき

たことを示す重要な指標です。

　私は、この研究を踏まえ、「Ａさんにとって楽しい活動とはなんだろう」と考えました。Ａさんは、歌を歌いかけること（以下、「歌いかけ」とする。）、息を吹きかける遊びが好きな様子でしたので、それらの遊びを通し、Ａさんと直接かかわり、楽しい気持ちを共有する時間をつくることにしました（図5）。

　ここで大切なのは、「Ａさんと直接かかわる」という点です。教材を使わないで、直接かかわるのです。学校教育では、教材を使って学習することが当たり前のようになっていますが、実は、教材を使わないで子どもと直接かかわって楽しむということは、人とのかかわりを育てるとても重要な学習なのです。

　しかし、やってみるとわかるのですが、人とのかかわりの弱い子どもと、教材や玩具を使わないでかかわるのはなかなか難しいものです。子どもにとっても、物の場合は「このスイッチを押せば音楽が鳴る」「ここを触ると画面が光る」というように因果関係が明確で、反応が一定であるのに比べ、人の場合は常に全く同じ反応が返ってくるわけではないという点で難しいのかもしれません。

図5　歌いかけ

②　やりとりが重要

　もう1つ、Ａさんの歌いかけの活動で重要だったことがあります。それは、一方的に大人がＡさんに歌いかけるのではなく、Ａさんが歌いかけを要求してきたら、それに応じて歌うというやりとりを取り入れたことです。やりとりのあるかかわりの重要性も、自閉症児の研究で明らかになっています（李・田中・田中, 2010）。

　しかし、やりとりといっても、Ａさんは、言葉が話せるわけではありませんし、大人に視線を向けたり、声で大人の注意をひいたりするような行動は見られません。もちろん、カードを使って要求するというのも、Ａさんにとっては難しい方法です。

　それでは、何を要求の手段にすればよいのか、Ａさんの生活を改めて振り返っ

てみました。すると、大きなヒントがあったのです。それはＡさんが既に獲得している「唇のタッピングを求めて大人の手を自分の唇に引き寄せる」という行動でした。Ａさんは、活動に飽きたり、することが無かったりすると、自己刺激行動として自分で唇へのタッピングをしていたのですが、大人にも同じことを求めることがありました。Ａさんが自分から大人にかかわる数少ない行動です。

　そこで、Ａさんの「唇のタッピングを求めて大人の手を引いて揺らす（以下、「手揺らし」とする。）」という行動と大人と気持ちが通じそうな「歌いかけ」をつなげようと考えたのです。つまり、Ａさんが、手揺らしをした時をチャンスと捉え、唇のタッピングではなく歌いかけで応じるというパターンを作るということに試みたのです。

　私は、Ａさんが手揺らしをした時には、必ず歌いかけをするようにしました。さらに、Ａさんが私の手を大きく揺らせば大きく歌う、速く揺らせば速く歌うといったように、Ａさんの動きをしっかり捉えて応じていくようにもしました。

③　Ａさんの人とのかかわりの変容

　指導を始めてすぐの時期には、Ａさんは、唇をタッピングしてもらおうとして私の手を引き寄せているのに、私が歌いかけをするので不快な表情をすることがありました。けれども、1ヶ月ほどするとこのやりとりの意味を理解し、自分から手を揺らして歌いかけを要求するようになりました。その中で、視線が合うことが増え、その長さや頻度が増えていきました。指導を始めた頃は視線が合うといっても、チラッと見る程度であったのが、2秒（Ⅱ期）、6秒（Ⅲ期）と長くなり、私の顔をじっと見ているという感じがするようになっていったのです。また、私が、他の子とかかわっていてなかなか歌えないような時には、強く手を揺らしたりする等、意思の伝え方がより明確になっていきました（Ⅲ期）。そして、歌いかけによるやりとりの時間が、長い時には15分（Ⅲ期）も続くようにもなりました。主観的な評価となるのですが、私自身も「通じ合う感じ」を味わうことができるようになってきました。

　このようにして、Ａさんは、歌いかけのやりとりを通し、人とのかかわりを学習していったのです。

④　タッピングと歌いかけの違いとは

　なぜ、唇へのタッピングではなく、歌いかけで応じるパターンを作ろうとしたのでしょう。「楽しいかかわり」という点では、タッピングでもよさそうです。それでも、歌いかけで応じることにした理由は、唇のタッピングと歌いかけで

は、Aさんが使っている感覚に違いがあるからです。タッピングでは触覚を使い、歌いかけでは聴覚を使うという違いです。

初期の発達の子どもでは、目や耳といった感覚を使うよりも、触覚、揺れや回転（前庭感覚）、手首等の関節刺激（固有感覚）の感覚を好みます。触覚、揺れや回転（前庭感覚）、手首等の関節刺激（固有感覚）等の感覚を使うことは、目や耳を使うことよりも簡単なのです。しかし、触覚、揺れや回転（前庭感覚）、手首等の関節刺激（固有感覚）等の感覚を使って活動している子どもは、外の世界に気持ちを向けづらく、大人とかかわって楽しそうにしていても、実は自分の中に向けてしまっていることが多いのです（宇佐川, 2007）。

Aさんが、自分の中に気持ちを向けている状態では、人とのかかわりを育てることはできません。このことから、Aさんが、外の世界に気持ちを向け、人の存在に気づくためには、触覚を使うタッピングよりも、聴覚を使う歌いかけの方が適したかかわりだったと言えるのです。

ただし、注意していただきたいのは、これは、Aさんと私の関係で起こったことであり、「Aさんと私の関係では、歌いかけが効果的だった」という点です。学校現場では、回転遊び（前庭感覚）やくすぐり遊び（触覚）を楽しみにしている子どももたくさんいるでしょう。この遊びに意味が無いというのではないのです。初期のかかわり遊びとして、抱っこでの揺れ遊びがいい場合もあるでしょう。また、揺れ遊びでも、先生が「せーの」と声を出せば、子どもは耳も使うようになるかもしれません。

いずれにしても大切なのは、一人ひとりの子どもをよく観察し、どんな遊びであれば子どもと先生がつながり、人とのかかわりを育てることができそうなのかを、かかわる先生自身が、試行錯誤しながらも十分に考えていくことなのではないでしょうか。

(3) 物とのかかわり（物との二項関係）を育てる

ここからは、共同注意の力の獲得につながるもう1つの重要な要素、物とのかかわりについて考えます。

大藪（2004）は共同注意の力の獲得に向け、「物を静観対象として捉えられるようになること」が重要だとしています。つまり、Aさんが、物を自分自身とは離れた別の対象と捉え、見たり、触ったりできるようになることが必要だということです。出会った頃のAさんは、机の上の物を落としたり、メロディ絵本を身体に直接あてて音楽を聞いたり振動を感じたりする等、反射的、感覚的

なかかわりが多く、まだ物を対象として捉えているとはいえない様子でした。

　そこで、多くの学校で実践されているように、Aさんの好きな音や音楽の流れる教材、見えやすい教材、応答性の高い教材等を工夫しながら、引っ張る、持つ、入れる等の学習を行うこととしました。

　けれども、「もっとAさんが主体的に教材や玩具にかかわる手立てはないのだろうか。」という思いも感じていました。

①　玩具コーナーの設置

　話は少し変わりますが、重度・重複障害児、中でも移動・運動の面で困難さのある子どもたちが、玩具で遊び始めるところを想像してみてください。子どもたちは、自分で遊びたいタイミングで遊んでいるでしょうか。自分で玩具を選んだり、玩具を取りに行ったりしているでしょうか。そうでない場合が多いのではないでしょうか。

　玩具を自分で取りに行くことや自分で選ぶことは、障害のない子どもたちであれば、当たり前のことでしょう。しかし、自分で移動することに困難さがあるお子さんの場合、こんな当たり前のことが経験できていないことが多いのです。

　Aさんの学校生活も、休憩時間や個別学習の時間になると、大人が玩具をAさんに渡し、Aさんは、渡された玩具で遊ぶというものでした。

　有名な心理学の実験で、「ゴンドラ猫」の実験（Held & Hein, 1963）があります（図6）。この実験では、生後10日ほどの2匹の子猫をゴンドラの中に入れ、一方は自分で歩くことができる環境、一方はゴンドラに乗せられて動かされる環境に置き、空間を見て捉える力の成長の違いを比べました。自分で歩く体験をした猫に比べ、ゴンドラに乗せられて動かされる体験をした猫は、空間を見て捉える力の発達が十分ではなかったという結果が報告されています。

図6　ゴンドラ猫の実験　（Held & Hein（1963）を元に作成）

この実験から考えると、Ａさんが、自分で移動して玩具を取りに行く環境を作ることは、Ａさんの空間や物の捉え方の発達を促し、その結果、物へのかかわりを変化させていくのではないかと考えられました。

そこで、Ａさんが自発的に玩具に向かって移動し遊べるよう、教室にＡさんの玩具コーナーを設定することにしました。大人が玩具を渡すのではなく、いつでも玩具が決まった場所にあり、Ａさんが取りに行くことができる環境です。玩具コーナーは、縦１ｍ横２ｍ程度の広さとし、視力の弱いＡさんが玩具を見つけやすいように黒い布を背景としました（図７－１、２）。

図7-1　玩具コーナー　　　　　図7-2　玩具コーナーで扉を開けて取り出す

②　玩具コーナーでのＡさんの変容

玩具コーナーを初めて設置した日、それまで自分で玩具に気づくことが少なかったＡさんが、１ｍ程度離れた場所から玩具に気づき、肘這いで移動し好きな玩具を選んで手にとる様子が見られました（Ⅰ期）。その後、Ａさんは４ｍほど離れていても玩具を取りに行くようになりました（Ⅱ期）。

また、玩具コーナーは、Ａさんの変容に合わせ、玩具の一部を隠したり、扉を開けて中から取り出したりすることが必要な仕掛けに変えていきました。Ａさんは、玩具の一部を見て自分の欲しい玩具を選んだり、扉を開けて中から玩具を取り出したりすることもできるようになりました（Ⅱ、Ⅲ期）。

このような姿は、Ａさんの物とのかかわりが変容し、物を自分とは離して、対象として捉えることができるようになっていったことの現れだと考えられます。

③　他の学習との関連

Ａさんが、玩具を取りに行くためには、肘ばいで玩具のところまで進む「移動する力」や、玩具を見つける「見る力」が必要でした。けれども、「移動する力」や「見る力」は、玩具コーナーの活動だけでは十分に育てることはできませんでした。

　そこで、「移動する力」を育てるために、SRC ウォーカーでの歩行、大型遊具を使った運動等に取り組みました。また、「見る力」を育てるためには、光る玩具等を使って注視や追視の学習をしました（図8）。このように、玩具コーナーでの学習とそれ以外の場面での学習を関連づけたことも、A さんの玩具コーナーでの姿の変容につながったと考えています。

図8　光る玩具による注視、追視の学習

（4）　共同注意につながる行動が見られるように

　このようにして、A さんの人とのかかわり、物とのかかわりの発達が促された後、いよいよ共同注意の力の獲得につながる共同注意行動（視野内の指差し理解、交互凝視：確認）が見られるようになりました。

　A さんとのかかわりの中で共同注意行動が見られたのは、A さんが好む音玩具を使用した学習の中でのことでした。

　その音玩具は、直径 20cm程度の黄色い柔らかいプラスチック素材でできており、応答性が高く、A さんが頭や手でわずかに押しても「キュ、キュ」という音が鳴るものでした。黒い台の上に置き、コントラストをはっきりさせ、A さんが見やすいようにしました。そして、A さんと私は、50 〜 60cmの距離になるように対面した位置でかかわり、そこに、音玩具を提示するようにしました。

　この状況で、共同注意行動が見られるようになったのですが、最初からその姿が見られたわけではありません。

①　共同注意行動が見られるまでの３つのステップ

　３つのステップに分けて紹介します。

　最初のステップ（Ⅰ期）では、A さんは、音玩具を自分で持って何度も机に打ち付け、笑顔で遊ぶ様子が見られました。A さんは、この音玩具が大好きになったようでした。このとき、私は A さんの目の前で歌いかけをしましたが、A さんは、私の方を見ることは全くありませんでした。目の前に私がいるのに、ま

るで意識していないかのようでした（図9－1）。

　次のステップ（Ⅱ期）では、Aさんは、音玩具を見ていると思ったら次に私の方を見るといった様子や、音玩具を鳴らしながら私の方を見るといった様子が見られるようになりました（図9－2）。最初のステップでは音玩具を操作するのに精いっぱいだったAさんに、少し余裕ができて、音玩具にかかわりながらも私の存在をなんとなく意識するようになったという感じです。

　最後のステップ（Ⅲ期）では、音玩具で遊んでいる時に、私が音玩具を指差すと、指差しの先にあるその音玩具を見たり（視野内の指差し理解）（図9－3）、私が見ているおもちゃをAさんが見た後、私の気持ちを確かめるかのように私の顔を見たり（交互凝視：確認）（図9－4）する共同注意行動が見られるようになりました。このとき、玩具を介して、Aさんとつながった、そんな感覚を感じたことを覚えています。

図9-1
音玩具にのみ注意を向ける（Ⅰ期）

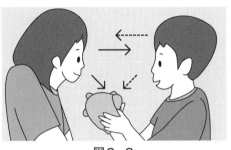

図9-2
音玩具に触りながら人を見る（Ⅱ期）

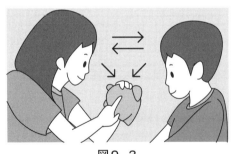

図9-3
指差しの先にある音玩具を見る（Ⅲ期）

図9-4
確認するように他者を見る（Ⅲ期）

②　共同注意行動が見られるのに必要な支援

　Aさんの共同注意行動が見られるようになるために、どのような支援が必要だったのかを、振り返ってみたいと思います。

　1つ目は、Aさんが操作しやすく、大好きな玩具を使用したことです。この玩具は、Aさんが見やすい色や大きさ、また、Aさんが持ちやすく、少し触ってもすぐに音が出るものでした。また、Aさんが、この玩具が大好きだったことも忘れてはならない、非常に重要な要素です。

　2つ目に、対面するAさんと私の間に音玩具を置くようにしたことです。この位置関係は、前述していますが、赤ちゃんとお母さんが初めて一緒に物に注意を向けるときの位置関係と同じです。

　3つ目は、Aさんが机に打ち付ける音玩具の動きに応じて、私の歌いかけの仕方を変化させたことです。なぜこのかかわりが、共同注意行動の発現につながるのでしょう。Aさん、対象（音玩具）、人（私）の関係について、詳しく見ていきます。

　まずは、Aさんの人とのかかわりについてです。Aさんと私は、これまでに何度も歌いかけ遊びをしてきました。この中で、Aさんと私は、人とのかかわりが成立するようになっていました。次に、Aさんと物とのかかわりについてです。Aさんは、音玩具を自分で持ったり、机に打ち付けたりする等、主体的にかかわるようになりました。つまり、Aさんと音玩具では、物とのかかわりが成立していたと言えます。

　このように、人とのかかわり、物とのかかわりの二項関係が成立するようになれば、次の段階として、Aさんは、私との二項関係を基盤として、そこに物を組み込む三項関係の段階に移行するはずです。けれども、Aさんにとって、三項を結び付けることは、そう簡単なことではありませんでした。つまり、Aさんの変容の3つのステップで紹介したように、音玩具を提示するとすぐに音玩具に夢中になり私への注意は途切れてしまう、反対に、私とかかわり始めると音玩具からは注意がそれてしまうというように、自分、対象、人の三項が同時に目の前に存在していても、二項の関係にとどまってしまうのです。

　それでも、私は、Aさんが動かす音玩具の動きに応じて歌いかけをすることを続けました。Aさんと私の関係がしっかりできている歌いかけの中であれば、Aさんは、私とかかわりながらも、音玩具の存在にも注意を向け続け、さらに、私と音玩具との関係にも気づくのではないかと考えていたからです。

　すると、Aさんは、私に注意を向けたり、音玩具に注意を向けたりすること

を交互にした後、ついに、私が指差した音玩具を見たり（視野内指差し理解）、音玩具を見ている私と音玩具とを交互に確かめるように見たり（交互凝視：理解）する姿を見せたのです。これが、Ａさんの最初の共同注意行動が見られたときの様子です。私が考えていた通り、Ａさんの大好きな歌いかけは、Ａさんと私

表1　人とのかかわり・物とのかかわり・共同注意行動についてのＡさんの様子と支援

		Ⅰ期	Ⅱ期	Ⅲ期
人とのかかわり（歌いかけ）	支援	・Ａさんと対面してかかわる ・Ａさんが既に獲得している人の手を引く行動に対し、好きな歌でかかわる ・情動の交流を促す遊びを行う		
	Ａさんの様子	・歌いかけの際、笑顔や1〜2秒のアイコンタクトが観察される ・歌いかけの要求表出（手揺らし）を獲得する ・手揺らしに対し、歌いかけ以外で応答すると不快そうな表情をする	・歌いかけの際、人の顔を見ることが増え、6秒程度アイコンタクトが観察される ・歌が終わりそうになると手揺らしをしてさらに歌いかけを要求する	・手揺らしに応じないと、他者の顔を凝視したり、強く手揺らしをしたりする ・歌いかけによるやりとりが15分程度持続するようになる
物とのかかわり（玩具コーナー）	支援	・Ａさんの好む振動、光、音楽の玩具を使用する ・Ａさんが自発的に玩具に移動して遊ぶことができる環境設定する ・移動運動する力、見る力の発達を促す		
	Ａさんの様子	・約30cm離した光、音楽玩具を注視、追視する ・玩具を見て4m程度肘這いで移動して玩具を取りに行く	・玩具入れの扉を開けて中の歌絵本を取り出す	・玩具を見て方向を調整しながら、目的の物の所まで肘這いで移動する
共同注意行動	支援	・Ａさんが好み、対象物として捉えやすい物を使用する ・物と人の両方が視界に入るような「Ａさん・物・人」の位置関係に配慮する ・Ａさんが人の存在や物と人との関係性に気づくことができるよう、Ａさんとかかわる相手がＡさんの物への働きかけに応答するようにかかわる		
	Ａさんの様子	・音玩具にのみかかわり、アイコンタクトや人にかかわることがない	・音玩具で一定時間遊ぶと手揺らしをする ・音玩具で遊びながら私の顔を見る ・人の手に触れながら、音玩具を操作する	・視野内で指さした方向の物を見る（視野内指差し理解） ・人が見ている玩具をＡさんも見て、その後で人の顔を見て確認する（交互凝視）

のかかわりの中で、共に音玩具に注意を向ける共同注意の状況をつくったのでした。

　このことから、Aさんが机に打ち付ける音玩具の動きに応じて、私の歌いかけの仕方を変化させたことは、共同注意行動が見られるために有効な支援であったと考えられるのです。

❸ おわりに

　その後、担任をした先生からのお話を聞くと、Aさんは、いろいろな先生とのかかわりの中でも、対象を共有したかかわりを楽しむ様子が見られるようになっていったということです。私が、Aさんとしてきた学習が、その後の学習にいかされていったということは、嬉しい限りです。

　私は、Aさんの事例を通して、重度・重複障害児の共同注意の力の獲得を目指した学習の手ごたえを感じました。学校の中を見渡すと、共同注意の力を獲得すると、この先大きく成長しそうだなと感じるお子さんがたくさんいることに気づきます。重度・重複障害児の学習にかかわる先生方には、ぜひ一度、共同注意の力という視点で子どもたちを観察してほしいと思います。

　現在、週1回の学習でかかわっている、もうすぐ中学部を卒業するBさん。最近、私の目を見て笑ってくれることが多くなりました。人とのかかわりが成長してきた証です。この先、この力をもとに物とのかかわりもさらに成長していくことでしょう。そして、共同注意の力を獲得し、さらに多くの学びをしていってほしいなと期待しているところです。

【参考文献・引用文献】

Adamson, L.B.（1995）*Communication Development During Infancy*. Westview Press. 大藪泰・田中みどり訳（1999）乳児のコミュニケーション発達. 川島書店.

Bruner, J.S.（1983）*Child's talk：Learning to use language*. Oxford University Press, New York. 寺田晃・本郷一夫訳（1988）乳幼児の話しことば. 新曜社.

Held, Richard, and Alan Hein.（1963）*Movement-produced stimulation in the development of visually guided behavior*. Journal of Comparative and Physiological Phycology. 56（5）. 872-876.

菅智津子・樋口和彦（2017）重度・重複障害児の共同注意行動の発現過程とその支援－二項関係から三項関係への移行期の事例から－. 特殊教育学研究, 55（3）. 145-155.

小柳津和博・森崎博志（2011）重度・重複児における身体運動発達と視知覚認知発達の関連性. 障害者教育・福祉研究, 7, 1-8.

李熙馥・田中道治・田中真理（2010）自閉症児における情動的交流遊びにおける共同注意行動の変化. 東北大学大学院教育学研究科研年報, 58（2）. 213-216.

大神英裕（2002）共同注意行動の発達的起源. 九州大学心理学研究, 3, 29-39.

大藪泰（2004）共同注意－新生児から2歳6か月までの発達過程－. 川島書店.

Rochat, P.（2001）*The Infant's World*. 板倉昭二・開一夫監訳（2004）乳児の世界. ミネルヴァ書房.

齊藤由美子・中澤惠江（2009）実践に活かす見え方のアセスメント. 実践につなげやすい重複障害のある子どもの見え方とコミュニケーションに関する初期的な力のアセスメントガイドブック（試案）平成20年度国立特別支援教育総合研究所研究成果報告書, 3-15.

徳永豊（2003）乳幼児の発達における共同注意関連注意行動について. 科研報告書－重度・重複障害児のコミュニケーション行動における共同注意の実証的研究－2003, 15-20.

徳永豊（2006）重度・重複障害児における共同注意行動と目標設定及び学習到達度チェックリストの開発. 平成15-17年度重度・重複障害児における共同注意の障害と発達支援に関する研究. 国立特別支援教育研究所, 1-17.

Tomasello, M.（2001）*Cultural origins of human cognition*. Harvard University Press, Cambridge. Mass. 大堀壽夫・中澤恒子・西村義樹・本多圭監訳（2006）心とことばの起源を探る. 勁草書房.

常田美穂・陳省仁（2001）乳幼児期の共同注意の発達－ダイナミックシステムズ論アプローチ－. 北海道大学大学院教育学研究科紀要, 84, 287-307.

宇佐川浩（2007）障害児の発達臨床Ⅰ　感覚と運動の高次化からみた子ども理解－. 学苑社.

やまだようこ（2010）ことばの前のことば－うたうコミュニケーション－. 新曜社.

第2節　教員との関係性を基盤として重度・重複障害児の主体性を高める学び

—学校での活動や他者に関心が低い子どもの事例を通して—

島村　晶子

1　はじめに

　私は、長年体育教員として高校に勤務していました。生徒指導を行う際、先輩教員から、「信頼関係がないところに、指導は成り立たない」という言葉を学びました。どんなに素晴らしい言葉で指導をしても、生徒との関係性がなく、指導者の思いが伝わらなければ、指導は入らず生徒は反発したり、不信感を抱いたりするだけになってしまう、と自分なりに解釈をしたことを今でもよく覚えています。

　そして今、特別支援学校で勤務し、重度・重複障害のある児童生徒とかかわる中で、私たちの指導一つ一つが児童生徒にとって、自分のできることを増やし、自分の可能性を広げ、よりよく生きるためのものであってほしいと思います。そのためには、児童生徒と教員が関係性を築き、気持ちを引き出すことが大切だと思います。

　今回は、ある児童が、児童と私との二項関係（人との二項関係）、好きな玩具との二項関係（物との二項関係）、私と好きな玩具を使ってやりとりする三項関係を築きながら、変容していった例を述べていきたいと思います。

2　指導前のMさんの様子

（1）　Mさんの様子

　私は肢体不自由特別支援学校に勤務した2年目、小学部2年生の男児Mさんを担当しました。彼を担当することが決まった時、自分に何ができるのか、まず、何から始めればよいのか等々、戸惑いました。なぜならば、Mさんは、父母、妹のことは認識していますが、その他のことは認識していないかのように、人にも物にも無関心に振る舞っていました。周囲のことに関心が少なく、私が一生懸命話しかけても応答はありませんでした。

　Mさんを担当した当初（Mさんを指導する前）の様子を表1にまとめました。

表1　指導する前のMさんの様子

項　目	Mさんの様子
障害の様子	肢体不自由、知的障害、視覚障害
発　作	てんかん発作が多い。**特に寝入りや寝起きの覚醒の低い時に発作が****おきることが多い**。多い日には20回以上の発作をおこす。
覚　醒	**学校で寝てしまうことが多い。**
運動機能・操作性	・寝返りから割り座位への姿勢変換ができる。割り座姿勢では手をつかずに、安定した割り座姿勢を保持することができる。 ・仰臥位で自分の足を持ち舐める。 ・物をつかむ、つまむことができる。 ・人の手をはらうことができる。 ・右手に持った物を左手に持ちかえることができる。
認　知	・聴覚優位 ・舐めて物を確認する。 ・**人や活動、物に興味が薄い。** ・短時間のルーティン化した活動では、見通しがもちやすいため、覚醒を保ち、落ち着いて参加することが多い（朝の会や帰りの会など）。
コミュニケーション	・言葉の理解をどの程度できているかは不明。言葉でのコミュニケーション（やりとり）は難しい。 ・笑顔を見せる、手足をバタバタさせるなどの方法で快の表出をするが、頻度は少ない。 ・不快な時は、大な声で泣く、大きな声で叫ぶなどの表出はある。 ・**人に触られたり、教員に手を持たれて一緒に動かしたりされることを嫌がる**（しかし抱っこされることが好き）。
その他	・**活動中に怒ったり、大きな声で泣いたりすることが多い**。活動の内容を理解できない、発作がおきそうで不快、などの原因が推測される。 ・かなり熱いものでないと口にせず、給食や牛乳、お茶は何度も電子レンジで温めている。

　Mさんは、一日中覚醒が低くウトウトしています。学校での活動全般に興味が薄いMさんは、寝てしまうことが多いです。目を覚ましても、覚醒状態が良くないと発作をおこすことが多く、それが不快なので、大きな声で泣いてしまいます。あるいは、活動中に目を覚まし、Mさんが状況や場面を把握できていないのに、いきなりMさんの手をもって動かす教員がいたため、いきなり活動させられることになり、大きな声を出したり、教員の手をはらおうとしたりしました。

(2)　Mさんの様子から感じたこと

　Mさんの様子から、特に気になったことは、①寝てしまうことが多い、②怒ったり、泣いたりすることが多いことでした。①寝てしまうことが多いことについては、Mさんが活動に興味をもてないことが大きな要因なので、Mさんが興味をもてるような活動を提示していくことが大切だと感じました。また、車椅子に座り、ベルトをしっかり留められると、活動に興味がない上に、身動きができず身体を動かす楽しみも奪われ、休息モードに入ってしまうことが多いように感じたため、活動時の姿勢も工夫が必要であると思いました。②怒ったり、泣いたりすることが多いことの要因として、活動内容が理解できない、発作が起きそうで不快である、人に触れられたり、やらされたりすることを好まないことが考えられました。そこで、Mさんが主体的に活動したり、自己選択したりする場面を設定しながら、「楽しい」と思えるような活動を行っていくことが大切だと思いました。また、Mさんは肢体不自由があるものの、自分で動けるのではないか、と感じさせる身体の使い方をしていたので、健常児のように、手膝這いなど、自発的に行動して探索活動しながら理解力を高めたり、よりよい身体の使い方を覚えたりすることができるのではないかと思いました。

(3)　Mさんになってほしい姿

　Mさんの実態から、①人と活動する楽しさを知る、②学ぶことの楽しさを知ってほしいと思いました。私と活動することを楽しいと感じ、楽しい活動を積み重ねる中で、私と一緒に興味ある活動をみつけ、一緒に活動する中で、Mさんが主体となって活動し、新たな発見をしてほしいと考えました。その結果、起きて活動する時間が増え、怒ったり、泣いたりしないで過ごせるようになってほしいと思いました。

❸　Mさんの指導内容を決定するための取組

　Mさんの実態から、まず、第一にMさんが①「私との関係を築き、私と一緒にいて楽しいと思える」こと、②「好きな活動を見つけ、主体的に取り組もうと考える」状況を準備することが大切だと考えました。そして、Mさんが私のことを「いつも、自分を楽しませてくれる存在」と感じてほしいと考えました。①私と一緒に活動をすることが楽しいと思い、楽しい活動を積み重ねる中で、一緒に興味ある活動を見つける、②一緒に探索活動をする中で、Mさんが主体となって遊べることを目指しました。

その結果、Mさんが人と活動することの楽しさや、学ぶことの楽しさを知り、起きて活動する時間が増え、怒ったり、泣いたりせずに安心して毎日を過ごすことができるのではないかという仮説をたてました。

私との関係を築く第一歩として取り組んだことを表2にまとめました。

表2　私との関係を築くための取組

場　面	取組	Mさんの様子
登校時スクールバスへのお迎え	**声かけの工夫**：バスの座席に迎えに行った際の声かけを私だとわかるような特有な声かけ（『シートベルトカッシャーン』）にし、毎日同じ声かけを行った。	毎朝、バスに揺られウトウトしながら登校するが、声かけで私だと理解した。すぐに目を開け、手足をバタバタさせて抱っこをせがむようになってきた。声で私を認識できるようになった。
バスシートから車椅子への移動	**抱き方の工夫**：Mさんが手足をバタバタさせたことを「抱っこしてほしい」の要求と捉え、最も好む「たて抱っこ」をしてバスから降ろす。	人に触られることを嫌がっていたMさんであったが、自発的に抱っこをせがむようになった。抱っこをしていることを理解し、私の肩に顔をくっつけて甘えるようになった。

毎朝、スクールバスへMさんを迎えに行き、「Mさんおはよう。『シートベルトカッシャーン（表2：特有な声かけ）』外しました。」と抑揚をつけて声をかけながらカーシートのベルトを外すと、すぐに目を覚まし、抱っこをせがむようになりました。バスが学校に到着しても、声をかけるまでは、目をつぶってじっとしているMさんでしたが、『シートベルトカッシャーン』という言葉の響きが、バスの座席に迎えに行った際の特別な声かけとなり、私だということがわかったようでした。私も『シートベルトカッシャーン』という声かけが自分の目印となるよう意識して、毎回同じ声かけを行いました。声をかけるとすぐに目を覚まし、覚醒するようになりました。意識もしっかりするようになり、寝起きにおきやすい発作も減りました。

この頃、Mさんにとって私は、いつも一緒にいてくれる存在であり、Mさんから徐々にかかわろうとするようになってきました。

そして、私はMさんの好きな活動を見つける活動に取り組みました。その活動内容を表3に示します。

何事にも興味を示さなかったMさんが、トランポリンやキーボード遊びに自発的に取り組むようになりました。

表3　Mさんの好きな活動を見つけるための取組

場　面	取組	Mさんの様子
バスを降りて教室に向かう途中	ホールに寄り、遊具で遊ぶ	トランポリン、ローリングカップ、ユニジャンプなど、毎日違う遊具を試した。トランポリンを行うと、①笑顔が見られる、②声をだす、③揺られながら踊るように上半身を動かすなどの行動があった。トランポリンが気に入ったようなので、必ずトランポリンを行うようにした。バスから降りると、トランポリンで遊べると期待感をもつようになった。ホールに行くことを見通し、期待感をもつようになった。 ホールに移動し、Mさんからの表出を待つと、「早くトランポリンで遊びたい」と言うように、Mさんは足をバタバタさせて笑顔になった。
「運動」の時間（朝の会の後の時間帯に毎日設定されている）	膝立ち姿勢をとり、玩具で遊ぶ（図1）	いろいろな玩具を提示したが、特にキーボードが気に入った。①指を巧みに使い様々なボタンを押す、②耳をあてて音を聞く、③舐めて確認する、④笑顔や声をだすなどの姿が見られた。そこで、「運動」の時間はキーボードで遊びながら、いろいろな姿勢や動きの学習をするようにした。キーボードをMさんが膝立ち姿勢で触れる位置に置くと、自らに膝立ちをした。運動の時間、集中して遊ぶ中で、指でキーボードのボタンを押して、好きな音楽を自動演奏させるなど、試行錯誤を行いながら、自ら学ぶ姿も見られるようになった。好きな玩具を見つけることができた。楽しみながら、主体的に活動しているので覚醒状態も良い。

図1

図2

　その具体的な変容について述べます。Mさんの教室は、車椅子から降りて過ごせるようにエアレックスマットが敷かれていました。そのマット上ににキーボードを置くと、視覚が弱いMさんでしたが、キーボードの音を頼りに寝がえりをしてキーボードのある場所に移動して遊んだり、手を伸ばしてキーボードを自分の近くに引き寄せたりと巧みに動くことも多くなりました。活動中は、

笑顔や声を出すことが多くなり、私が終わりを告げるまで遊び続けていました。

　また、この頃になると、人に触られることを嫌がるMさんは、手遊び歌の「いっぽんばし」でくすぐり遊びをすることにも興味を示すようになりました。もっとやってほしいと、自分の手のひらを開き、もう一方の手で私の手を開いた手のひらに持っていき、手遊びをせがむようになりました（図2）。その他、私がMさんの横に座っていると、私の膝を枕にして寝転ぶ、両手を広げて抱っこをせがむようになるなど、Mさんから私にかかわりを求めることが多くなり、さらにMさんと私の関係性が深くなってきました。

　いわゆる、共同注意の二項関係ができてきました。共同注意とは、児山・樋口・三島（2015）が、Buruner（1975）と大藪（2004）を引用して次のように述べています。

　　『共同注意とは、他者と関心共有する事物や話題へ、注意を向けるように行動を調整する能力である。共同注意は、生後半年以降の乳児の精神発達を反映する有力な指標で、二項（乳児と他者、乳児と対象物）を基盤にする交流構造から、三項（乳児と対象物と他者）を統合する交流構造への移行を可能にする精神発達が反映されている発達の重要な指標である。』

　Mさんは、私との二項関係（人との二項関係）、好きなキーボードやトランポリンとの二項関係（物との二項関係）ができてくると、私が特に気になった①寝てしまうことが多い、②怒ったり、泣いたりする姿はかなり減りました。Mさんが寝てしまう原因は、**かかわり手である教員の接し方**と、**物への興味の希薄さ**だったのではないかと思います。

❹　Mさんの指導内容を決定する上での配慮事項

　Mさんの指導内容を決定するために、前述のような活動を行う中で、Mさんへの配慮事項が見えてきました。表4に示します。

　表4のような配慮を行うことで、Mさん自身が自分の意思を確認し、要求し、先の見通しをもって活動するようになってきました。Mさんとの関係性もでき、私自身が活動の目的とMさんに合った指導方法が見えてきました。これらの配慮事項を念頭に置きながら、私は具体的な目標と活動内容の選定を行いました。

表4　Mさんへの配慮事項

配慮事項	理　由
①活動をルーティン化する	Mさんは朝の会など毎日同じ流れで行われる活動は、先の見通しがもちやすく、落ち着いて活動に参加することができた。学習もルーティン化することで、見通しをもって取り組みたい。
②楽しい活動であっても、取り組み時間は15分以内にする	Mさんは集中力の持続時間が短いため、飽きる前に活動を終了し、もっとやりたいという気持ちをなくさないようにしたい。嫌になると怒ったり、泣いたりするので、それを避けたい。
③活動の始まりと終わりを明確にする	「これからMさんのトランポリンを始めまーす」、「これでMさんのトランポリンを終わります。次は～」と、毎回、同じ声かけをする。活動の見通しや活動の区切りをつけることで、次の活動への期待感をもてるようにする。
④活動は、自分がやりたいと思って行っていることを確認できるようにする	例えば、トランポリンで20回揺れたら、「もう1回やる人?」と質問をし、応答があったらもう1回行う。自己選択、自己決定の場面を作る。活動は人から指示されたのではなく、自分の意思で選んだ活動であることを意識してほしい。今後もやりたい活動がある場合は自分から要求できるようになってほしい。

❺　Mさんの目標設定

　Mさんの目標と活動内容の選定のポイントは「❷指導前のMさんの様子：（3）Mさんになってほしい姿　①人と活動する楽しさを知る、②学ぶことの楽しさを知ること」を発展させ、「①人とのやりとりを楽しむ、②好きな活動を活用して様々な活動に取り組む」ことにしました。①私との関係（人との二項関係）と②遊具や玩具との関係（物との二項関係）それぞれができてきました。次はこの2つを同時に行えることが大切だと思いました。キーボード、トランポリンを私と一緒に楽しむ「**対象物の共有**」を意識し、共同注意の三項関係の成立を目指しました。

　「対象物の共有」とは、児山・樋口・三島（2015）は、田中（2014）を引用して次のように述べています。

　『乳児が、「他者への注意と反応」を示すようになるのは、生後4ヶ月頃であるが、乳児が物への興味を抱くよりも早く出現する。「物への興味」と「他者への注意と反応」は、「対象物の共有」の段階において統合される。乳児と他者、乳児と物のかかわりが独立していた状態から、対象物を共有するようになり、乳児と他者と物の三項関係の芽生えをむかえる。この「対象物の共有」は、物を媒介として乳児と他者の2者の注意を結びつける。』

　これらの考えをもとに、目標と具体的な活動内容を決めました。表5に示します。

目標を大きくまとめると、①〜③はコミュニケーション面の発達、④は運動機能面の発達、⑤は認知面の発達を目指していました。自立活動の区分で述べると、コミュニケーション、身体の動き、環境の把握の指導に重点をおきました。

「肢体不自由を併せ有する重度・重複障害児の認知発達は、共同注意の前提である人や物との二項関係の中で、自分から働きかけることや働きかけられることにより外界とつながりが深くなり、対人行動やコミュニケーション行動、認知、運動などが発達すると考えられます。」と（古山, 2008）は述べています。

私も、Mさんと私の関係、Mさんと物（好きなトランポリンやキーボード）との関係の中で、Mさんが自発的に働きかけること、働きかけられたことに応えることを大切に指導しました。

表5　Mさんの目標と具体的な活動内容

自立活動	指導目標	活動内容
コミュニケーション	①特定の人（担当：私）との関係を深め、他者との関係を広げる	・特定の人（担当：私）とのかかわりややりとりを楽しむ。 ・私とトランポリンや手遊び歌でくすぐり遊びを楽しむ。 ・私以外の慣れた教員と好きな活動を楽しむ（必ず私が傍にいて、不安になったら励ます）。 ・週2回、午後の「課題」の時間は、毎回同じクラスの友だちと歌を使った活動を行う（行う活動や使用する歌は決めておく）。
	②タッチで「はい」の意思表示をする	・活動の区切りで、「もう1回やる人?」と声をかけ、自己選択、自己決定の場面を設ける。「はい」の応答があった時には、教員が手を出し、タッチをして意思を確認する。 ・様々な場面で質問し、タッチで「はい」をして意思表示することを促す。
	③怒ったり、泣いたりせずに「嫌」なことを伝える	・怒ったり、泣いたりせずに、「嫌」、「違う」を伝える手段を獲得させる。 ※「嫌」または「違う」と感じたときは首を横に振るようにさせる（私が見本を見せ、繰り返し教える）。
身体の動き	④興味のある物がある場合は、教員から受け取るのではなく、自分で移動して取りに行く習慣をつける	・欲しい物がある場合は、自分で移動するように促す。 ・欲しい物（キーボード）を移動可能な場所に置き、手膝這いで移動し、自分で取りに行く気持ちを高める。 ※移動の時には手膝這いだけではなく、介助歩行、つかまり立ちなども支援する。
環境の把握	⑤自発的に探索活動をする	・探索活動を行うことで、新たな興味あるものや知っている玩具での新しい遊び方を発見できるようにする。 ※隠してあるもの（キーボード）を探す。 ※設置場所にある好きなもの（キーボード）を見つけにいく。

⑥　指導の経過と評価

　指導経過を自立活動の区分に沿って、(1) コミュニケーション、(2) 身体の動き、(3) 環境の把握に分けて報告します。

(1)　コミュニケーションの指導

　様々な活動をMさんとわたしとのやりとりを意識して行いました。表5の①特定の人との関係を深め、他者との関係を広げる、②タッチで「はい」の意思表示をする、③怒ったり、泣いたりせずに「嫌」なことを伝えるというコミュニケーションに関する目標の指導の様子と評価を表6にまとめました。

表6　コミュニケーションの指導

取組	指導経過
Mさんの好きな歌を歌いながらトランポリンを揺らす。1曲歌い終わったら、トランポリンの揺れをとめ、「もう1回やる人?」と質問をし、児童にタッチを求めた。	質問すると、タッチで応えることが徐々に増えていった。「もう1回やりたい」というMさんの意思表示に応じることを積み重ねると、自分がタッチで応えるともう1回できると理解し、主体的な活動になった。私と積極的コミュニケーションをとるようになった。
膝立ち姿勢で、キーボードで一緒に遊ぶ（図1参照）。	私が、キーボードのスイッチを切ると、Mさんが再びスイッチを入れるという、キーボードを介しやりとりする中で、「スイッチの ON/OFF」という新しいやりとり遊びが生まれた。私のことを「いつも一緒にいて、自分を楽しませてくれる人」と認識し始めたと考えられる。
トイレに行く前に、くすぐり遊び、『とうきょうとにほんばし』を行った。終わった時に、「もう1回やる人?」と質問をし、児童にタッチを求めた。	トイレに行くのは、同性介助が前提である。介助してもらう特定の男性教員との関係を作ってほしかったため行った。また、人に触られることが嫌い（触覚過敏）の抑制のため行った。トランポリンでのやりとりと同様にコミュニケーションを楽しむ場となり、笑顔で楽しめるようになった。男性教員とも嫌がらずにかかわるようになった。
給食時、食べ物を口に入れたら、「パック、もぐもぐ、ごっくん」と声をかけ、飲みこんだら、「おいしいねー」の決まった声かけを行った。 ※食べ物は熱いものしかとらなかったため、通常の温かさのものもやりとりしながら食べられるようになってほしかった。	決まった声かけを行うことで「食事の時間は楽しい」という見通しができた。熱いものしか口にしないMさんだったが、ペース良く食べることで、熱くなくても食べるようになり、食事量も増えた。時々食べ物が冷めて、食べることを嫌がることがある。指導開始5ヶ月後くらいから、「冷めて嫌な人はイヤイヤして」と伝えると、首を横に振るようになった。「嫌」の表出をした時には、「嫌なのわかったよ。教えてくれてありがとう。あと1口食べたら温めよう。」などと、伝えたことをほめた。1口は冷めたものも食べる経験をして、少しずつ嫌なことも受け入れられるようにした。この頃には、怒ったり、泣いたりすることは大幅に減った。 決められたことばでやりとりすることで、人とやりとりしながら行動するリズムを身に付けた。私を「自分をいつも見てくれている人」、と実感し始めたように考えられる。

Mさんがわかりやすいように、朝のトランポリン、「運動」の時間の膝立ち姿勢、トイレに行く時の手遊び歌、給食の時のやりとりなど、様々な活動をルーティン化しました。人に関心がなかったMさんでしたが、トランポリンやキーボードなど、好きな遊具や玩具がなくても、人とのやりとりを楽しめるようになってきました。私は、これらの活動を行いながら、Mさんに言葉でも活動をイメージできるように、「これからトランポリンを始めまーす」や「これでMさんのトランポリンはおしまい」など、始まりと終わりを明確にし、そして活動の内容を伝える配慮を意識しました。バスからホールに移動し、私が「これからトランポリンを始めまーす」と声をかけると、「早く車いすから降ろして」と言うように抱っこをせがむなど、ことばにも意識が向くようになってきました。

(2)　身体の動きの指導

　後期が始まって1ヶ月、夏休みで忘れかけてしまった前期のペースを取り戻した頃、Mさんは3週間ほど、入院をしてしまいました。慣れない入院生活で、泣き叫ぶだけでなく、口から一切食べ物、飲み物を取らない日々が続き、16kgあった体重が、12kgに減ってしまいました。

　退院後、学校に登校すると、私が少しでも離れると「行かないで〜」と言うかのように私にしがみつき離れません。給食の時も1口食事を口に入れると、抱きついてきました。抱きついた状態で私が、「もぐもぐ、ごっくん」というと飲み込み、また、口に入れると抱きついて飲み込むことを繰り返しました。抱きかかえて声をかけなければ、飲み込みませんでした。そんな日が数日続きました。Mさんにとって、私の存在が大きいことに改めて気づきました。そして、私への執着が強くなっていきました。この頃には、私がやろうと言うことには、何にでも言うことを聞く状況になりました。そんなMさんに少し心配をしましたが、共同注意の三項関係で見られる行動のうち、「社会的参照」や「他者意図の理解」が成立したとも考えられます。また、キーボードへの執着も非常に強かった時期です。そして、Mさんは身体の動き（移動）でも大きく成長していきました。

　私は、Mさんを担当した当初から、寝返りから座位姿勢がとれたり、割り座姿勢がとれたりするMさんに、自分で動くことを学習してほしいと思っていました。

　退院後、体調が安定したところで、オールフォー（手膝支持）姿勢の練習に取り組みました。オールフォー姿勢を1分ほどキープできるようになった次の日に、手に過敏があるため、床に手をついているのが嫌な様子で、手を交互に

放し、手膝這いができるようになりました。この時は、手に過敏があることで偶然、手膝這いができるようになりました。まるで、笑い話のような逸話ですが、あっという間に手膝這いという移動手段を獲得しました。

手膝這いでの移動が可能となったMさんは、キーボードを使って移動して遊ぶことに取り組みました。身体の動き（移動）の取り組みを表7にまとめました。

表7　身体の動きの指導

取組	指導経過
Mさんの好きなキーボードを1.2メートル離れた床に置き、自動演奏で音を流し、音を手がかりに手膝這い這いでキーボードまで移動する（図3、4）。	手膝這いによる移動手段を獲得した。認知面からみると、1、2メートル先の物へ移動する間も、移動する目的を保持することができるようになった。 キーボードの音が流れると、手膝這いで移動してキーボードのところへ行き、耳をつけて曲を聴いたり、自分でボタンを押したり、なめたりして遊びだした。徐々に距離を伸ばしていき、4メートル程度離れた場所でも手膝這いで移動することができるようになった。自分で移動することが楽しい様子であった。 3、4メートル先にキーボードを置くと、手膝這いで移動する。少し遊んだ後、再びキーボードを3,4メートル先に置き移動することができた（図5、6）。トイレやホールへ行く時は、キーボードを使って遊びながらではあるが、自分で移動することができるようになった。
自動演奏が流れているキーボードを机の上に置き、つかまり立ちの姿勢を保持して遊ぶ。	机まで手膝這いで移動して立ち上がり、机につかまり立ちをして、キーボードを操作することができた。手膝這いから、つかまり立ちへの姿勢変換の動きを覚えた。
歩行器を使用して、自動演奏が流れているキーボードのところへ移動する。	歩行器で立位をとると、嬉しそうに自分から動き出した。最初は後ろ向きに移動することが多かった。前進歩行を行うために、私がキーボードを持ってMさんの前を歩くと、キーボードと私を追いかけるように前進することができるようになった。

自動演奏の流れるキーボードを追うという楽しみを覚えたMさんは、手膝這いと歩行器での移動ができるようになり、動きのバリエーションを増やしました。また、①手膝這いからつかまり立ちへの姿勢変換（図7）、②つかまり立ちから椅子へ座る、③椅子での座位から床に降りるなど、様々な動きを獲得しました。音をたよりに、「あそこに行けば、キーボードで遊べる」という予測をしながら移動するようになりました。身体の動き（移動）の学習をしながら、自発的に探索行動を行い、移動の範囲が広がりました。

図3
キーボードを1、2メートル離れた床に置
き、自動演奏で音を流す

図4
音を手がかりに手膝這いでキーボードまで
移動する

図5
キーボードを3、4メートル先に置く

図6
3、4メートル先まで移動できた

図7
キーボードを追いかけて、手膝這いからつ
かまり立ちへ姿勢変換

（3）　環境の把握の指導

　常田（2008）は、生後７ヶ月〜９ヶ月の健常児とお母さんのやりとりを次のように報告しています。

　『赤ちゃんはお母さんが自分のために何かおもしろいことをしてくれる、ということを既に知っているので、お母さんが対象物に働きかけている間は、「何が起こるかな」と期待しながらその様子を見ています。そして、お母さんの一連の動作が終わったところで、今度は赤ちゃん自身がその対象に働きかけるのです。この時のお母さんと赤ちゃんのやりとりはターンテーキング（観察者と動作者の役割を順に交代して行うこと）の特徴をもっています。』

　お母さんと赤ちゃんのやりとりの仕方を私とＭさんのやりとりにあてはめて考えてみます。表７に示した身体の動きの指導で、私がキーボードをある場所に置く、するとＭさんはキーボードが置いてあるところに手膝這いで移動する、しばらく一緒に遊び、再び私がキーボードを持ち、新たな場所に置く、Ｍさんはキーボードが置かれた新たな場所に手膝這いで移動するといった活動に繰り返し取り組みました。Ｍさんと私は、キーボードを介して、遊びのやりとりが盛んになってきました。視覚に困難があると思われるＭさんは、私がキーボードを持つと、「先生は、キーボードをどこかに置くに違いない。」と予測し、私がキーボードを持って動くたびに期待感いっぱいで、私の姿を目で追っていました。キーボードと私の動きを見て、自分も動くことが増えました。手膝這いで移動することをねらいとした活動を行う中で、周囲の環境を把握しながら探索行動を行い、Ｍさんは、私の動きを目で見る、予測するなど、自ら学びを広げていきました。そこで、私は、自動演奏が流れるキーボードにタオルをかけたり、保管場所であるロッカーに置いたりすることで、Ｍさんがどういう行動をとるのか試してみました。Ｍさんの行動は私の期待通りでした。音をたよりにタオルのかかったキーボードからタオルを外す、音の鳴るロッカーのほうに移動し、ロッカーにつかまり立ちをしてキーボードの置いてある場所を探すなどして、キーボードを見つけると嬉しそうにキーボードで遊びだしました。これは、「音」という手がかりから、そこにある見えない物をＭさんが予測して取りに行くという行動です。Ｍさんが認知面で大きく発達していることを感じました。つまり、Ｍさんは環境の把握をするだけでなく、認知面でも大きく変化が見られました。環境の把握を中心とした取組を表８に示します。

表8　環境の把握を中心とした取組

取組	指導経過
キーボードを介して遊びのやり取りをしたいMさんが、私の持っているものがキーボードかどうかを確認して行動する。	身体の動きの指導内容の、3、4メートル先にキーボードを置くと、手膝這いで移動する。少し遊んだ後、再びキーボードを3、4メートル先に置き移動する活動を行っていると、Mさんは、私が音の鳴っていないキーボードやキーボードの形に似ている四角いもの、キーボードの鍵盤をイメージする白っぽいものを持って近くを通ると、私の方に身体の向きを変えたり、手膝這いで2、3歩移動したりするようになった。キーボードでないことがわかったり、音がなっていないとわかったりすると、手膝這いをやめてしまう。次に、私が音の鳴ったキーボードを持つと、その場所を目指して移動する。繰り返し取り組むと、Mさんは、私が持っているものはキーボードかどうか確認して行動するようになった。
自動演奏が流れるキーボードにタオルをかけたり、保管場であるロッカーに置いたりする。	見えなくても、音をたよりにキーボードをイメージすること（物の永続性）ができるようになった。自分でタオルをとり、キーボードを見つけ遊びだした。 ロッカーからキーボードの音が聞こえると、手膝這いでロッカーまで移動し（図8）、つかまり立ちをしてロッカーに頭を入れた姿勢でキーボードを見つけ遊びだした（図11）。 自分が予測したところにキーボードがあって、嬉しそうな様子で笑顔も見られた。

　これまで、自分の周囲の状況に関心がなかったMさんが移動することで、自ら探索したり、状況を把握したりしようとすることが増えました。

　これらの取り組みによりMさんは、見た方が有益と感じたのか、目を使って見ることが増えました。視覚に困難があるものの、自ら見ようという意識が育ってきました。認知面では、物事の理解、イメージする力（物の永続性）が伸びました。

図8
ロッカーからキーボードの音が聞こえると

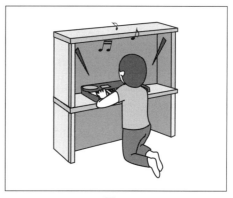

図9
ロッカーの中のキーボードを膝立ちで遊び
始める

図10
つかまり立ちをしてロッカーに頭を入れた
姿勢でキーボードで遊んでいる

図11
音をたよりにキーボードを見つけ出して遊
んでいる姿

❼ Mさんの変容の考察

　別々であった「人とのかかわり」と「物とのかかわり」を同時に行う「対象物の共有」が可能になりました。共同注意の発達では、この後、子どもは他者意図が理解できるようになるといわれています。様々な障害を併せ有し、学習に困難さがあるMさんは、乳児と同じように発達していくとは限りません。しかし、二項関係の安定、三項関係が発達することで外界とのつながりが深まり、コミュニケーション、身体の動き（移動）、環境の把握（認知）面で大きな成長が見られました。

　重度・重複障害児の教育においても、健常児の対人関係をつくっていく様子をイメージしながら、子どもとの関係性を大切にかかわることの重要性を再確認しました。

8 まとめ

　Mさんを担当して1年が終わる頃、Mさんに設定した5つの短期目標は、Mさんを担当した当初に立てた仮説の通り、人にも物にも無関心に振る舞っていたMさんの心を外に向け、担当である私の存在に気づき、一緒に過ごすことが楽しいと感じることで、概ね達成されました。指導終了時のMさんの様子を「表1　指導する前のMさんの様子」に照らし合わせながら表9にまとめます。

表9　指導終了時のMさんの様子

項　目	Mさんの様子
発作	てんかん発作をおこすが、学校では覚醒状態が良いため、**寝入りや寝起きの覚醒の低い時におきる発作は減った。**
覚醒	学校の活動や人に関心がなく寝てしまうことが多かったが、活動や人に関心をもち、**学校生活を楽しむようになったため、学校で寝てしまうことは、ほぼなくなった。**
運動機能・操作性	指導を行う前は、安定した割り座位ができたが、移動手段は寝返りだけであった。 ・**手膝這いで移動することができるようになった。** ・**歩行器で歩行することができるようになった。** ・**オールフォーの姿勢からつかまり立ちができる。また、つかまり立ち姿勢で遊ぶことができるようになった。**
認知	・聴覚優位ではあるが、見たほうが有益であることに気づき、見ようとする意識が高まった。 ・**興味ある人や活動ができた。** ・**人と一緒に遊ぶことを好むようになった。** ・触って物を確認する ・物事の理解、イメージをすることができるようになってきた。 ・自ら探索することで、問題発見や解決をするようになってきた。 ・活動中に怒ったり、泣いたりすることはなく、積極的に活動に取り組めるようになった。
コミュニケーション	・**「はい」、「嫌」など、自分の気持ちをサインで伝えることができるようになってきた。まだ、定着はしていない。** ・自ら他者にかかわり、物や遊びを介してやりとりしようとする。

　表9のような変容の大きな背景として、私との関係性が築けたこと、共同注意の獲得ができたことが、Mさんを大きく変えたのではないかと思います。子どもの発達段階に応じてかかわり方に違いはあるかもしれませんが、私は常に、どの子どもとも関係性を築くことを心がけています。重度・重複障害児に限らず、子どもが学習を行う上で、**子どもと教員の関係性**を築くことは、とても大きい

ことだと思います。そのために、子どもの発達段階、好きなこと、伝わりやすい方法など、目の前の子どもをより深く知ることが大切です。そして、子どもが先生は自分を的確に把握してくれている、受けとめてくれていると実感することで、関係性ができていくと考えています。子どもとの関係性を築き、子どもをより深く知ることで、子どもが主体的に行いたいと思う学習を提供でき、子どもに、「楽しい」、「もっとやってみたい」という意欲が生まれ、学習が成立するのだと思います。子どもと**関係性を築くことは、子どもにより適した学習を提供したり、より高い学習効果を引き出したりすること**につながっていくのではないでしょうか。

【引用文献】

Buruner,J.S. (1975) *From communication to language.*

大藪泰 (2004)『共同注意の発達と臨床－人間化の原点の究明－』, 川島書店 .

児山隆史・樋口和彦・三島修治 (2015)「乳児の共同注意関連行動の発達」, 14, 99-108. 島根大学教育臨床総合研究 .

古山勝 (2008)「重度・重複障害児のコミュニケーション行動形成の指導」.『障害の重い子どもの授業づくり Part2』, 174-192. ジアース教育新社 .

大神英裕 (2002)「共同注意の発達的起源」, 3, 29-39. 九州大学心理学研究 .

常田美穂 (2008)「コミュニケーション能力の発達」. 加藤義信 (編),『認知発達心理学入門』, 28-43. ひとなる書房 .

重度・重複障害の子どもたちの朝の会について

堀内　美紀

❶　はじめに

　学校の『朝の会』というと皆さんどのような状況をイメージしますか？一般的には、司会が挨拶の号令をかけたり、出席確認をしたり、一日の予定を確認したりという様子だと思います。特別支援学校の『朝の会』の場合は、司会の子どもが友だちのところに行って握手を交わしたり、最後に歌を歌ったり、などという事があるかもしれません。特別支援学校の一般的な朝の会の流れを図1にまとめてみました。

```
1．朝の挨拶
2．日付・天気の確認
3．呼名
4．昨日の様子の発表
5．学習の予定
6．給食メニュー発表
7．今月の歌
8．終わりの挨拶
```

図1　一般的な朝の会の流れ

　毎日ルーティンで行われているものだけに何気なく、型どおりに済ませてしまう場合もあるかもしれません。しかし、様々な個性の集団である重度・重複障害の子どもたち（以下、「重度の子ども」とする）にとっていったい『朝の会』とはどのような意味があるものなのか？ということをここでは少し掘り下げて考えてみたいと思います。

❷　『朝の会』の役割

（1）　重度の子どもは『朝の会』で何を学ぶのか？

　『朝の会』は、ほぼ毎日学校生活の中で必ず取り組んでいる授業です。他の授

業では毎日必ず同じ時間同じ内容で行われる授業はほぼ無いといっていいのではないでしょうか。『同じ時間同じ内容で』行われる活動というのは定着が図りやすいという事です。重度の子どもの学びを考えた時にどうしたら定着が図れるのか、という事は大切なポイントだと思われます。重度の子どもが『朝の会』で学ぶ内容を図2にまとめてみました。

```
① 誰が学校に来ているのかを知る
② 予定を知る
③ どのような活動を行うのかをイメージする
④ 呼名に対して安定した応答をすることを通し
  てやりとりする力を養う
```

図2　重度の子どもが『朝の会』で学ぶ内容

(2)　重度の子どもの主体性

　重度の子どもの場合、他者から介助を受けながら活動することが多い、ということがあると思います。しかし、周囲の人や物の環境をうまく整えることで、『介助を受けながらも子どもが主体性を発揮して活動できる』ということが可能になります。例えば、自発的な動きが難しい重度の子どもの場合は、教員が一緒に身体を動かして活動する場合もあると思います。そのような状況でも、子ども自身の意向を確かめてから一緒に動かすことで、子どもは「自分の思った通りに動いている」という実感を持つことができるのではないでしょうか。また、次に起こる活動がどのような活動かを具体的にイメージすることができれば、期待感をもって活動に取り組むことができ、「これは自分がやりたい！」という自発的な表出につながるのではないでしょうか。どんなに重度な障害があり、多くの介助を必要としている子どもでも、『主体性』を大切にすることで本人の表出が増え、将来的には自己選択や自己決定につながることも期待できます。

(3)　楽しい『朝の会』にするためのポイント

　(1)、(2)を踏まえて子どもたちにとって、『朝の会』がよりわかりやすい、楽しみな活動になるためのポイントを考えてみたいと思います。それは、環境を整え、支援を工夫することで、重度の子どもの主体性を引き出し、より積極的に朝の会を楽しむことができるのではないか、ということです。重度の子どもの主体性を引き出し、成長や発達を促すための有効な『朝の会』のポイントとして中澤（2008）は以下の表1のように述べています。

表1　楽しい『朝の会』のためのポイント

ポイント①	周囲にいる人がわかるように、お互いが触れ合えるような小さな輪で行う
ポイント②	呼名は子どもだけではなく、大人の名前も呼ぶ
ポイント③	音声言語のみの説明ではなく、具体物やシンボルなどを提示してイメージをふくらませる

ポイント①周囲にいる人がわかるように、お互いが触れ合えるような小さな輪で行う：重度・重複障害の子どもたちは、視覚や聴覚の障害を併せ有していることが多々あります。また、はっきりとした視覚障害はなくても、感覚的、知覚的にわかりにくい子どももいます。そのような子どもたちは周囲の状況を把握する力も弱いです。それを補うためにお互いに触れ合う事で他者を意識する、周囲の状況を理解することにつなげる手立てが必要です。

　私は朝の会で子どもたちの席順を一定にし、お互いが両隣の人に触れ合えるような設定をしました。こうなると子どもたちの呼名の順番も自然と一定となり、Aさんの次はBさん…のような規則性が毎日自然に出てきます。すると子どもたち自身が「あ、いまAさんが呼ばれているから次は自分の番だな…」などと見通しを持つことができるようになります。なかには「次は自分の番だから返事の準備をしておこう」と考え、呼名に応える用意をするようになった子どももいました。また、いつも触れ合える距離にいる友だちが欠席で触れ合うことができないと「あれ？今日は隣のCさんはいないのかな？」と視覚が弱い子どもでも確かめることができました。

　そしてまた『呼名』は、自分の意思を表出するのが難しかったり、一生懸命表出していてもなかなか周囲に伝わらなかったりする重度の子どもの『主体性』をはぐくむのに有効な場面でもありました。発声はあるものの、タイミングよく声を出して応えることのできなかった子どもが隣の友だちが上手に発声で応える様子を見て、真似をして上手に返事ができるようになりました。

ポイント②呼名は子どもだけではなく、大人の名前も呼ぶ：子どもたちにとっては自分にとって『大切な存在＝必要とする介助者』である大人がいるはずです。それは『いつも自分の近くにいて、困ったときにはいつも自分を助けてくれる存在』のはずです（田島, 2004）。その『大切な存在』を確認することは重要な事です。「今日は自分の担当の〇〇先生はいるのかな？お休みかな？」と気にしているはずです。今日も一日その人がいるのか？いないのか？でその日の活動の心構えも違ってくるでしょう。そして、その『大切な存在』をより子ど

もたちが意識しやすいように、大人は自分の存在を印象付けやすいアピールを
しながら呼名に対しての返事をすることが重要です。ただ「はい」という返事
をするだけではなく例えば、自分特有の決まり文句やテーマソングを歌ったり
します。また、音声だけではなく、トレードマークになるものを身に付けてお
き、それを見せたり、触らせたり、あるいはその物の音を聞かせるなどを行い
ます。毎日それを続ける中で子どもたちは「あ！この返事をするのは○○先生
だ！」などと覚え、その先生がいることを意識できるようになるでしょう。朝
の会に好きな先生がいることが分かればその日一日が安心感に満ち、期待でき
る一日になるでしょう。そしてその『大切な存在』である『自分の好きな人を
呼べること（あるいは好きな人を呼んでほしい、と伝えること）』が重度の子ど
もの成長にとっては重要な事であると中澤（2008）は言っています。そしてこ
の『好きな人を呼ぶための手立て』を構築するために『朝の会』がとても有効
なのです（中澤，2008）。自分の事を誰よりも理解してくれ、いつでも自分に
よりそってくれる存在がいつも自分の側にいたら、子どもたちは安心できるでしょ
う。このように「自分にとって一番大切で必要な人」という愛着を抱く人の存
在は健常児と母親の間に見られるものです。子どもは成長に従い、母親のいな
い場面でも母親に代わる存在として『第2の養育者＝アタッチメント』を自ら
作ろうとします（田島，2004）。重度の子どもも同じように母親から離れた『学
校』という場面で『第2の養育者＝アタッチメント』を作ろうとしているので
す。それが自分にとって『大切な存在』であり、その人がいるとわかれば、安
心できるのです。ですから、朝の会で大人の名前を呼ぶことは自分にとって『大
切な存在』であるアタッチメントの先生が今日は学校に来ているのかどうかを
確認できる大切な機会です。いるとわかればいつでも自分が困っているときに
自分が呼べば来てもらえる、という安心感につながるからです。

　かつて行った朝の会の中では子どもの名前を呼んだ後に先生の名前を呼ぶこ
とを行いました。それぞれの先生が自分の得意な歌の一節を歌ったり、いつも
身に付けているふわふわの毛皮のキーホルダーを子どもたちに触れさせたりし
ながら、一人ひとりと握手をしながら返事をしました。子どもは自分の担当の
先生の存在を確かめることができました。私は子どもたちに覚えてもらいやす
いようにいつも赤いTシャツを身に着け、ポケットにはアロマオイルをかすか
にしみこませたハンカチを入れるようにしていました。視覚が弱い子どもでも
私が近づいていくとはっきりとした色や香りで認識してもらえるように工夫し
たのです。盲ろう及び肢体不自由を併せ有する重度の子どもを担当した時にこ

の工夫のおかげか、彼は私が近づくと私を認識してすぐに笑顔を見せるように
なりました。

　**ポイント③音声言語のみの説明ではなく、具体物やシンボルなどを提示して
イメージをふくらませる**：音声言語の特徴として、ア．声で言ったその瞬間にか
たちや内容と言ったものは維持できずに消えてしまう、イ．しゃべった音とそれ
に対応する具体物が必ずしも似ていない（例えば「ほん」という音と本の形は
似ていませんが、「わ」という音と輪の形は似ています）、という点が挙げられ
ます。

　この２点は子どもたちの記憶に残りにくい、たよりない情報と言えます。こ
れらの音声言語によるたよりなさを補うために具体物やシンボルを朝の会に取
り入れることが有効です。そのひとつとして、朝の会で良く行われる、日課を
知る活動を例に考えてみたいと思います。例えば、その日の活動にプールがあ
るとすれば、その活動で使用するフロートの実物を用意しておきそれに触れた
り、見たりします。このように活動をイメージできる具体物を用意しておくの
です。音楽の活動がある日であれば、その日に使用する楽器を用意しておき、
その音を聞いたり、触れたりすることで「音楽」をイメージしやすくするのです。
フロートや楽器という実物（具体物）を見たり触れたりするだけではなく、楽
器であれば「音」というシンボルを手がかりに活動へのイメージを想起できる
ようにするのです。楽器もシロフォンのように鍵盤とばちが必要な物の場合は
最初は両方を用意して、音を聞かせたり、実際に一緒に楽器に触れながら鳴ら
したりしますが、徐々にそれらの具体物の種類を減らしていっても「音楽」と
いうイメージにつながるようにするのです。例えば鍵盤とばちのうち、ばちだ
け持ったり触れたりしただけでも「音楽」と理解できるようにするのです。ま
た、遊具の活動がある日であれば、トランポリンの一部であるばねを子どもの
引き出しにしまっておき、トランポリンに行く時には必ずそのばねを持ってい
き、トランポリンに取り付けてからトランポリンをスタートすることで遊具の
活動の見通しを持てるようにしていました。話は少しそれますが、その子ども
は自分がトランポリンをやりたい時に引き出しからばねを取り出してトランポ
リンに行きたい、ということを伝えるようになりました。「トランポリンにいき
たい」としゃべることはできなくても自分のできる行動でその気持ちを表出す
ることができたのです。このように具体物そのもので活動をイメージすること
から、具体物の一部のみでもその具体物やそれが表す全体像をイメージするこ
とができるようになることが期待できます。予定の説明をする際にはこのよう

に、具体物等を使用することで、子どもの表出につながる場合もあります。

　沢山の情報が伝わる朝の会の中には上記に述べてきたポイント①～③に配慮し、各々の障害の特性に応じた環境設定を行うことで重度の子どもがより楽しく充実した生活を行うことにつながったり、主体性を養うことにつながると言えるでしょう。そして、これらの配慮や工夫がされた朝の会を行うことで、子どもたちは「見通しを持つ力」をつけることができます。見通しを持って生活を送ることができる、ということは安心して豊かな生活を送ることができる、ということです。

❸ 『朝の会』の実践

　今まで述べてきたような考え方をベースに、かつて私が所属したクラスで取り組んだ、『朝の会』の実践の様子を報告します。

　その年の所属する特別支援学校全体で取り組んだ校内研究のテーマは、「一人ひとりの教育目標に向けた取り組み」でした。このテーマに基づき各クラスごとに具体的な指導場面でのテーマを決めて研究に取り組みました。私のクラスは『朝の会』の内容について検討しました。

　本校ではパワーポイントを使用した『朝の会』が主流になっていました。しかし、視覚障害や重度の知的障害を有していたり、肢体不自由があったり、と様々な実態の子どもたちそれぞれの目標を達成できるような『朝の会』の在り方とはいったいどのようなものなのだろう？という疑問がわいてきました。例えば、姿勢に関しても車いすに座って『朝の会』に参加する子どもと、横になっての臥位姿勢で参加する子どもでは、流れが変わってくると思います。また、視覚

朝の会での様子

障害がある子どもたちにとっては「見ること」で主たる情報を伝える役割があるテレビモニターを使用しての情報提供で果たして良いのだろうか？という疑問点も湧いてきました。ましてやテレビモニターに映し出された文字を読んだり、理解したりすることが難しい知的障害の子どもたちにとって従来使用してきたパワーポイントの使用はどのような意味があるのだろうか？という点も気になりました。そこで、研究テーマは『一人ひとりにとって効果的な朝の会について考える』にという設定になりました。

　研究は次の手順で進めることにしました。①従来行っていた『朝の会』の評価、②在籍する子ども一人ひとりの『朝の会』に関する実態の確認、③クラスでの『朝の会』の目標設定、④クラスでの『朝の会』の具体的な内容の選定、⑤子ども一人ひとりにとって『朝の会』で何を大切にして活動をするのかの確認、の5点です。

(1)　従来行っていた『朝の会』の評価

　本校のほとんどのクラスで行ってきた『朝の会』は、パワーポイントで朝の会の流れを作成し、それをテレビモニターに映してスライドを一枚ずつめくりながら会を進行していました。従来行っていた『朝の会』の良かった点を表2にまとめました。

表2　パワーポイントを使用した従来の『朝の会』の良かった点

進行に関すること	発声が難しい子どもでもスイッチを使って画面を切り替えることができるので、画面の切り替えを担当した日直の子どもは「朝の会を主導してリーダーを行っている」という実感を持てる。
呼名に関すること	モニターに映し出される次に呼ばれる子どもの写真を見ることで、「あ、〇〇さんが呼ばれるんだな」ということが視覚的にわかりやすい。
現在行われている活動の理解に関すること	現在行われている活動内容を、視覚で確認することで、活動内容を理解しやすい。

　表2のような良かった点があるため、学校全体でどのクラスでも、パワーポイントを使用した朝の会が定着してきていました。しかし、在籍するクラスの子どもの実態は、視覚障害があってモニターを見ることが難しかったり、重度の知的障害がありモニターに映し出された文字の内容を理解することが難しかったり、肢体不自由があってモニターを見続ける姿勢を保持することが難しかったりしました。

　それらの状況を考えると、パワーポイントを使うことの有効性に対する疑問がたくさん出てきました。表3にこのときに出た意見をまとめました

表3　従来行っていた『朝の会』の問題点

現　状	子どもの学習の様子	問題点
1台のテレビモニターを使用	・子どもによって参加の姿勢が異なっていた。変形や側彎がつよく、横になって臥位の姿勢のまま朝の会に参加したり、床面であぐら座位をとって参加したり、プロンキーパーを使用した膝立ち姿勢で参加する子どももいた。車いす座位姿勢の子どもが多かった。1台のテレビモニターを使用していたために、固定されたモニターを見ることができる子どももいれば、見ることが難しい子どももいた、という状況だった。	・モニターの位置や高さの設定が難しかった。
パワーポイントで文字や絵、写真で活動内容を示す	・視覚的にはっきりと見えている子どもが少なかったり、スライドが変わっていく様子を目で追って捉えることが難しい子どもがほとんどだった。 ・提示された情報の理解が難しく、活動の内容が理解できないため、覚醒が低くなってしまう子どももいた。	・テレビモニターの中の変化は捉えにくい。 ・パワーポイントで映した内容がわからない。結果として朝の会の活動内容がわからなくなっていた。
スイッチを使用しての『朝の会』の進行	・覚醒が低く、自発的に日直の活動ができないような子どもの場合は、先生が子どもの手を動かしてスイッチ操作をしていた。 ・子どもたちが日替わりで順番に日直を行っていた。 ・日直はスイッチを使用してパソコンを操作し、進行していた。 ・筋緊張が強く、自発的にスイッチ操作することが難しい子どももいて、日直がテンポよく活動を進められないため、日直以外の子ども達にとっては、待ち時間が長くなっていた。	・日直の活動を主体的に行えなかった。 ・日直を日替わりで行ったため、日直の役割を理解できない子どももいた。 ・日直以外の子どもたちにとっては、待ち時間が長かった。 ・待ち時間が長いために、何の活動をしているのかわからなくなってしまった。

　余談ですが、パワーポイントを使用することの問題点とは少しずれますが、先生のかかわり方についても意見が出ました。それは、①リーダーの先生が子どもとかかわろうとしているにもかかわらず、子どもが表出する前にサブの先生が子どもの代わりに答えてしまう、②表出を促すためのサブの先生のかかわりが過度になってしまい、リーダーの先生のかかわりに子どもが集中できない、という2点です。この2点から「リーダーの先生と子どものやりとりが成立しない」という問題点も見えてきました。
　表3に挙げた問題点からパワーポイントを使用する『朝の会』の進行を取り

やめることになりました。そして、どのような『朝の会』を行っていくのが良いのかを検討することにしました。

(2)　在籍する子ども一人ひとりの『朝の会』に関する実態の確認

　表3の問題点に挙げた視点から、クラスに在籍する全員の子どもの『朝の会』に関する現在（年度当初）の実態を確認しました。そして改善するための手立てを考えました。

　在籍する子どもは8名でしたが、ここでは特にAさん、Bさんの2人についてまとめたものを表4に示します。

　表4にまとめたように、Aさんは活動内容に対しての関心や理解が薄く、大きな声を出したり、泣いたりして不快感を訴えており、『朝の会』に楽しく参加することができませんでした。また、活動に集中したり、友達に関心を向けたりすることも難しかったです。そこで、『朝の会』の内容をわかりやすくし、能動的に参加できることを目指しました。また、Bさんは、どのような活動内容を行うのかのおおよその理解はしていましたが、それぞれの意図は理解できておらず、常に自分が活動しようとしていました。そこで、自分が活動する場面と、他の友達が活動する場面の区別をして場面に応じて積極的に参加することを目標としました。また、AさんもBさんも『朝の会』を通して主体的に活動することや、友達に関心を深めて自らかかわろうとする力をつけてほしいと考えました。他の子どもの実態を同様に確認すると、自分の持っている力を十分に発揮できていない状況が多いことがわかりました。

(3)　クラスでの『朝の会』の目標設定

　子ども一人ひとりの持っている力を発揮するためには、『朝の会』の目標設定を根本から見直す必要があることがわかりました。そこで、重度の子どもの『朝の会』で学ぶ内容（図2）と子どもの実態をもとに、子ども一人ひとりが、「主体的に」「自分の有している力を発揮できる」内容を検討することにしました。そのために、一人ひとりが『朝の会』で必ず身に付けてほしい力を具体的に挙げることにしました。

　例えばAさんは『見通しを持って穏やかに朝の会を過ごせること』、Bさんは『呼名に対して適切な長さの発声で返事をする』…のように具体的な目標を設定しました。さらに各自が有している自発的な表出や動きを生かせる内容を探っていきました。

表4　『朝の会』に関する実態

		Aさん	Bさん
現在の様子	テレビモニターの認識	・車いす座位で参加している。テレビモニターを見ている。（内容の理解は難しいようだった）。	・車いす座位姿勢で参加している。筋緊張が強く、自分の見たい方向に顔を向けて保持しておくのが難しい。視覚も明瞭ではない。
	パワーポイントの内容の理解	・文字の理解は難しい。 ・呼名の場面で映し出されている友達の写真には関心がなかった。 ・パワーポイントは有効ではなかった。 ・モニターに映し出された内容が理解できないため、大きな声を出したり、泣いたりして不快な気持ちを表していた。	・文字の理解は難しい。 ・呼名の場面で映し出された写真を見ようとするが、理解は難しかった。 ・パワーポイントは有効ではなかった。 ・『朝の会』の各活動場面で行う内容のおおよそは理解していた。
	スイッチの操作性	・スイッチ操作はできるが、タイミングを合わせて操作しよう、という意識はあまりない。 ・活動の流れに合わせてスイッチを操作することはできない。	・活動の流れに合わせてスイッチ操作しようとしていた。 ・操作しようとすると筋緊張が強くなり、身体をうまく動かすことができない。そのためにスイッチを操作するまでの時間が長くなってしまう。
	先生とのやりとり	・リーダーの先生とのやりとりよりも、周囲で動くものや、周囲の物音などに注意が向きがちだった。 ・リーダー以外の先生達が会話をしていると、そちらに注意が向いてしまう。	・常に先生とのやりとりを求め、リーダーやサブの先生とのやりとりをずっと行い続ける。 ・各活動での意図や友達に対しての関心が薄く、先生とのやりとりを常に求めていた。
目　標		・『朝の会』の内容を理解し、能動的に参加しようとする。 ・リーダーの先生や友達と発声でのやりとりをする。	・各活動場面の意図を理解して参加する。 ・常に自分が活動することだけを意識するのではなく、他の人の活動にも関心を向ける。
今後の手立て		・『朝の会』の内容を精選し、わかりやすいものにする。 ・リーダーの先生とのやりとりができるようにするために、サブの先生は声を出さずに見守る。	・自分が活動する場面と、他の子どもが活動する場面を区別するための声かけをする。（例：呼名の場面では1回発声ができたところで先生が「はい！上手にできたね」と声かけをし、終了させる。）

(4) 『朝の会』の具体的な内容の選定

　子ども一人ひとりの目標が明確になったところで、『朝の会』の具体的な内容の選定を行いました。これまでの『朝の会』は図1のような内容で行っていましたが、すべての内容を行うと、時間が足りなくなってしまいます。そこで、それぞれの項目の優先順位をつけ、①特に時間をかけて子どもたちの表出を待ったり、主体性を大切にしたりする場面、②先生主導で行うことでスムーズに進行させる場面とに分けて考えることにしました。これまでの『朝の会』の様子をビデオに録画し、それを見て各項目について①、②を検討しました。①、②の視点で新たに決めた朝の会の流れを図3に示します。

```
1．始まりの歌（年間で固定した曲）※②
2．始まりの挨拶 ※②
3．日付・天気の確認（先生が発表のみする）※②
4．呼名 ※①
5．昨日の様子の発表 ※①
6．学習の予定（具体物を使用して先生が発表）※②
7．終わりの挨拶 ※②
                ※①時間をかけて子どもの表出を待つ　※②先生が主導して進める
```

図3　項目を精選した新しい『朝の会』の流れ

　図3のように精選した理由を表5に示します。

表5　変更した朝の会のポイント

a. 始まりの歌	朝の会が始まる『合図』として会が始まる前に流すようにした。
b. 始まり（終わり）の挨拶	始まり（終わり）が明確にわかるように先生が号令をかける。
c. 日付・天気の確認	司会の先生が発表する。
d. 呼名	呼名に対しての各子どもの表出を先生の間で共有し、主体的に自己実現できる姿を引き出せるようにした。先生の呼名も行った。
e. 昨日の様子の発表	各子どもの実態や課題に応じた発表の方法とした。
f. 学習の予定	具体物を使用して活動内容をイメージしやすいような工夫をした。
g. 給食メニューの発表	メニューの発表は給食時に行うことにした。
h. 今月の歌	『朝の会』ではなく昼休みに曲を流すことにした。

a. 始まりの歌

　この活動は今までにはなかった新しい活動です。一般の小中学校であれば授業の始まりの合図としてチャイムがありますが、本校にはそれはありません。そこで、『朝の会』が始まる前にチャイムの代わりに歌を流しました。『始まりの歌』はチャイムに代わる『朝の会』が始まる予告としたのです。流す歌を年間通して一定のものに決めることで、朝の会が始まることを予測しやすいようにしました。流す歌は年度が代わっても固定し、学部で統一することにしました。始まりの歌が流れると、子どもたちが「あ、朝の会が始まる、学校生活が始まるんだな」という期待感を持ってほしいと考えたのです。

b. 始まり（終わり）の挨拶

　従来の方法では日直の子どもがスイッチ操作でパワーポイントのページをめくることで「これから朝の会を始めます」という文字がテレビモニターにあらわれました。それを合図に先生たち全員が「これから朝の会を始めます」と声を出していました。これに変わりビックマック（音声が録音できるスイッチ）に「これから朝の会を始めます」という声を録音しておき、子どもが操作して挨拶を行う、という意見も出ました。しかし、スイッチ操作に時間がかかってしまう子どもや、スイッチに対して興味関心を持っていない子ども、自分で操作することが難しい子どももいました。それらを考えると、スイッチ操作に時間をかけると『朝の会』の始まりがかえって明確にならないという懸念が出ました。そこで『始まりの歌』が終わったところで先生が「朝の会を始めます」と声をかけることにしました。終わりの挨拶にも同様に「朝の会を終わります」と先生が声をかけることにしました。

c. 日付・天気の確認

　「日付・天気」について理解しており、それらの確認をすることが課題となる子どももいましたが、「日付・天気」の理解が難しい子どもも多くいました。「日付・天気」の理解が難しい子どもたちにとっては、「日付・天気の確認」の活動を行っても、その活動の内容がわからず、結果的に「何をやっているかわからない」という待ち時間が長くなってしまいます。この実態から「日付・天気」については子どもたち全員が「日付・天気」というものに触れる機会、と捉えることにしました。そこで「日付・天気」については先生が「今日は〇月〇日。お天気は晴れ」などのように伝えることにしました。

　「日付・天気」について理解しており、それらについて学習を深めることが有益な子どもについては他の時間に個別的に学習をすることにしました。今回の

クラスでは短い時間を使って「日付・天気」について伝えましたが、子どもたちの集団の実態の様子によっては「日付・天気」を全く取り上げることをせず、子どもたちの実態に応じた、もっと子どもたちにわかりやすいことのために時間をかける、という考え方もあると思います。

d. 呼名

呼名の時間は子どもにも一番わかりやすく「主体的に」「自分の力を発揮している」という実感を持てるような場であるとクラスで確認しました。そこで呼名の時間は一番時間をかけて行う場面にしました。呼名の時間に、子ども一人ひとりが毎日無理なく行える表出に対して先生が応えることで、子どもの積極的な応答につながるのではないかと話し合いました。表出するまで時間がかかる子どももいました。しかし一人ひとりに充分時間をかけて表出を待つことがとても価値のある活動、という判断をしました。そこで時間の確保のために、従来行っていた係活動は、日直を含めて廃止しました。

『朝の会』の様子を何度もビデオに録画して、呼名に対する各自の適切な表出の方法を確認しました。たとえば、「はい」という言葉ではなくても決まった声の長さの発声だったり、発声はなくても「はい」という口の形だったり、先生の差し出した手をぎゅっと握ったり…と、呼名に対する表出は一人ひとり違っていました。個々にとって一番良いと思われる「はい」という表出を全員で共通理解することで、それぞれの子どもの表出を出しやすいようにしました。

子どもの呼名に加えてクラスの先生やその日のクラスにいる他の人の呼名を行うことで誰がいるのかを確認しました。その理由は「表1　楽しい『朝の会』のためのポイント」を参照してください。

e. 昨日の様子の発表

C市では『朝の会』で連絡帳の内容を確認し、昨日の出来事を先生が連絡帳を読み上げて伝えています。この活動を子どもの実態や課題に応じて変えることにしました。発声で沢山表出したい子どもはこの場面で先生とやりとりをしながら自分の気持ちを自由に表出し、表出の小さい子どもについては、そばにいるサブの先生と定型化したやりとりをすることにしました。

f. 学習の予定

これまではパワーポイントに文字で映しだされた予定を先生が読み上げていました。しかし、クラスには文字を理解できない子どもも、沢山の先の予定を理解することを難しい子どももいました。そこでその日のメインの活動をひとつ取り上げ、そこで使用する具体物を用意し、それを使いながらどんな学習を

行うのかを先生が伝達しました。できるだけ具体的にイメージして期待感を膨らませたいと考えたからです。

g. 給食メニューの発表

これまでは給食のメニュー表を先生が読み上げていました。そこから給食の内容をイメージすることが難しい子ども達だったので朝の会の中でメニューの発表をすることはやめました。その代わりに給食の時間に、実物を見たり味わったりしながらメニューの確認をすることにしました。

h. 今月の歌

いろいろな曲に触れる、というねらいで月替わりで曲を流していました。呼名に時間をかけていたので、朝の会で行うことは取りやめました。それに代わって昼休みに月替わりで曲を流すことにしました。

i. その他

日直については、これまでは係活動として子どもが順番に日直を行っていました。ビックマック（音声が録音できるスイッチ）に「始めます」「終わります」の声を先生が録音しておき、日直の子どもがそのスイッチを操作することで会を進行していました。すぐにスイッチ操作をすることができる子どももいました。しかし、筋緊張が強いために、スイッチ操作をしようとすることで、自分の意志通りに身体を動かすことに時間がかかってしまい、なかなかスイッチ操作をすることができない子どももいました。そのためにスイッチ操作が完結するまでの時間がかかってしまいました。日直以外の待っている他の子どもたちにはその場面で何の活動をしているのかわからなくなるくらい待ち時間が長くなってしまい、結果的に眠ってしまう子どももいました。日直を子どもが行うことで、『自分が朝の会を進行している』ということを自覚する、という良い点もありましたが、このクラスでは、待ち時間が長く行っている活動がわからなくなってしまう子どもが多い集団でした。そこで日直の係活動は廃止し、司会は先生が簡潔に行うことにしました。

(5)　『朝の会』で全員で共通して設定できる目標

子ども一人ひとりの状態は異なりますが、共通してねらえる内容を検討しました。それは「呼名に対する応答」と「友達に対する意識」の2点でした。そこでこの2点について、子どもみんなに成長してほしい姿を表6にまとめました。

ここで学んだ内容を他のコミュニケーション場面でも使えるようになってほ

しいと考えました。

表6　成長してほしい姿

ねらい	成長してほしい姿
呼名に対する応答	子どもの状態に応じた応答 ・発声での返事 ・口形「はい」の返事 ・先生の手を握っての「はい」の返事 ・笑顔での「はい」の返事
友だちへの意識	子どもの状態に応じたやりとり ・発声での子ども同士のやりとり ・友達からの表出を受け止める場面と、自分の表出をする場面とを区別したやりとり ・呼名されている友達のほうを見る（＊やりとりをするのが難しい子どもは友達へ意識を向けることから始める）

(6)　その他の話し合った内容

　表6に示す以外にも『朝の会』を集団で行う意味は何かについてたくさん意見が出ました。『朝の会』をクラス全員で行う意味のひとつとして「友達への意識」を育てる、ということがあげられます。『朝の会』という毎日ルーティンで行われる授業は、クラスの中に誰がいて、その人はどんな人かを知る大きな機会です。友達とのかかわりを通し、子ども同士の相互作用の中で一人ひとりの成長を促したいと考えました。そのための工夫として『席順』を固定することも大切なポイントだと考えました。いつも同じ友だちが隣にいる、という環境の中で比較的人への関心は強いものの、ほとんど大人への関心しか示していない生徒も大人である先生だけではなく、友だちへの意識・関心が深まり、友だち同士のやりとりにつながるのではないかと考えました。

(7)　『朝の会』を通しての子ども同士の関係の変容

　「呼名に対する表出」「友だちへの意識」にポイントをおいて「朝の会」を見直してきましたが、私たちが子どもたちに望んでいるのは『友達同士が**お互いを意識する**』ことや『一人ひとりが**主体的に、自分の持っている力を発揮できる**』ことなのだと気づきました。

　「友達同士がお互いを意識する」ことにつなげるために席順を固定にしました（図4）。いつも隣にいる友達が決まっていれば、隣にいる特定の友達への意識

が高まると考えたからです。また、呼名の順番も覚えやすくなり、「Aさんの次はBさん…」のような見通しが持ちやすくなり、主体的に自分の持っている力を発揮しようとするだろう、と考えました。

　ここでは特にAさんとBさんの様子から『友達同士がお互いを意識する』ことについて触れていきたいと思います。

　この2人のねらいと取組について表7にまとめました。

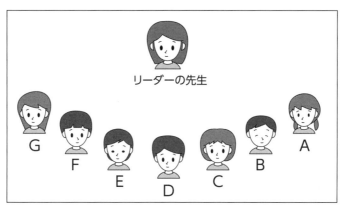

図4　席順を固定し、お互いを意識させる

表7　Aさん、Bさんのねらいと取組

	ねらい	取組
Aさん	・Bさんの発声でのやりとりする様子を見て、呼名での発声による返事のしかたを学ぶ。	・Bさんの隣の席にすることでBさんへの意識を高め、先生を介さずBさんと直接かかわれるようにした。
Bさん	・おだやかな発声での短い「はい」の返事をする。	・身体の力を抜いて発声できるように促した。
	・自分が一方的に表出を続けるのではなく、友達の活動場面では友達へ注意を向けることができる。	・嬉しくていつまでも自分から声を出しておしゃべりを続けていたので、適度な長さでおしまいにできるように先生が声かけを行った。 ＊席順で自分の順番を意識し、他の友達の活動では自分の表出を抑え、自分の表出場面のみ活動するようにした。
	・Aさんへの意識を高め、Aさんと直接声でのやりとりを行う。	・右隣にAさんがいる席順にすることで、Aさんへの意識を高め直接かかわりを行えるように促した。

継続する中で、Ｂさんが発声で返事をしている様子をみて、Ａさんも課題であった「発声での返事」をすることが徐々に増えていきました。また、Ｂさんはａさんの隣の席に固定したことで、自分の順番を意識できるようになったようです。司会の先生が呼名の際に「次隣の人」と言うと、必ずＢさんの隣のＣさんが終わったところ（Ｇ→Ａの順番で呼名を行っていました）で「はい」というかのように頭を持ち上げ、次の自分の呼名への準備をしていました。具体的には身体に力を入れずに優しい声での発声での返事をするようになったのです。Ｂさんは自分の呼名が終わると次はＡさんの順番だよ、と伝えるようにＡさんの方を見て手をあげたりすることもありました。Ｂさんは課題であった「自分の活動場面と友達の活動場面を意識する」ことができるようになり、自分の行動をコントロールすることができるようになったのです。そして、Ａさん、Ｂさんの関係は朝の会だけにとどまらず、昼休みなどもＢさんはＡさんの声が聞こえるとそちらを見たり、笑顔になったり、嬉しそうな声を出したりすることが増えてきました。そして教室の端と端にいてもＡさんとＢさんはお互いの声を聞いて大きな声でやりとりをするような場面も出てきました。

　子どもたちが「主体的に」「自分の有している力を発揮できる」という視点から『朝の会』について見直して一年間実践しました。子どもの持っている力を主体的に発揮できる機会を毎日確保しよう、という視点から「呼名に時間をかける」という工夫をしました。**各自の呼名に対する『返事（応答）』に重点をおき、活躍の場**としたのが、子どもにも先生にも、取組のねらいとしてわかりやすかったです。一人ひとりの呼名の応答に対する課題をクラス全員の先生で共有することで、より良い手立てを話し合い、取り組むことができました。それぞれの子どものねらいや手立てを全員で共有することで、その日に子どもを担当する先生が変わっても、子どもとのかかわり方の柱になるものがぶれずに取り組むことができたのは良かったです。子どもの主体性を保障する機会が確保することができました。

　また呼名の時間を確保するために「朝の会」全体の流れを見直したことも重要なポイントだと思います。その時々の子どもの集団の実態に応じて「朝の会」の内容に優先順位をつける、ということは子どもの成長を考える上で重要なことだということがわかりました。

　また、『朝の会』を通して培った子ども同士の関係性が学校生活の他の場面でも発揮できたのは大きな成果だと言えるでしょう。

❹ まとめ

　重度の子どもにとっての『朝の会』をどのように考えたら良いのかをまとめてみたいと思います。最初に型にはまった一般的な『朝の会』を図1で示しました。今まで述べてきたように様々な障害のある重度の子どもの集団ではその実態に応じてフレキシブルに内容を変えていく必要性があることがわかりました。

　ここではどのような視点で柔軟に内容を変えていくのかを確認していきたいと思います。

(1)　『朝の会』の内容の理解

　『朝の会』の活動の中で「いま、なにを、行っているのか」を子どもの理解力に合わせて提示できているのか？という点は大きなポイントだと思います。どんな理解力の子どもたちの集団なのか、という事は『朝の会』を組み立てていく根幹に大きくかかわってきます。肢体不自由があり身体の操作性が弱くても、文字や写真を理解できる子どもたちの集団であれば、それらを使用したパワーポイントを使っての『朝の会』を進行していくのは大変有効だと思います。そのような集団であれば身体の操作性を補うようなスイッチ操作を取り入れたりすることで自発的に会を進めていくことができるでしょう。その一方で知的な理解力や視覚が弱い子どもたちの集団であれば、できるだけ具体物やシンボルを利用して「いま、なにを、行っているのか」が理解できるようにする必要があります。子どもたちの理解力に合わせて「いま、なにを、行っているのか」をイメージしやすいようにするのです。

　また、会を進行する中で一人の子どもが行っている活動内容が他の子どもたちに伝わっているのか、という点も大切です。表出する力が弱く伝えたり行動することが難しかったり、情報を受け取る力も弱く（例えば、視力が弱くよく見ることができないとか、言葉を用いただけではイメージして理解することができない等）周囲の状況を理解することが難しかったりする子どもたちの集団であれば「いま、なにを、行っているのか」がわからないかもしれません。そのような集団の中で一人の子どもの表出を待つ時間が長くなってしまうと、結果としていったい今はどんな状況なのか？ということがわからずに不安感や不快感を感じてしまう子どもも出てきてしまいます。「待つ時間を短くする」ための工夫も必要になってきます。前述した私たちの取組では内容を精選したり、先生主導で行ってしまう活動内容もありました。例えば、「日付・天気」や「始

まり・終わりの挨拶」は先生が簡潔に行いました。また、『朝の会』の中では取り上げなかった「給食メニューの発表」や「今月の歌」があります。私たちの取組では行いませんでしたが、子どもたちの集団を半分に分けて、人数を少なくすることで待つ時間を短くする、というような工夫も考えられると思います。

　『朝の会』の内容の理解を深めるために必要なことは、子どもの集団の実態に応じたわかりやすく、楽しめるような内容だったり、会の長さだったり、集団の人数だったり、ということが挙げられると思います。

(2)　『朝の会』の中で何を一番大切にするのか？

　私たちの研究では一人ひとりの子どもにとって「主体的に」「自分の有している力を発揮できる」ことを大切にしてきました。『朝の会』の活動のどこでこの「主体的に」「自分の有している力を発揮できる」場面を設定するのか、という点がポイントでした。私たちは『呼名』に重点を置いて取り組んできました。『呼名』を通して各自の「表出」に重きをおいて、返事が出るのを待ちました。その場面にはたっぷりと時間を割きました。

　『朝の会』の中には様々な活動内容が含まれています。毎日同じ時間に同じ活動が繰り返される『朝の会』は、その中で学ぶ内容の学習効果も高いと考えられます。継続する中で子どもたちの変容も見られてくると思われます。決められた時間の中で最大限に子どもたちのそれぞれの力を発揮できるような工夫が必要になってきます。子どもの集団の実態によって『朝の会』の何に重点を置いて活動を展開していくのか、ということも大切だと思います。

　今まで述べてきたように、学校生活の中では『朝の会』は子どもたちに大きな影響を与えることのできる時間です。なぜならば、同じ時間に同じ活動を毎日繰り返し行うことで子どもの理解を進めることができるからです。だからこそ型にはまった一般的な『朝の会』ではなく、子どもの実態に応じて子どもたち自身の力を発揮できるような『朝の会』を工夫することが必要です。その中で子どもたちが自己効力感を得られることで、そこで学習して体得した力を他の場面でも使おうとするかもしれません。それが重度の子どもたちにとっての生きる力につながっていくと思われます。

【引用文献】
田島信元（2004）講義資料（横浜市立東俣野特別支援学校校内研修会）.
中澤惠江（2008）講義資料（横浜市立東俣野特別支援学校校内研修会）.

第4節 やりとりを通して子どもの 能動性を引き出す取組

児山　隆史

❶ はじめに

　平成22年のことです。肢体不自由教育の初心者だった私は、重度・重複障害児との学習を公開しました。その授業に向けて、対象児が好む活動を軸として意欲的に取り組める環境設定をするなどの配慮をしました。実際の授業は、予定通りに流れました。参観者からは、「子どもの能動性を引き出す環境設定が良かった」と評価していただきました。しかし、授業後の私の心には、満足感や充実感がなかったのです。「あの授業で私に欠けていたものは何だったのだろう。」と自問していました。そんな中、ある研究報告誌に目をとめる機会がありました。

　徳永（2008）によると、『学習活動の基本構造としては、「主たる内容」と「基盤となる活動」がある。「主たる内容」は学習活動において、子どもの学ぶ内容であり、各教科や領域の内容となる。「基盤となる活動」は、その内容を土台から支えるものである。重度・重複障害児の場合、教員に注意を向ける、課題に注意を向ける、教員との相互交渉やコミュニケーションがこれに含まれる。この活動は、教員に意識化されることが少ない活動である。しかし、この基盤となる活動をどう形成していくかが学習活動の基礎となる』とありました。授業の後に私が感じた違和感は、学習の「基盤となる活動」を十分に培えなかった事に原因があったのではないかと気づくことができました。それからというもの重度・重複障害児との学習においてこの「基盤となる活動」を大切に取り組むようになりました。

❷ 子どもとやりとりすること

　「どうやって子どもとコミュニケーションをとったらいいですか。」教育実習生としてやってきた学生が私に問いかけた言葉です。言語によるコミュニケーションが難しい重度・重複障害児と初めて接した正直な感想でした。私も駆け出しの頃、同じような悩みを持っていたことを思い出します。重度・重複障害

児とどのようにしてコミュニケーションをとるかという点が、実は学習を支えるとても重要な「基盤となる活動」なのです。

　私がコミュニケーションをとる際に最も大切にしているのは、やりとりを意識することです。やりとりには、言葉の応酬という意味があります。重度・重複障害児との場合、むしろ表情や身体の動き、視線などでやりとりすることが多いです。そのためには、子どもからの微弱な発信を全身全霊でキャッチし、子どもに伝わりやすい方法で返していく教師の役割が重要になります。教師には、すべての感覚を駆使して子どもとかかわることが求められます。痰が絡みやすく呼吸状態が不安定な子どもの場合には、教師の手を子どもの胸にあて「息がつらいね。ここで痰が絡んでいるね。姿勢を変えて楽になろうね。」などの声かけをし、子どもの声や表情、体動による応答を待ってから子どもが姿勢変換できるように手で方向を知らせるようにします。このように、教師の手を通したやりとりは重度・重複障害児とかかわる際に重要なやりとりの方法となり、私の周りの教師も意識的におこなっています。本書で樋口は、『重度の子は、行動や表出が微細な子どもが多く、微細な表出を受け止め、対等な関係でやりとりして、彼らの能動性を引き出すことが重要であり、そのような環境（かかわる人も含めた）を準備することで、微細だった表出も、どんどん明確になっていく』としています。今回の実践報告では、給食場面において教師とのやりとりを通して子どもの能動性が高まってきた事例を紹介します。

❸ 給食場面でのやりとりを通して

　Ａさんは、友達や先生が大好きでいつもニコニコ笑顔が素敵な小学部２年生です。人に手を伸ばして近づいたり、好きな玩具で遊んだりすることができました。玩具遊びに教師が介入すると一緒に遊べる場面もありました。このようなＡさんの持っている教師とやりとりできる力を給食の場面での能動性につなげられないかと考えました。

　給食場面の目標は、「フォークやスプーンを使って自分で食べる」でした。給食場面では、注意が食材に向きにくく、向けても注意保持時間が短いことで、食材を口に運ぶまでの行動が完結しにくい課題がありました。また、図１のように横で摂食指導をしている教師に対して、注意を向けにくく、やりとりもしづらい環境でした。そこで、図２のようにＡさんの視野内に教師が入りこむように正面でかかわるようにしました。そうすることで、教師に注意を向けやすくやりとりのしやすい環境が作れるのではないかと考えました。さらに、Ａさ

んとのやりとりの手順を以下のように決めて、給食場面でかかわる教師間で共通理解して取り組みました。

図1　横からの介助

図2　正面からの介助

> ① 教師はAさんが持つスプーンに手を添えておき、注意が食材に向いたら手を離し自分からスプーンを動かし始めるようにする。
> ② スプーンを動かして食材をすくい、口まで運んで捕食、嚥下できたら称賛する。
> ③ Aさんの注意が教師に向いたら、「おいしいね。」等の共感の言葉がけをする。その後、指さしと教師の視線によって再度食材へ注意が移るようにする。

　取組開始当初、教師に注意が向くことは少なかったですが、取組を継続してしばらくすると目の前にいる教師を意識したやりとりができるようになりました。さらに、一人でスプーンを動かして食材をすくい、口まで運ぶ行動が増えてきました。「うまく食べられたね。」と称賛すると、目を合わせてにっこりほほ笑む場面も見られるようになりました。教師が食材を指さすと、注意を食材に移しスプーンを動かして食べ始める事もでき始めました。給食時間が終わる頃には、一緒に食事をしていた教師に対して、身を乗り出して顔を覗き込んだり笑いかけたりすることも増え、教師が「仲良くなれたね。」と言葉をかけると嬉しそうな表情を浮かべるAさんでした。

　今回の取組は、給食時間の教師とのやりとりを通して摂食への能動性を高めるものでした。人は人と一緒に食べたり飲んだりしながらやりとりの関係を深めていきます。給食の時間は、やりとりの関係を深める絶好のチャンスとなる時間です。単に食事を食べさせる時間、摂食機能の向上を目指す時間だけではないことを意識する必要があります。この取組から5年後のAさんは中学部1年生になりました。好きな玩具を使って教師とやりとりをしている際、教師か

ら玩具へ、玩具から教師へと交互に視線を向けることができるようになっています。やりとりを通して身近な人との関係を培い活動への能動性が高まった結果、玩具を使ったやりとりの場面であっても、人と物へのかかわりがバランスよくできるようになったのです。

　給食場面以外でも、重度・重複障害児とかかわる際は、子どもからの微弱な発信を上手にキャッチし返していき、やりとりを続けることが子どもの能動性を引き出すことにつながります。私が出合った２つの場面を紹介します。

4-1　健康観察、体調を整え、そして学習へ

　朝は、Ｂさんの登校待ちからはじまります。登校してくるＢさんを迎えようと教室の前を通ると、教室の床に側臥位状態でＢさんがいました。どうやら、お母さんが抱っこをして教室まで連れて来られたようです。「すみません、今日は仕事が早いんで」と、お母さん。仕事の都合でいつもより早い登校になったようです。

　いつものように家庭での様子を聞いていきました。床で横になっているＢさんの隣に座り、表情を確認しながら聞き取りをします。痰の量・粘り気、色、注入の開始時刻等をＢさんファイルに記入していきます。「注入の開始は７時からでした。昨日よりも遅くなりました」とお母さん。私は昨日の記録を見ながら、「１時間遅いですね。今日は、胃残が多いかもしれないですね」と答えます。頭の中では、「胃残が多いだろうから10時の注入は難しそう。その際は吸入をしよう。そうすると、いつもよりも早く教室で学習ができる」と、Ｂさんの学習スケジュールを微調整していました。聞き取りが終わると、お母さんは仕事のために教室を出て行かれようとしました。「Ｂさん、お母さんは仕事に行くって」と、言うとＢさんは首をお母さんの方に反らして、右腕を振り回しました。「お母さん、いってらっしゃい」と、Ｂさんが手を振っているように感じました。

　大好きなお母さんとの別れの後、「Ｂさん、まずは、腹臥位しようか」と、私が語りかけると、「ハーン」と仕方なさそうな声で答えたＢさん。腹臥位になることで、身体にたまった痰が出やすくなります。痰の粘り気、色、量、どの部位に痰がたまっているのかが確認できます。毎朝することで体調の変化もつかみやすくなりますので、朝の体調チェックには欠かせない活動です。でも、Ｂさんにとっては下向きの姿勢で床を見ているだけの活動です。「つまらないだろうし、つらいだろうな」と思います。つらくなると、心拍数モニターの数値が高くなります。数値の推移を見ながら５分以内に終わるようにしています。

　腹臥位が終わると、Bさんを抱っこした姿勢になりました。大きな目をしばらく見つめていると、Bさんと目が合いました。「腹臥位、終わったけんね。よう頑張ったなあ」と、声をかけました。

　クラスメイトのCさんがお母さんと一緒に教室にやってきました。Cさんは、深い眠りの中にいました。近づいていき「おはよう」と声をかけましたが、手を握っても揺らしても目を覚ましません。「Bさん、Cさんが眠っとるけん、起こしてあげてよ」と言われたBさん。突然、「ウオー」とCさんに向かって声を出し始めました。何回か声を出した時、突然、Cさんが目を覚ましました。しかも、笑顔です。周りの人に「Bさん、すごいがん。起こしてくれてありがとう」と言われて、Bさんは、口元を少しゆがめて「俺もなかなかやるでしょ」とでも言いたげな表情を浮かべていました。

4-2　5月の風を感じて

　Dさんのバギーを押して渡り廊下に通りかかると、Dさんは身体を反らせるように力を入れることがあります。「渡り廊下のガラスから差し込む光に反応したのか」と思っていました。ある日のこと、「外が見たい」という意思表示ではないかと、ふと思いました。「外を見てみるかや」と聞くと、「ハゥーン」という返事。重たい引き戸を開けると、雲ひとつない青空です。「空が青いけん、今日は晴れだで」と語りかけ、しばらく一緒に空を眺めます。海から吹いてくる風がDさんの髪を揺らします。涼やかな風に吹かれて、気持ちよさそうに目を細めていました。

⑤　やりとりを通した子どもの能動性の発達

　今回のテーマは「やりとりを通して子どもの能動性を引き出す取組」でした。重度・重複障害児との学習において「基盤となる活動」のひとつがコミュニケーションをとることでした。そのために、子どもと教師のやりとりが基本であり、その積み重ねが子どもの能動性を引き出すことにつながります。このようなやりとりを通した子どもの能動性について、図3のように発達していくと考えています。子どもと教師のやりとりを3つの段階に分類し、それぞれの段階に特徴を記しています。前述したAさんの給食場面での取組は、「意図やりとり期」の取組であるといえます。私は、指さしや視線を使って食材に注意を向けて欲しいという意図を伝えています。Aさんは、その意図を感じてそれに対応することで食事への能動性が引き出されていきました。また、BさんやDさんの取

	各期の模式図	各期の特徴
単純やりとり期	子ども → ↑ 教師	・やりとりの始発は主に教師にある。 ・子どもの応答への能動性は微弱であったり個性的であったりする。 ・やりとりの維持は、教師側のやりとりする力に支えられる。
意図やりとり期	子ども ⬇ ↑ 教師	・笑顔になったり視線を向けたりするなどやりとりの始発を子どもがする場合もある。 ・子どもの能動性が高まり、やりとりが活発になる。 ・教師は、指さしや声かけなどで意図を伝えることが増える。
やりとり拡大期	子ども ↓ ↑ 教師 → 物	・子どもの物とのやりとりへの能動性が高まる。 ・教師とのやりとりの能動性が一時的に下がる。 ・子どもと物とのやりとりの中に教師は介入することで、物を通じたやりとりが生まれる。

図3　やりとりと能動性の模式図

組は、「単純やりとり期」の中で行われるやりとりといえます。このようなやりとりを通して、子どもからの発信が少しずつ高まり教師に伝えようという能動性が高まってきた事例です。いずれの段階においても、最も重要なのは教師などの人の役割です。子どもとのやりとりを通してコミュニケーションの発達を支えているという明確な自覚を持って日々のやりとりを行う必要があると思います。

⑥ 最後に

　やりとりを通して子どもとの関係が深まると、微細な子どもの表情の変化を見分けることができるようになります。「今日は、とても元気そうだね。」と声をかけると、子どもはそれに応じようとします。毎日毎日のこのような繰り返しで、子どもは明らかに変わります。ある時から子どもの方が、教師に笑いかけたり、視線を向けたりするようになってきます。教師とやりとりをしようと思う気持ちが、子どもの能動性を高めることにつながったのです。

　私の周りの教師たちは、重度・重複障害児とのやりとりを心から楽しんでい

ます。子どもへの愛情があふれています。そんな環境が子どもの持っている力を確実に引き出していきます。教師もそれを実感して幸せな気持ちになります。やりとりによる「幸循環」は、我々教師に明日への元気を与えてくれる源となっているのです。

【参考文献・引用文献】
徳永豊（2008）「重度・重複障害児における共同注意関連行動と目標設定及び学習評価のための学習到達度チェックリストの開発」，12.国立特殊教育総合研究所．

第5節　重度重複障害の子ども同士の遊び
～子ども同士遊ばせたことありますか?～

「波鏡」内田 正泰 氏（はり絵作家）

7
2008
第617号

社会福祉法人
全国重症心身障害児（者）を守る会

「両親の集い　第617（2008 年 7 月）号」　表紙

重度重複障害の子ども同士の遊び
～子ども同士遊ばせたことがありますか？

横浜市立中村特別支援学校　教諭　**樋口 和彦**

一緒にいる機会も多いと思います。そんなとき、保護者同士が話しをする機会は多いと思いますが、お子さん同士はどうでしょうか？子ども同士、直接係わって遊ぶ場面は、少ないのではないでしょうか？

わたしは、重度重複障害の子どもたちも、クラスの友だち、学校の友だちを意識して、一緒に活動できないか？いつも考えていました。身体を動かしたり、発声したりできる子もいます。また、動きや発声が少なくても、表情を変えたり、視線を動かす子もいるでしょう。お子さんの自分からの動き（小さな動きでもいいのです）や、発声（小さくてもいいのです）を大切にして、友だちに係わる方法を考えていきたいと思いま

1. 重度重複障害の子の友だちとの係わり

最近の傾向として、居住地校による交流が活発になり、重度重複障害の子どもたちも、自分の住んでいる地域で、健常のお子さんと係わる機会が増えてきていると思います。

しかし、重度重複障害があるお子さん同士が、一緒に遊ぶ機会は少ないのではないでしょうか。同じ学校、同じ病院や療育センターに通うお子さんの場合、保護者同士が仲がいいケースが多いでしょう。いろいろな場所で会ったり、お宅におじゃましてちに係わる方法を考えていきたいと思いま

す。また、友だちの係わりを感じ取り、応えられるような関係を作りたいと思います。

私は、上記のように考えて、友だち同士が、やりとりを深めるための授業を行った経験があります。その時の様子をお伝えします。

2. 重度重複障害の子ども同士のやりとり

授業の中で、子ども同士を近くに居させて、少し動けば触れたり、身体に接触したりできるようにしました。クラスの子どもの人数は、10名弱です。子どもたちの中には、動ける子も、あまり動けない子もいます。そこで、やりとりが出来そうだと思われる組み合わせで、1対1のペアを組んでみました。

友だちが身近にいる状態で、「お母さんといっしょ」の音楽をかけながら見守っていました。いつもは、積極的に子どもたちに話しかけたり働きかけたりする教師です

が、この時ばかりは、「手を出さない」ように、周知徹底しました。その中で、子どもたちは、表1のような行動を見せてくれました。

表1　友だちの近くにいる時に、子どもたちが見せた行動

○友だちに対して行った行動
・相手の方へ寝返りを行う。
・手を伸ばして触れようとする。
・注視するように見つめる。
・足や手を身体に接触して "じっと" 考えているような表情をしている。

○友だちが係わってきた時にそれに対して行った行動
・他の子どもが手を伸ばしてくると、それに触れようとする。
・表情を変える（驚く、嫌がる、笑う）。
・教師を見る（助けを求めるように）。
・発声に対し、発声する。

○友だちに対して行った行動
・頭を撫でる。
・撫でてもらう事を要求して、頭を出す。
・発声する。

予想よりたくさんのお子さんから、友だちにアプローチする姿が見られました。子どもたちは、友だちとの係わりが大好きで、係わりを求めている事がよくわかります。学校では、「友だちと楽しく」や「クラスの友だちと一緒に！」と、友だちを意識させる目標を掲げていましたが、それまで私には、重度重複障害の子ども同士で、やりとりをさせる具体的な発想はあまりありませんでした。私にとっても、新鮮な経験でした。

3.　2人の子どもの実際のやりとり

次に、子ども同士が実際にやりとりしている状況はどんな様子であったか、記録をもとに2つの例を挙げてみます。

① 手と足を動かせるAさんと動きが少ないBさんのやりとり遊び

Aさんは中学部の生徒で、時々手や足を伸ばしたり、動かしたりします。寝返りはできませんが、臥位（寝ている姿勢を臥位といいます）で身体を左右にゆっくり揺らします。また、話しかけに対して、口をもぐもぐ動かすこともあります。Bさんも中学部生徒で、動きは少ないですが、表情を変えることがあります。教師の働きかけに対しては、視線を動かす、目を瞬かせるなどの反応があります。時々、笑っていると思われるような表情をします。嫌な時や苦しい時に、顔をしかめたり泣いたりします。

AさんとBさんを触れられるくらいの至近距離で臥位にして、すぐそばで見守っていました。少しすると、Aさんが手をゆっくり動かして、Bさんのお腹の上に乗せました。そして、そのままジッとしているのです。試しに、教師がAさんの手を、Bさんから離してみました。見ていると、また、Aさんは、Bさんのお腹の上に手を乗せました。「これはBさんを意識してやってるの？」と考えるしかありません。その後少

しの期間、毎日そばにいる機会を持とうにしました。時には、手ではなく足が乗っていることもありました。

この様子をクラスの教師で話し合ううちに「実はこれも友だちを感じて楽しんでいるのでは？」と考えるようになりました。

子どもたちがお互いの身体を感じて乗せている状況は、身体の動きや音声の表出はありませんが、乗せている子どもも乗せられている子どもも、何か感じるものがあるのではないでしょうか？身体接触する心地よさがあるのかもしれません。そうでなければ、これだけ頻繁に、そういう状況は現れないと思います。

AさんとBさんの保護者にこの話を伝えると、とても喜んでいました。「本当ですね。実際の場面を見てもらうと、友だちを意識しているんですね。この子たちは、友だちを意識しているんですね。こうやってジッと待ってあげるのが、子どものペースなんですね。」というコメントをいただきました。

②好きなおもちゃを取り合う二人

Cさんは小学部低学年で、手引きで立位の移動ができます。歩行器で校内を移動しています。手での操作は上手で、握る、つまむ、ひねる、簡単なふたを開閉するなどの操作ができます。Dさんも、小学部低学年児童で、SRCウォーカーで移動できます。手でものを握ったりつまんだり、おもちゃの「こま」を回転させることができます。

Dさんが、「小さなマッサージ器（乾電池で動く）」を手で握ったり、あごに当てて振動を楽しんでいる時のことです。そこへ、Cさんがやって来ました。Cさんは、Dさんがマッサージ器を持っているのを見ると、取り上げようと近づいて行きました。Dさんが持っているマッサージ器に手を伸ばしたCさんは、つかんで奪い取ろうとします。取られては困るDさんは、両手でつかんで離そうとしません。お互いに負けまいとするやりとりは、2分間続きました。

ついに、Cさんは、Dさんの持っているマッサージ器を奪い取ると、自分の顔に当てて遊び始めました。Dさんは諦めてしまい、その場を立ち去りました。

次の日から、楽しいやりとり（2人にとっては過激なやりとり？？）を再現したい教師は、昼休みにDさんをCさんのそばに居させて、マッサージ器をCさんに手渡しました。

何日か、2人は、マッサージ器の奪い合いをしていましたが、日によっては、しばらく使うと相手に手渡すようになりました。マッサージ器に対する興味が、薄れたのかもしれませんが、何となく仲間意識が芽生えてきたようにも感じます。

このエピソードを聞いた、CさんとDさんの保護者の方は、「今まで子ども同士でそんな経験をしていなかったけれど、とってもいい経験ですね。嬉しく思います。」と言っていました。

子どもたちの関係は、自分を主張したり、ものを取り合う関係から始まる場合もあるかもしれません。しかし、続けていくと仲

213

間意識が出てくることもあります。また、「撫でる」「手を握る」などの、優しく相手に係わる方法を具体的に教えていくことも大事だと思います。

4. どんな風に係われる機会を持つか?

重度重複障害のお子さんが、同じ障害の友だちに対して、自分から積極的にやりとりをしようとしている例をお話ししました。健常の友だちと交流を深めるのも大切ですが、障害のある子どもさん同士も、係わりを持たせてみたらどうでしょうか?

友だちの家に遊びに行った時に、ちょっと、近くで横にしてあげる。身体が接触するくらい近くにおいてあげる。保護者の方同士が、楽しいお話をしている時に、子ども同士楽しく過ごせるかもしれません。その時に、お子さんの得意な動きや、受け入れやすい身体の部分を活かしてあげることが大切です。

例えば、身体の右側への寝返りが得意な子には、友だちの左側に居させてあげると、ちとのやりとりや係わりを楽しんでいます。友だ

友だちの方へ動くことができます。左手を動かすことが得意な子は、友だちの右側に一緒にいればきっと楽しい時間が過ごせると思います。

身体の左側に頭を向けて見るのが得意な子には、友だちの右側にいると、友だちが動いてきたり触れてきた時に、「誰が?」「どうやってアプローチしてくるか?」がわかりやすいと思います。目が見えにくいお子さんも同様です。また、胃ろう孔が身体の右側にあるならば、左から友だちに近づいてきて欲しいですね。

お子さんの状態に合わせて、係わる時の状態を決めてあげてください。また、過敏などがない部分で、やりとりできるように配慮してあげてください。

5. まとめ

今回は、重度重複障害があるお子さんの、友だちとの遊びについて取り上げました。

子どもたちは、大人の想像を超えて、友だちとのやりとりや係わりを楽しんでいます。教材やおもちゃなどがなくても、子ども同士居るようにさせてあげるとよいでしょう。

一度の機会だけでなく、同じ状態で、何度か続けてみてください。何度か続ける中で、様子がわかってくる場合もあります。

また、「Eちゃんと遊ぶ時は、必ずFちゃんをEちゃんの右側に居させよう。」「すぐに、動きがなくても、少し待っていてみよう。」「もしかしたらわかりにくいのかもしれないから、Gちゃんの身体の上にHちゃんの手を乗せてあげてみよう。」など、状況を決めてあげたり、少し援助してあげることもいいでしょう。

ただし、お子さんが主人公である活動なので、援助はなるべく少なくしてあげてください。教師もそうですが、ついつい、援助したくなりますね。小さな動きでも、子ども自身が行動し、感じることが大切です。

おわりに

　本書を執筆し終わった所感を述べさせていただきます。一点目は、私がベースにおく心理学や学習等の理論と、二点目は子どもの能動性についてです。

　まずは、私がベースにおく心理学や学習などの理論についてお話しします。
　私は、大学教員になる以前、特別支援学校で行われた様々な研修会や学会に参加し、多様な理論に基づいた講義等をお聞きしました。講師の先生方は、ご自身のご専門を基にお話しされました。そのおかげで、特別支援教育で利用されている多くの学問的な理論に触れることができました。そして、特別支援教育で活用されている理論は、それぞれ利点があり、子どもの状況や場面で、効果が変わることを学びました。
　様々な理論に触れ、私は、指導の基本とする理論として、「生態心理学」と「文化心理学」を基に子どもにかかわることにしました。両心理学で、人とのかかわりと能動性（やりたいという気持ち）、環境づくり（自分自身の微細な動きでできる状況づくり）を大切にすることをまず考えるのです。そのうえで、他の理論を指導場面の適材適所で活用します。
　例えば、課題ができたら「ご褒美（以下、賞）」を与える方法で指導することを考えてみましょう。人は、常に賞を与えられると「本来学んでほしいこと」への興味・関心が薄れ、賞を目的に行動するようになることが知られています。しかし、賞がとても有効な場面もあります。それは、どうしても興味が持てないことを学んでもらう際に、まず「できたら賞」を与える、何度か試みて行動が安定してきたら、賞そのものではなく、行っている行動自体の意味に意識づけする。こうすることにより、子どもは先生がしてほしいことの意味を理解して、自分からできるようになります。
　ピアジェ等の発達段階理論も、そのまま取り入れるのではなく、「指導を考える際の参考」として使うのであれば、非常に有効です。子どもが楽しく取り組める活動に「先生の意図する目標を組み込む」こともできるでしょう。
　各理論それぞれの有効性と限界を十分知ることが大切です。そのためには、本書で挙げたように「指導法」を学ぶのに加え、その指導法の基礎となっている理論にも意識を向けていただくとよいと思います。

続いて二点目、子どもの能動性についてです。

本書で述べていますが、私は子ども自身が「自分で表出・行動する」ことを一貫して大切にしてきました。これは、私が大学の授業で学生に何度も言っていることでもあります。

時々、卒業した学生から連絡をもらいます。先日も、1年目の新米の先生から電話がありました。授業についての相談で、「子どもの動きを大切にした授業の難しいこと」、「子どもの小さな動きを生かせず、つい自分が動いてしまうこと」への対応方法についてでした。

このような質問に、私はいつもこう答えます。

学校の教育課程や子ども個別の指導計画をすこし横に置いておいて、「その子が、応答してくれる活動にまず、付き合ってごらん」、「たとえば、指先や視線の少しの動きがあったら、それに、いいと思う方法で応答してごらん」、「根気が必要だけど、自分で考えた活動を入れずに、子どもに付き合ってごらん」、「どんな活動でもいいから、やりとりの関係を大切にしてごらん」。

この卒業生も、他の新米の先生も、「自分が受けた学校の授業の印象」が強いのだと思います。学校は、1日の時程があり、1週間の時間割がある。授業は、先生が「子どもが必要だと考えたこと」に基づいて、組み立てられています。それを一旦横に置き、純粋に子どもがやりたいこと、子どもが喜ぶかかわりを、純粋にまずやってみることです。

本書で述べた私の考えは、特別支援教育の中では、中心的な考え方ではないかもしれません。しかし、これからは、「新しい子ども観」「新しい発達の捉え方」「新しい学びの考え方」が必要です。それを私たちが実践するには、様々な制度、思想等を脇に置き、まず、「子どもの能動性」を中心に据えて考えることが重要であると考えています。

本書を執筆するに至ったのは、はじめに述べた二点を、多くの先生たちと一緒に考えたいと思ったからです。是非、実践された先生方から、お話を聞きたいと思っています。

また、これまで述べてきたことの多くは、重度の子だけではなく、他の障害を有する子、健常児にも活用できます。本書に託した思想の部分を読み取っていただければ幸いです。

私は今後も、本書で述べた考えを基に、重度の子とかかわっていきたいと思います。

【編著者】

樋口 和彦 （広島修道大学人文学部教授）

博士（心理学）「学位請求論文：読み障害児の音韻変換能力の実態と文脈による促進効果」。
公認心理師。臨床発達心理士スーパーバイザー。学校心理士スーパーバイザー。ガイダンスカウンセラー。
横浜国立大学教育学研究科障害児教育専攻言語障害児教育専修修了「修士（教育学）」。白百合女子大学
にて論文博士学位取得。
横浜市立学校教諭（小学校及び特別支援学校）を経験後、島根大学教育学部を経て現職。
主たる専門は、文化心理学、生態心理学、発達心理学。特別支援教育（発達障害児、肢体不自由児、重度・
重複障害児の支援）。
最近は、バーカー（生態心理学）、トマセロ（文化心理学）の考え方を活かして障害を有する子ども達の
教育方法を検討している。
主論文及び著書：「読み障害における聴覚的処理の問題（2015：生涯発達心理学研究6巻）単著」、「学習
の視点からみた重度・重複障害児研究の展望（2018：特殊教育学研究 第56巻1号）単著」、「「書き」の
効果に着目した多層の読み書き指導モデルの検討（2019：LD研究第28巻1号）共著：堀部要子」、「障
害が重い子どもの授業を考える5つの視点 —障害が重い子どもの学習とは？—（2015：障害が重い子ど
もの授業づくり Part6）飯野順子編著」

【執筆者】

菅 智津子

島根県立出雲養護学校教諭。公認心理師、臨床発達心理士。島根県内の特別支援学校、小学校、筑波大
学附属特別支援学校で勤務。論文「重度・重複障害児の共同注意行動の発現過程とその支援—二項関係
から三項関係への移行期の事例から—（2017：特殊教育学研究 第55巻3号）」を執筆。

島村 晶子

横浜市立港南中学校教諭。横浜市立の特別支援学校や中学校の個別支援学級を経験。不登校や発達障害
の生徒とかかわる中で、特別支援教育に関心をもつ。自身の子どもが重度・重複障害を有するため、子
ども目線の実践を行って子どもの成長を支えている。

堀内 美紀

横浜市立若葉台特別支援学校（横浜わかば学園）教諭。横浜市特別支援学校教育研究会の研究部長、副
会長等の役員を歴任し、横浜の特別支援学校教員の研修・研究を推進してきた。日本特殊教育学会大
会の自主シンポジウムで話題提供者をするなど、研究成果の提供にも積極的に取り組んでいる。

児山 隆史

鳥取県立倉吉養護学校教諭。エキスパート教員（自立活動）、研究主任として、校内の研究や研修を推進
している。主な論文は、「重度・重複障害児の共同注意関連行動の発達とその支援（1）（2015：日本特殊
教育学会 第53回大会発表論文集）」、「乳児の共同注意関連行動の発達 —二項関係から三関係への移行プ
ロセスに注目して—（2015：教育臨床総合研究14）」など。

重度・重複障害児の学習とは？

―障害が重い子どもが主体的・対話的で深い学びを行うための基礎―

2021 年 4 月 23 日　　初版第 1 刷発行
2021 年 10 月 26 日　　初版第 2 刷発行

■編　著　樋口　和彦
　　　　　（ひぐち　かずひこ）
■発行人　加藤　勝博
■発行所　株式会社 ジアース教育新社
　　　　　〒 101-0054　東京都千代田区神田錦町 1-23　宗保第 2 ビル
　　　　　TEL：03-5282-7183　FAX：03-5282-7892
　　　　　E-mail：info@kyoikushinsha.co.jp
　　　　　URL：https://www.kyoikushinsha.co.jp/

■表紙デザイン・DTP　　土屋図形株式会社
■印刷・製本　　三美印刷株式会社
Printed in Japan
ISBN978-4-86371-578-3
定価は表紙に表示してあります。
乱丁・落丁はお取り替えいたします。（禁無断転載）